从海平面到地平线

获第四届江苏大众文学奖　江苏省报告文学学会重点作品

徐向林　著

人民日报出版社

图书在版编目(CIP)数据

从海平面到地平线 / 徐向林著.
—北京：人民日报出版社，2018.7
ISBN 978-7-5115-5613-4

Ⅰ.①从… Ⅱ.①徐… Ⅲ.①潘书柏—传记
Ⅳ.①K825.38

中国版本图书馆 CIP 数据核字(2018)第 171594 号

书　　　名：	从海平面到地平线
作　　　者：	徐向林
出 版 人：	董　伟
责 任 编 辑：	周海燕　孙　祺
封 面 设 计：	陈　健
出 版 发 行：	人民日报出版社
地　　　址：	北京金台西路 2 号
邮 政 编 码：	100733
发 行 热 线：	(010)65369527　65369846　65369509　65369510
邮 购 热 线：	(010)65369530　65363527
编 辑 热 线：	(010)65369518
网　　　址：	www.peoledailypress.com
经　　　销：	新华书店
印　　　刷：	常州市大华印刷有限公司
开　　　本：	710 毫米×1 000 毫米　1/16
字　　　数：	257 千字
印　　　张：	18
版　　　次：	2018 年 8 月第 1 版　2018 年 8 月第 1 次印刷
书　　　号：	ISBN 978-7-5115-5613-4
定　　　价：	48.00 元

筚路蓝缕　以启山林

潘存云

一

所谓创业，就是开创一份属于自己的事业。创业是一项极具挑战性的社会活动，是对创业者自身智慧、能力、气魄、胆识的全方位考验。创业的魅力吸引了多少古今中外能人志士跃跃欲试，但是创业之路又是一条布满荆棘、水恶山险、行进艰难的路，在这条道路上，有人被刺后畏缩不前，有人受伤后披荆斩棘；有人跌倒后不再爬起，有人站起来继续前行；有人半途而废打道回府，有人坚持不懈奔向终点。

沧海横流方显英雄本色，大浪淘沙始见真金白银。改革开放四十年来，中国曾出现过几波创业热潮，也曾涌现出许多风光一时的创业者。但在经历岁月洗礼之后，大多数创业者却如烟花一般，只是在不同时代的天空下炫烂一时，随后就淡出了大众的视线，湮灭于时光流年之中。真正能如青山屹立不倒的创业者，可谓凤毛麟角。

然而，在我们潘氏宗亲中，却有这样一位创业者，他能准确地捕捉时代潮流中每一次稍纵即逝的机遇；他能精准地在每一次面临抉择时把准正确的创业舵向；在风高浪急的市场洪流中，他总是一次次化险为夷，劈波扬帆、踏浪而歌。

他，就是大陆 600 多万名潘氏族人的杰出代表潘书柏宗亲，系盐城市第七届人大代表、江苏神龙控股集团董事长、江苏潘氏文化研究会盐城分会会长。

他，从购买一艘水泥挂桨船起步，开启了创业之旅。时至今日，屈指算来，已走过了近 40 个春秋的风雨创业路。

一路走来，他风雨兼程，从一文不名、四处举债的创业者，历练成行业翘楚、享誉一方的董事长，造就了一个草根创业的传奇故事。

一路走来，他宵衣旰食，从一步一痕、四方之志的逐梦人，变成了顺应潮流、功成名就的企业家，谱写了一曲事业辉煌的励志赞歌。

一路走来，他饱经风霜，从一无所有、四面楚歌的逆境中，成长为管理有序、学养兼具的儒商，树立了值得人们敬仰的学习榜样。

潘书柏的成功，综合了许多优秀特质：

既有他作为领路人高屋建瓴、挥斥方遒的战略眼光。

也有他作为掌舵手未雨绸缪、运筹帷幄的大将谋略。

又有他作为开拓者锐意进取、不畏艰险的勇士气质。

还有他作为策划师宏观把控、洞察秋毫的正确判断。

更有他作为实干家亲力亲为、率先垂范的优秀品质。

西方商界，多推崇社会达尔文主义——优胜劣汰，弱肉强食，适者生存。而潘书柏则截然不同，这位东方传统文化孕育出来的创业者，他奉行的是"共利天下"的经营哲学，身上满是"立己立人，达己达人"的儒商精神气质和内涵。

新时代的儒商追求达则兼济天下，他们具有超越功利的最终目标，对社会发展怀有崇高责任感，并有立意深远的忧患意识和远大抱负。这些儒商精神，均在潘书柏身上得到了很好的映照和体现。

孟子云："生，我所欲也；义，亦我所欲也。二者不可兼得，舍生而取义者也。"在潘书柏的人生辞典里，"生"就是创业之本、创业之源；"义"就是创业之诚、创业之智。多年来，潘书柏始终恪守儒商之道，挥动遒劲有力的翅膀，在创业的天空下振翮万里、一展雄风。

二

俄罗斯最伟大的作家列夫·托尔斯泰曾写过一篇小说《一个人需要多少土地》，小说讲述了这样一个故事：农民帕霍姆向一位地主购买土地，地主对他说："帕霍姆，我的土地多的是，我也懒得去丈量，那你就自己走吧，你所走过的土地都归你。"

买卖双方约定，从清晨到黄昏，帕霍姆走过的土地都属于他。于是，帕霍姆就不停地走，他拼尽全力，不光不吃饭，水也不肯喝一口，没想到接近黄昏时，帕霍姆却力竭而死。于是帕霍姆的仆人捡了一把铁锹，挖了一个坑，把帕霍姆给埋了，最后属于帕霍姆的土地只有从头到脚六英尺的一小块。

这个故事的起端和结尾都耐人寻味：一个人到底需要多少土地，多少土地才能让他感到满足和幸福？抑或一个人需要多少金钱，多少钱才能让他感到幸福和满足？

潘书柏对这个问题也深思过、纠结过：贫穷时，他全力打拼，就是为了养家糊口；有了些小钱时，他也像无数的淘金者一样，也曾希望一锹就能挖到一个金矿。可当他逐步走向事业的巅峰时，他的灵魂追上了他的脚步，他抑制住贪婪之心，变得更加成熟、冷静、睿智、胜不骄、败不馁，保持着一位拥有优秀创业基因的创业者本色。

潘书柏的创业历程，让我想起了"筚路蓝缕，以启山林"的典故。毋庸置疑，回望潘书柏充满艰辛又充盈希望的创业历程，就是对这个典故的最好诠释。

我与潘书柏因潘氏血缘宗亲这层关系而相识相知。潘书柏最能打动我的，不是他缔造的亿元企业，而是他的人生态度。这些年打拼下来，潘书柏的事业越做越大，他对财富的看法已从"温饱型"的刚需上升到"共利型"的哲学高度。

总结人生，潘书柏得出了最为正确的答案，那就是人生在世，责任为大，事业次之，金钱再次之。秉承这份责任，潘书柏在"立己立人"上下功夫，在"达己达人"上见成效。潘书柏将做人与经商密切联系在一起，严格要求自己，谦虚对待他人，令人敬仰。

潘书柏儿女齐全，但潘书柏从不让自己的子女有着"富二代"的优越感，他对子女严格教育，甚至儿女们所花的钱都要向他"打欠条"。潘书柏的父母没有给他多少创业的资本，在创业的路上也没能襄助，无论是贫穷还是富裕时，潘书柏对父母从来没有一句怨言，而是孝敬有加。并且，他还把这种亲情之间的"小爱"延伸为对社会的"大爱"，为员工、为客户、为家乡父老，他不吝投入，倾注了一腔真情。

潘书柏认为，精神财富远远大于物质财富，物质财富有穷尽时，而精神财富却永无穷尽。他的这个观念，我深以为然。放眼大陆 600 多万名潘氏宗亲，我们的祖先代代有成功的杰出人物，但我们的潘氏后人鲜有躺在前人的"功劳簿"上啃老本、睡大觉的习惯，而是发扬潘氏一脉相承的不畏艰辛、奋力拼搏的精神，自力更生、生生不息、奉献不止，这也是我作为潘氏宗亲特别引以为豪的资本。

三

要造就一个神话，也许只需要数年的工夫；但要造就一个成功的商人，尤其是一个白手起家的商人，则需要用一生的时间。

潘书柏的成功创业经历就充分说明了这一点。

什么叫成功？成功之路总是艰难的。潘书柏告诉我们，创业的路上总会遇到这样那样的挫折和坎坷，只有排除万难走下去才有成功的机会。因为害怕挫折，早早放弃的人，注定看不到成功的身影。

什么叫坚强？潘书柏用经历的许多磨难、委屈，诠释了什么是坚强。他用比别人多勤奋一点，多努力一点，多一点理想，诠释了什么是创业者的初心，什么是创业者的使命。

创业无终点，成功亦无终点。难能可贵的是，无论是处于苦苦支撑之时，还是事业稍有成就之际，潘书柏从没有丝毫松懈，更没有陶然如醉。他始终保持着清醒的头脑，始终持有着创新的思维，也始终认为自己只是一个兢兢业业的创业者。

尽管，潘书柏并不认为自己是一个成功者，但至少，随着他一步步向上攀登的足迹，他离成功已经近了，更近了！

潘书柏还是一个具有刚毅性格的汉子，无论外界如何评价他，他都一如既往地按照内心认定的目标去奋斗，去拼搏，去为人处世。在实现创业梦想的同时，难免会触碰到一些人的利益，得罪一些人，但都无损他的良好声誉。因此这也证实他的声誉不是复制过来的，他的声誉是经得住烈火考验的"真金"。

此书成稿之际，潘书柏正值人生的壮年，他的笑容里，因镌刻着创业的沧桑而更具魅力；他的气质中，因烙印进创业的风尘而更具风采；他的双眸，因嵌进理想之光而灼灼闪亮；他的语言，因植入经年过往而丰富多彩。

意气轩轩踏新程。处于人生中最富有经验、最富有精力的时光里的潘书柏，其创业激情不灭、创业动力不减，他一如既往地策马奔腾、对酒当歌，奔驰在更为宽广无垠的创业征途上。

这部由作家徐向林创作的《从海平面到地平线》的长篇报告文学，作者对潘书柏的创业理念和经营思想进行了系统的梳理，在篇章结构上细分为素养生成、攻坚克难、管理心得、人生态度等几条主题脉络，并用大量翔实的事例进行讲述、阐释和剖析。可以说，这些内容对潘书柏的创业理念和创业思想进行了深入的思考和精辟的提炼。这本书，厘清了潘书柏的创业特质，对于更多的创业者来说，不无借鉴和启迪意义。

通读完这部书稿，我有感而发，信手拈来小诗一首以助兴：

常言创业步履艰，
水恶山险环扣环。
艰苦奋斗四十载，
功成名就无汗颜。

> 筚路蓝缕为哪般？
> 以启山林泪潸然。
> 书香如柏留青史，
> 精神永驻族人间。

这部传记只能算是潘书柏一个较长阶段的创业人生总结。未来，他的创业故事仍在继续；未来，他的传记必将一部比一部更加出彩。对此，我深信不疑并拭目以待！

是为序。

2018 年 9 月 8 日

（作者系国防科技大学教授、博士生导师、享受国务院特殊津贴专家。）

致 谢 词

潘书柏

历史，总是由人书写的；每个人，都是一段历史。

出这本传记，我内心十分忐忑和惶恐：神龙控股集团，还是一个非常稚嫩的正在成长中的企业，她还有许多不完善之处；我本人，也是一个正在学习探索中的不完全成熟的创业者，自身还带有许多缺点。与许多"立德、立功、立言"的大家相比，恰如水滴之于沧海、枝叶之于森林。因此，出这本传记，恐被贻笑大方。然而，人的记忆能力是有限的，尤其随着年事的渐长，许多事，如果不及时记录下来，恐怕将来回忆时，已经如过眼云烟，被时光所湮灭。考虑再三，我才决定趁着现在还能记忆和回味时，将我走过的历程系统地记载下来，也算个人成长的备忘录吧！

我走过的创业历程，虽然作家徐向林先生在本书中，将很多成功的原因归结到我个人身上，但是"人"的结构总是相互支撑的，我深知，我所取得的一点点微不足道的成就，离不开改革开放大好政策的催生，离不开亲朋好友们的鼎力支持，更离不开社会各界领导和朋友们的倾心相助。

你们的友谊，是我成长的沃土；

你们的支持，是我前进的阶梯；

你们的包容，是我扬起的风帆。

在本书完稿付印之时，我要深深地向所有关心我、关心神龙控股集团成长的领导和朋友们致谢，没有你们的扶助，就没有神龙控股集团的今天；我要向神龙控股集团的1500名员工致谢，没有你们的紧密相随，就成就不了神龙控股集团的基业；我要向曾经视我和神龙控股集团为对手的朋友们致谢，没有你们的鞭策，就激不起神龙控股集团前行的动力……

我的致谢发自肺腑、发于真诚，我希望社会各级领导和朋友们能一如既往地关注神龙、支持神龙，愿我们共生的世界变得更加和谐、更加美好！

最后，我还要感谢在繁忙的公务之余，拨冗为本书作序的潘氏宗亲潘存云教授，以及所有的潘氏宗亲。我真诚地祝愿潘氏宗亲人才辈出、人杰遍地，为实现中华民族伟大复兴的中国梦而倾力奉献！

2017 年 9 月 10 日

目 录

序言
　　筚路蓝缕　以启山林·················潘存云 01

前言
　　致谢词·····························潘书柏 09

第一章　起跑线，逆风而行························ 01
　　初啼：生命之舟·························· 03
　　"逃难"之路···························· 09
　　西万庄的潘家墩·························· 16
　　逆风成长的"孩子王"······················ 23

第二章　船老大的爱与愁························ 33
　　惊心动魄的救人壮举························ 35
　　起航，何惧江河风浪························ 43
　　父子间的"战争"·························· 49
　　处变不惊，化险为夷························ 59

第三章 在急流险滩处 ········ 67

创业元年：从一艘挂桨船起步 ········ 69
巨浪滔天勇者胜 ········ 73
探出一条"淘金"路 ········ 77
"淘金"历险记 ········ 82
熟人的"温柔一刀" ········ 88

第四章 进城，走向地平线 ········ 95

寒冬里的春天 ········ 97
做上"带头大哥" ········ 102
盐城第一辆出租车 ········ 109
千磨万击还坚劲 ········ 115

第五章 行走江湖，洁身自好 ········ 121

阻止一场"绑架" ········ 123
小小出租车，人间大舞台 ········ 129
闯荡上海滩 ········ 135
理想很丰满，现实很骨感 ········ 143

第六章 风霜雨雪搏激流 ········ 149

"流动"办公室 ········ 151
山雨欲来 ········ 154
风云突起 ········ 158
平风息浪 ········ 165

第七章　天空下，璀璨的和谐之星……171
"逆市"与"顺势"……173
力挽狂澜……179
击垮"炒证团"……187
冉冉升起的和谐之星……193

第八章　闯过去，前方是片天……201
"快客"的破冰之旅……203
被架上去的"挂帅"出征……209
内讧的合伙人……214
触目惊心的特大交通事故……221

第九章　从阴云笼罩到阳光明媚……227
"影子股东"上访……229
诚心请出"赛诸葛"……234
"一线天"中觅生机……239
黎明前的破晓之戒……247
哪枚公章代表公司……254
股权转让"连环案"……259

第十章　拓荒：物流产业的崛起……269
借出来的"联合舰队"……271
无奈的扣车逼债……275
化干戈为玉帛……280
市委书记的来访……283

　　　　　一波三折……………………………………………… 291
　　　　　站上智慧云端…………………………………………… 303

第十一章　投之以诚，报之以义………………………………… 309
　　　　　创业的共利逻辑………………………………………… 311
　　　　　用人的黄金法则………………………………………… 317
　　　　　生动的企业文化………………………………………… 325

第十二章　海纳百川，有容乃大………………………………… 333
　　　　　亲情的胸怀：父爱如山………………………………… 335
　　　　　大度的胸怀：直面过往………………………………… 346
　　　　　豪气的胸怀：敢于亮剑………………………………… 353
　　　　　做人的胸怀：大道至诚………………………………… 361
　　　　　赤子的胸怀：兼济天下………………………………… 365

后记……………………………………………………………… 371

附录：
　　江苏神龙控股集团荣誉（部分）……………………………375
　　潘书柏个人荣誉（部分）……………………………………377

第一章　起跑线，逆风而行

　　天空之下，每一个人都会经受风霜雨雪的浸润和考验。这是大自然给予众生的历练。

　　从平凡中脱颖而出者，总能将其心灵置于某个高度上，那里，没有风雨云层；那里，万丈阳光倾泻。如果你的视野受囿于低空，头顶上的云层遮蔽了阳光，那不是苍天对你不公，而是因为你的心灵飞得还不够高。

　　合抱之木，生于毫末；千里之行，始于足下。对于出生在20世纪60年代初期的人来说，物质生活的贫穷匮乏、精神生活的单一乏味不可避免。有人说，苦难的岁月不堪回首，可潘书柏说，我是经常回顾过去的，因为，常回顾过去，才不会忘本。

　　一个成功企业家的养成，非一时一日之功，必须深入他成长的脉络和肌理，才可探寻出他的成功基因。那么，让我们打开时光的隧道，走到他成长的起始线，去和他一起回味让他终生难忘的童年和少年时光……

初啼：生命之舟

> 我生在船上，长在船上，见惯了大风大浪，经受了风霜雨雪的浸润和考验。这是大自然给予众生的历练。

阴冷的寒风裹挟着零星的雪花，侵袭着苏南大地。

天色阴沉，彤云密布。一艘小木船从苏南的内河港汊中急急地向北行驶，木船碾压着河面上凝结的薄冰，不时发出"咔咔"的轻响。

船尾上掌舵摇橹的是位年轻高大的苏北汉子，他脸色凝重，一边摇着橹，一边向后面张望着，还不时瞟一下河两岸，似乎怕有什么人追上来。

木船上没有船篷，用木板隔出了几个小小的船舱。其中一个船舱内半躺着一个正在坐月子的女人，头上扎着一条三毛巾，薄薄的被子盖在身上，并不能抵御多少寒气，她不时瑟瑟发抖。她的身边，躺着刚出生十来天白白胖胖的儿子，这个一出生就啼声响亮的孩子，此刻仿佛知道大人们的心思，他不哭不闹，只安静地闭着眼睛睡觉。年轻的母亲不时用慈爱的目光看着儿子，脸上浮现出浅浅的笑容，有儿子的相伴，让她忘却了寒冷……

是时，正是公历1963年1月中旬，农历已过腊月二十三，正值年关岁尾。

行船的汉子名叫潘金诗，坐月子的女人便是他的妻子徐秀英。那个孩子就是他们的长子潘书柏。紧挨着徐秀英坐月子的船舱，躺卧着潘金诗夫妇的大女儿——时年5岁的潘书春，以及潘金诗的妹妹潘珍凤。

一艘小小木船，载着大大小小一家五口人，为何"逃难"似的驶往苏北？这话，还得从头说起——

自清朝末期以降的近百年间，战乱频仍、国力衰弱、民生凋敝，不少人背井离乡，外出谋生。潘金诗的父亲潘有如生于1915年，潘有如不仅是一个很好的"田把式"，还是一个远近闻名的能工巧匠，他的木工活儿技艺精湛，一个人就能造出一艘木船。造木船拼的是匠心和工艺。"我祖父身上就体现了精细的工匠精神，这种精益求精的工匠精神在我们潘氏家族一直绵延传承，我也从中得以受益。"潘书柏回忆起祖父，充满敬佩之情。

在潘有如的青年时期，因连连战乱及自然灾害的胁迫，一身好手艺无法施展，只得自造了一艘木船运货营生。潘金诗自小在父亲的船上长大，熟谙水性。

潘金诗成年后，他的姐姐嫁到了上海。当时的上海在历经战乱后百废待兴、劳动力紧缺，大量的苏北人、浙江人涌入了上海。在此背景下，姐姐也将尚是单身的潘金诗带到了上海，并介绍他进入上海一家国营单位工作，户籍也从盐城农村转进了大上海。20世纪50年代中后期，潘金诗积极响应党中央提出的"上山下乡"号召，从上海回到盐城农村老家，户籍也一并转回农村。

回到盐城后，潘金诗从父亲手中接过船篙，开始了水上货运生涯。后经人介绍与徐秀英相识，不久两人举办了简朴的婚礼。

婚后，潘金诗和徐秀英共同"执掌"着一艘极其普通的货运木船，长期漂泊在苏南水乡，到浙江余杭、湖州一带砍买毛竹，装载到苏州售卖，一趟往返半个月，常常空船而去，满载而归。虽然辛苦，但收入在当时还算不错，除养家糊口外，还略有盈余。

经年累月漂泊在外，难免郁结着浓郁的乡愁。翻开人类走向文明的历史，中华传统文化源远流长，如浩瀚之天空星光璀璨，如广阔之海洋浪花纷飞。正是众多背井离乡的人们凭借踏平坎坷成大道的精神和勇气，用洒尽辛酸酿甘甜的忍耐与坚守，将美丽乡愁编织进五彩斑斓的浩瀚民族文化，这种文化所蕴含的哲学意识、道德观念和艺术见解，在培育民族的优秀精神品格方面起着其他方式难以替代的重要作用。

寒江冰半，触目柔肠。
砌下落梅如雪乱，拂了一身还满。
雁来音信无凭，路遥归梦难成。
离恨恰如春草，更行更远还生。

一曲《清平乐》，写不尽异乡人坎坷辛酸，道不尽游子们缱绻乡愁。

然而，潘金诗夫妇历尽千辛万苦，在 20 世纪五六十年代的那个特定时期，却随时会被扣上"投机倒把"的罪名，不仅劳动所得要被全部没收，还要被判以重刑！因此，潘金诗夫妇贩卖毛竹，完全是"偷偷摸摸"的地下活动，怕挣下来的钱成为"投机倒把"的罪证，一分也不敢存入银行，只能在船上到处掩藏。

1962年12月底，潘金诗的爱人徐秀英怀孕待产。严格来说，这是她怀上的第三个孩子，除了大女儿潘书春外，徐秀英早前还生下一个男孩，可惜当年物资贫乏、医疗条件欠缺，孩子出生没多久，就患病夭折。徐秀英再度怀孕后，妊娠反应特别强烈，有经验的中年妇女一看就猜出这胎肯定生个大胖小子。

徐秀英平素劳碌惯了，即使在怀孕期间，她也坚持跟着丈夫潘金诗行船载货，一路上吃了不少苦。每当船停泊下来，她就给即将出生的儿子缝小棉衣小棉裤。因为她算过预产期，孩子将在当年年底或第二年年初出生，那时正是一年中最冷的时刻，而且居住在船上，河风无遮无挡，使船上比岸上更加阴冷，为此，她得提前做好准备，将慈祥的母爱密密地缝在一针一线之中。

转眼间到了徐秀英临产的日子，夫妻俩也恰巧运了一批毛竹停靠到苏州辕门外。苏州是座文化底蕴深厚的千年古城，辕门是古时苏州所驻军队的军营大门，尽管拂去历史的烽烟，曾经的军营早已不复存在，但怀旧的当地老百姓仍习惯于称之为辕门，辕门外就是千年流淌的护城河。这条曾有军事属性的河流，随着硝烟的散尽，也早已成为南来北往运输船只航行与停靠的河流。

由于停靠的货船多，辕门成了当地居民约定俗成的"集散市场"。潘金诗夫妇运来的毛竹一到苏州辕门，很快就销售一空。潘金诗心情大好，想到即将出生的孩子，他开心不已。

当时，小木船上只有夫妻俩带个小女儿，潘金诗是个粗线条的人，他担心孩子出生后，照顾不好坐月子的妻子。于是，在徐秀英临盆前的几天，他返回盐城老家，想把自己当时还未嫁人的二妹潘珍凤接到船上，做个帮手，帮助照料妻子和即将出生的孩子。

苏州离盐城也不过两百多公里的路程,但那时的交通、通信都十分不便,从苏南返回苏北,一路上的交通工具只有客船。因此,往返一趟,至少得十天半个月。

潘金诗临出发前,特地拜托了帮船上的一对夫妇,请他们代为照看徐秀英。出门行船,难免孤寂。于是,船主们地不分南北、人不分长幼,只要是有共同的行驶线路或经常停泊在一处,便自发结成了"帮船"。帮,即相互帮衬之意也,带有明显的互助性质。潘金诗所托的这对帮船夫妇是热心的兴化人,他们人过中年,船主与潘金诗结成了忘年之交,船主的老婆有着一定的接生经验。得到他们的承诺后,潘金诗这才放心地踏上了回乡之路。

就在潘金诗走后没几天,1963年1月6日深夜,躺在船舱中休息的徐秀英突然胎动异常、腹痛难忍。幸亏才5岁的女儿潘书春机巧懂事。母亲的呻吟声惊醒了她后,她一骨碌就从被窝里钻出来,翻出船舱,爬上了兴化的帮船,摇醒了已进入梦乡的那对兴化夫妇,焦急地说:"我妈妈快要生了,我妈妈快要生了!"

那对好心的夫妇得知后,丝毫不敢耽搁,连忙起床到了潘家的小船上。男人帮着生火烧热水,女人则进入船舱做好接生准备。1963年1月7日凌晨5时,一声响亮的啼哭传出船舱。婴儿新啼恍如清脆的响钟,打破了苏州护城河的宁静。

接生的女人清理好婴儿的脐带后,用丈夫烧好的热水给孩子擦干净身子,然后小心地用棉袄包裹起来,轻轻放在徐秀英的身边。她告诉徐秀英:"恭喜你了,生了个大白胖小子。"那男人刚刚也帮着清洗婴儿,他也在舱外说:"这孩子白白胖胖的,那可是富贵相哩!"

听了这些话，再看看身边的儿子，雪白的皮肤在煤油灯的映照下，竟然光滑得生光，徐秀英疲惫的脸上露出了欣慰的笑容……

"逃难"之路

> 我出生不久，父亲就被安上了"投机倒把罪"，甚至父母几年的心血积蓄都被罚没一空。但从另一个角度，却阐述了欲成大事者必历经磨难的道理。

回到盐城老家的潘金诗担忧临盆待产的妻子，那时因没有电话联络，可谓音讯杳无。因此，潘金诗一回到家，也顾不上休息，就带上二妹心急火燎地赶往苏州。一路上，他跟二妹讲起船上有趣的生活，也谈起对孩子未来前途的憧憬。

这位出生在旧社会、成长在新中国的年轻父亲，和天下所有的父亲一样，当一个新生命降临时，他仿佛看到美好的明天正在向他招手。

潘金诗并不知道，就在10天前，也就是1963年1月7日凌晨，他的儿子已经安然地来到了人世。按农历算法，他的

潘书柏父母潘金诗与徐秀英合影

出生时辰正是壬寅虎年腊月十二，潘书柏因此生肖属虎。

在潘书柏出生的同一天，有两件载入史册的事件：其一是中共中央批转了轻工业部《关于紧急安排日用工业品生产的报告》。报告说，从1960年第二季度开始，很多地区重复出现某些小商品生产下降和市场供应紧张的现象。市场上锅盆、碗筷、缝衣针、鞋钉、奶嘴儿、卫生纸和食盐、火柴等日用必需品供应不足，甚至发生脱销现象。为了解决上述问题，报告提出，对日用工业品，特别是小商品生产，必须按市场需要，分轻重缓急，按行业、按品种进行全面安排。

中共中央在批语中指出：在农业连续受灾，吃的穿的主要商品供应不足的情况下，大力增加日用工业品的生产和供应，是满足人民群众需要，缓和市场紧张情况的重要措施之一。

这份与潘书柏同一天"出生"的文件，足可见当时中国人生活的艰难！幸亏生生不息的中国人用豁达坚忍的生活理念，使古老的中华文明代代相承。

另一件事，则是在当日，国防部批准授予沈阳部队工程兵某部雷锋生前所在班为"雷锋班"。雷锋，一个象征着道德与公益的名字，逐渐开始响遍全国。

那天，潘金诗带着二妹风尘仆仆地来到苏州辕门外的护城河上，一看到自家的小木船，处于极度兴奋之中的潘金诗来不及向帮船上的接生婆道谢，就一个箭步奔进了船舱。船舱内，妻子徐秀英脸色苍白地卧在舱铺间。怀中，一个闭着眼睛的婴儿还在张嘴哭啼，但说来也怪，当潘金诗爱怜地抱起他时，他竟止住了啼声。潘金诗笑着用手指轻柔地拨弄儿子肥嘟嘟的腮帮子，逗他道："好小子，快叫爸。"

徐秀英忍着疲惫睁开眼睛嗔道："瞧你急成啥样了，哪有孩子才出生就会叫人啊！"

潘金诗醒悟过来后，赶紧放下儿子，一屁股坐到铺沿上，拉着徐秀英的手，动情地说："秀英，真是辛苦你了。"徐秀英轻叹了一口气，道："咱们以船为生，在船上生下的儿子，倒不用愁他水性不好。"

"这倒是，我一定要把他培养成最好的船老大。"潘金诗说。

"去，一辈子窝在船上没出息。"徐秀英打住了潘金诗的话题，"儿子的路还长得很，用不着现在考虑，你赶紧给取个名字。"

到底给儿子取什么样的名字好呢？潘金诗在船头上来回转圈，按着家谱的排序，孩子这一代应该是"书"字辈。这时，帮船的男人看潘金诗犯愁，就调侃起来，孩子天生皮肤白，应该把这个"白"字嵌进去。

对！潘金诗一拍大腿，他脑子中灵光一闪：咱们一家来自苏北，孩子又天生肤白，干脆就取个"苏北"的谐音——书柏，"柏"正好也与"白"同音。同时，"柏"在《诗经·尔雅》中又称为"椈"。因性坚致，有脂而香，故也被古人破为畅臼。

潘金诗还告诉妻子："柏树四季常绿，有香气，寿命长，取个'柏'字寓意吉祥着呢。"潘金诗的一番解释，让徐秀英心头一喜："你虽然没读过多少书，但肚子里却有不少锦绣文章哩，说起来一套一套的。"

潘金诗"嘿嘿"一笑，自豪地说："咱们潘家可是小有名气的耕读世家，我的血脉岂可有文脉哩！要不然我怎么会叫'金诗'啊？"

"就看你吹吧！"徐秀英笑道。

给孩子取名字那天,潘金诗两口子在船舱内调侃说笑,护城河的浪花轻拥着货船,那轻轻的摇曳,似乎将他们生活的忧愁全部化成了流水东逝。可是,生活的艰辛也只是暂别了他们的心头。让潘金诗没想到的是,他一到苏州,还没从妻子生下儿子的喜悦中回过神来,一场噩运突然而至——

潘金诗返回船上的次日,船上就来了一群板着严肃面孔的不速之客。他们上得船后,潘金诗还愣在那儿,未及细想,其中有两个人便一个箭步蹿上来,给潘金诗来了个"反剪"。把身材高大的潘金诗严严实实地控制住后,来人中一位打头的中年男人才对潘金诗亮明身份:"我们是派出所的,有人告你们投机倒把,我们要对你采取强制措施。"

潘金诗拼命反抗,但无奈被"锁"得太紧,动弹不得。徐秀英抱着出生才十来天的儿子,睁着惊恐的眼睛争辩:"我们就是普通跑船的,从来没有做过亏心事,犯的哪门子罪?"

"少啰唆,你们贩买贩卖,犯的就是投机倒把罪,这可是重罪!"那帮人哪听得他们的解释,随即四处搜查"罪证",所谓的"罪证"也就是钱。他们甚至连潘书柏穿在身上的小棉裤也不放过,细细地捏了又捏。

最终,被抄走的有三四百元钱,那可是潘金诗夫妇风里来雨里去,辛苦了几年挣下来的积蓄,全部被抄收罚没。

不仅如此,来人除了带走了潘金诗,还把夫妻俩赖以维生的小木船没收,要把船撑到邻近派出所的河岸边锁起来。徐秀英哭着上前求情,来人却严厉地说:"罪证确凿,你再闹把你也带走。"

来人的声音很大,将徐秀英怀中的潘书柏吓得哇哇大哭。他们就趁着徐秀英哄儿子时,把潘金诗连人带船都押走了。他们走远后，徐秀英恐惧不已，却又无可奈何，她抱着儿子暂时寄居在兴化帮船上，因担惊受怕而以泪洗面。幼小的潘书柏当然猜不透大人们的心思，被哄了不哭的他新奇地看着眼前的世界，有时还不由自主地笑起来。徐秀英对儿子又爱又怜，她一点儿子的小脑瓜："你呀，这才出生几天，就把我们辛苦几年的血汗钱打了水漂，你爸爸还被关起来，这可怎么办啊？"说完呜呜地哭出声来。

谁料，当天深夜，被派出所关了一个白天的潘金诗竟然趁看守不备，从派出所跑了出来，他将被派出所扣下的船也偷撑了出来。由于船被整体抄查，船篷都被掀没了。

潘金诗将船撑回原地后，立即从兴化帮船上接出徐秀英与两个孩子及二妹，对他们说："我是从派出所偷跑出来的，咱们趁着夜色赶紧往老家逃。"事不宜迟，丝毫犹豫不得。潘金诗使出浑身力气，一路向北赶路。一直到第二天下午时分，木船离开苏州城几十公里，潘金诗看到了一个较为荒僻的地方，那里空无人烟，河边长满了枯黄的柴垛花，这才歇了下来。

船上的人几顿没进食，又饿又累，潘金诗将船撑进柴垛后，赶紧安排二妹生火做饭。哪想到，二妹刚把火升起来不久，徐秀英突然嚷了起来："不得了，还有钱在锅灶里呢！"

原来，船上有用砖垒起来的简易锅灶，徐秀英四处藏钱时，灶间的锅灰里也藏了些，有七八十元，也就是这点钱，是唯一幸免未被抄没的。可是人算不如天算，结果二妹一生火，徐秀英才想起藏起来的钱，在她的提醒下，二妹赶紧舀水浇灭了火种，可是藏着的钱都已经烧成了灰烬。徐秀英伤心欲绝："这可咋办啊？咱们挣的钱彻底没了！"

潘金诗毕竟是个男人，一连遭遇了这几件大事，他还算沉得住气,"天无绝人之路,只要咱们顺利逃回老家,总会有办法。"

几个人郁闷地吃了点东西后,怕苏州派人来追,丝毫不敢懈怠,立即赶路。又隔了一日,他们来到无锡的一个小镇水域,因船上缺盐少油,也没菜吃,而行船正需要力气,潘金诗就找了个较为隐蔽的地方停靠,然后船上的几个大人翻遍了各自的衣袋和船上的角角落落,一分二分的硬币硬凑了一块多钱。拿着这些钱,潘金诗打算上岸买点油盐和蔬菜,岂料他才上岸半个小时,就急匆匆地返回船上,起锚就走。

徐秀英不解地问:"你买的盐、油呢?"

潘金诗黑着脸低声说:"我刚刚上岸就看到苏州派出所的两个人,他们一路追过来了。"

"你确定是他们?"徐秀英提心吊胆地问。

"我被他们关了一天,那几个人就是看守我的,我当然认识。"一听这话,徐秀英不敢说话了。这一路上,潘金诗再也不敢停留,一直到数天后到了盐城境内,这才松了口气,用那先前凑起来但没花掉的钱,上岸买了点盐、油和蔬菜,稍稍改善了一下伙食。

回到盐城老家后,夫妻俩还是提心吊胆了一阵子,后来见没有动静,一直悬着的心这才安放下来。事实上,在那个时代,"投机倒把"是重罪,何况潘金诗还是"潜逃"回来的,再被抓住,罪加一等。之所以没动静,分析下来,无非有这么两点原因。

一来囿于苏南苏北交通不便,再加之那时没有身份证查询系统,纵使追逃的人从苏州赶到盐城,面对一个地址不详的人,找起来也不容易。

二来在那段艰苦的日子里,老百姓出于本能谁不想改善一下生活,所谓的"投机倒把"现象屡禁不绝、屡见不鲜,想抓也抓不完,因此形成了一个约定俗成的惯例——属地管理。即你在甲地"投机倒把"被抓，但你侥幸逃到了乙地，因为你不是在乙地犯的事，因此乙地常会睁只眼闭只眼，不会主动去抓。这也是潘金诗成了"逃犯"却没有被追究的重要原因。

西万庄的潘家墩

家风，是中华民族传统美德的时代传承，是立身做人的行为准则，是社会和谐的基础。

自然造化，物竞天择。

打开中国版图，在版图最东部的黄海之滨，有一片神奇而美丽的土地。她，因海盐而兴，绵延两千余年的建灶团煎、煮海为盐，奠定了深厚的海盐文化底蕴，是世界上唯一以盐命名的中等城市；她，因生态而骄，这里有广袤无垠且不断向黄海"生长"的东方湿地，也是世界上最大的野生麋鹿生养地，还是丹顶鹤的越冬之地。仙鹤神鹿赋予了这方土地富庶吉祥的寓意。

这方土地上，有一条蜿蜒绵长的"范公堤"，相传是北宋名相范仲淹为挡海潮所建，南北贯通的"范公堤"将这方土地一分为二，堤东片是海滨新兴之地，堤西片则是鱼米飘香的苏北里下河水乡。

深厚的人文底蕴与历史渊薮，使这方土地人杰地灵。拂过历史的尘烟，从这方土地上走出的历史名人不胜枚举：汉代"建安七子"之一陈琳、南宋名相陆秀夫、明代大书法家宋曹，以及被一代伟人毛泽东称为"苏北二乔"的才子乔冠华、胡乔木。他们走出盐城，成为历史天空下一颗颗璀璨之星。

潘书柏的家乡就在这方人杰地灵、物阜民丰的热土上，深厚的历史文化底蕴和淳朴的民风民俗，还有独特的地理环境，都给予了她丰厚的文化滋养。潘书柏的老家在现江苏省盐城市盐都区龙冈镇兴福村西万庄。龙冈地处苏北里下河平原，境内土地肥沃、沟河纵横，有鱼米之乡之称。据史料考证，龙冈始建于隋唐时代，古称"千家居""岗门镇"，因镇北绵延7.5公里、形似卧龙的沙岗而得名，距今已有1400多年历史。

潘家的祖屋坐落在西万庄一处高墩之上，那个墩子被称为潘家墩。祖屋背后就是宽阔笔直的盐宝河（盐城至宝应的人工河）。祖屋的门前生长着一棵枝叶繁茂的银杏树，据考证，这棵银杏树是潘书柏的太奶奶万氏于1915年从当时的建湖县湖垛镇以幼苗移栽过来的，迄今已100余年。巧的是，那一年，万氏生下了潘书柏的爷爷潘有如。这棵老树，正如潘氏生生不息、香火旺盛的血脉，历经了百余年来的风雨，

潘家的祖屋

仍然迎风屹立、葳蕤蓬勃。

潘家墩上，潘氏祖屋曾在当年盐城西郊的水乡独领风骚：青砖小瓦、斗拱飞檐，门前小桥流水，屋后碧水长流，四周绿树映衬。丰年里，常听取稻田里蛙声一片；农闲时，张开渔网鱼欢虾跃，好一派生机盎然的农家乐园。

每一个离开故乡的游子，总离不开家乡水土的滋养；每一个事业有成的外出创业者，总对家乡有着深厚浓酽的恋根情结。

西万庄潘家墩新建的潘家大院（潘书柏于2011年翻建）

潘书柏也不例外。多年后，当他事业有成时，他在祖屋宅基上，新建了一幢三层的农家别墅，那棵银杏树依然生长在别墅的院子里。如今，尽管全家进了城，农家别墅平时大多空居，但每到重要节日和重要的纪念日，潘氏一大家人必然会回到潘家墩聚合。潘书柏说："潘家墩就是我们潘家的根，任何时候都不能忘却！"

按照潘书柏家谱"荥阳堂"《潘氏龙冈西四门宏有公家谱》记载，盐城市盐都区西万

潘家大院《银杏树志》镌刻着百年银杏树（1915年始栽）的成长及潘氏族人的变迁

庄潘家墩是盐城潘氏的发祥地之一。

潘书柏这一支系盐城龙冈大潘庄西四门，始迁祖为明朝万历年间从苏南太湖流域经苏州阊门迁入盐城的朝奉出，600余年来，已繁衍二十余代子孙。潘书柏就是朝奉出的第二十世孙。

若沿着历史的长河向上追溯，潘姓起源说有四：姚姓潘氏，舜帝后裔；姬姓潘氏，帝喾后裔；芈姓潘氏，颛顼后裔；少数民族潘氏，由鲜卑族破多罗氏改姓而来。

为拨开众说纷纭的迷雾，从诸多起源说中探寻出最接近于史实的起源说，世界潘氏文化研究会常务副会长潘可权先生生前提出了他的观点："潘氏源于姬姓。"目前，"潘姓源于姬姓"这一起源学说已成为最权威、最广泛的潘姓起源学说。姬姓是中华上古八大姓之一，为黄帝之姓。黄帝因长居姬水，故以姬为姓。潘姓则是轩辕黄帝次子少昊（上古三皇五帝第二任帝王，传说中被尊为西方上帝）之孙帝喾（上古三皇五帝的第三任帝王）的曾孙姬弃的后裔。周朝的奠基者周文王姬昌（公元前1152年—公元前1056年）是黄帝第十九世孙。周朝以及吴国、鲁国、燕国、卫国、晋国、郑国、魏国、韩国等诸侯国的国姓，其得姓始祖皆为华夏民族的人文初祖——黄帝。

据《周书·毕命》等文献记载：周文王姬昌第十五子高被封"公爵"于毕（今陕西省西安、咸阳以北），史称毕高公。毕高公其所生幼子名荀，号季孙（一说为季伯）。周成王四年（公元前1039年），因季孙协助周公平定武庚叛乱有功，被敕封为荥阳爵列侯，食采于潘邑，升潘邑为潘国，附属于其父亲毕高公管理的毕国。季孙由此定居于荥阳安仁崇仁里（今为安仁寨仁里村），自此发祖开基、继世相传，后世子孙以地为姓，开宗建庙，是为潘姓之根源。

然而，复旦大学历史学教授钱文钟研究认为，春秋时期，楚国地域辽阔，包括今天的湖南、湖北全境及重庆、河南、山东、江苏、江西部分地区。从这些地区发展起来的潘氏看，很有可能都是芈姓潘氏潘崇的后裔。当时姚姓潘氏（商代潘国）大多定居于陕西、甘肃。西周建立后，都城定居在咸阳，晋国潘父弑君才说明姬姓潘氏出现在山西，而不是在楚国境内。楚国国君是芈姓后裔，潘崇也是芈姓后裔，这就充分说明了芈姓的存在，由于芈姓的存在，那么芈姓潘氏的存在也就是顺理成章的。古人对姓氏提出划分郡望，就是为了强调某姓氏的来源和支派。潘氏四个来源，四个郡望，足以阐明这个论断，姓氏典籍和潘氏对联都论证了这个结论。如姬姓潘氏为广宗郡，姚姓潘氏为豫章郡，芈姓潘氏为荥阳郡，少数民族潘氏为河南郡，且有"源于姬姓，望出广宗"的对联等也进一步证实了历史事实。据此推论，潘书柏这支可能出自芈姓。

历史有太多的谜，但不管怎么说，耕读传家的潘氏子孙们，代代谨记祖训。潘书柏高祖泰来公的长子宏有公生于清朝道光十四年，他自幼酷爱读书，聪敏过人，才望传遍乡里，青年时取仕于朝廷，被授予登仕佐郎之职。泰来公第二子宏有公即潘书柏第十九世高祖，青年时广置田地，耕读于现龙冈镇白荡西万庄。潘氏族人依托这片土地，精耕细作，春播秋收，成为当地丰衣足食、仓廪盈实的殷实人家。潘氏族人乐善好施，遇有天灾之年，族人往往开仓赈粮，广施善德，在这片土地上赢得了良好的声誉。

"玉在椟中求善价，钗于奁中待时飞。"潘书柏在繁忙的工作之余，颇喜钻研潘氏文化，在盐城龙冈"荥阳堂"潘氏宗谱的修订中，他曾慷慨解囊资助。潘书柏说："宗谱是族风、家风的传世之作，族风、家风则是中华民族传统美德的时代传承，是立身做人的行为准则，是社会和谐的基础。"

创会建祠传承宗亲先祖仁德，修谱溯源弘扬盐阜潘氏文化。2015年起，潘书柏专门抽出时间，与潘氏宗亲一道，筹组江苏潘氏文化研究会盐城分会。经过一年多的筹办，2016年4月2日至3日，江苏潘氏文化研究会盐城分会成立暨首次宗亲代表大会在神龙大厦隆重举行。

成立大会上，潘书柏当选为盐城分会首任会长。在就职演讲中，他表示：将以分会这个平台，把盐阜潘氏宗亲凝聚成一个团

江苏省潘氏文化研究会盐城分会成立大会现场

江苏省潘氏文化研究会盐城分会成立大会参会人员合影

嘉宾参观江苏省潘氏文化研究会盐城分会宗谱馆

潘书柏敬祀潘氏先祖季孙公

结互助、友谊和谐、共谋发展的大家庭，发掘潘氏历史遗产，弘扬潘氏祖先业绩，传承潘氏宗亲文化，促进潘氏事业发展，为中华潘氏大团结、大协作、大繁荣做出新的更大的贡献。

江苏潘氏文化研究会盐城分会成立后，潘书柏在办公大楼内专门辟出了两间大办公室，一间用作潘氏宗亲展示馆和分会专门办公室，另一间供奉着潘氏宗亲"荥阳堂"的祖先朝奉公，每遇大事，潘书柏必到潘氏祖先画像前恭恭敬敬地敬香祷告，一求心安，二祈潘氏族人建功立业、光宗耀祖。

"我做这些敬奉祖先的礼仪并非讲迷信，而是让自己在祖先面前存有敬畏之心。"潘书柏说，有敬畏之心的人才能对长亲孝敬有加，为人做事才能做到更加诚实稳重。

殷殷宗亲情，拳拳赤子心，时时处处都在潘书柏的言行举止中展露无遗。

逆风成长的"孩子王"

> 苦难的生活，是我人生最好的锻炼，使我学会了不少东西，明白了不少事理。

中国有句老话："世上三般苦，行船打铁磨豆腐。"行船之苦，苦在船行风浪间，过去行船全靠篙子撑，尤其到了冬季，天气严寒，篙子下水后，再拔上来，篙子就会结上一层薄冰，像一根细长的冰棍，俗称"鳗鱼篙子"，又滑又冷，让撑船人苦不堪言；打铁之苦，苦在日夜在炼炉旁忍受炎热，饱受炙烤；磨豆腐之苦，苦在三更睡五更起，做驴子的工作，得仅能糊口的小钱。

行船之"苦"，排在"三苦"之首，足可见行船堪称天下百业第一苦。潘金诗夫妇选择行船搞运输，做这天下第一苦的职业，一方面，是潘氏家族世代不畏艰难、奋进不止的精神写照；另一方面，也烙印着极其鲜明的时代特色。

话说潘金诗当年从苏州"逃"回盐城家乡后，继续做老本行——行船。因为自己还是苏州某派出所挂了号的"逃犯"，当然不能走老路，原先的木船也不能用了。潘金诗就四处筹钱，定制了一艘更大的"西装船"。"西装船"是个形象的比喻，在苏北里下河一带,将两头翘的船称为"西装船",寓意其就像人穿着西装一样洋气。

人的心理是一个奇妙的世界,有的人在困境面前选择了妥协,任由命运的摆布;有的人则天生喜欢与人生的各类磨难对抗。潘金诗就属于不愿被命运摆布的人,越是在困境中,他越是高调对抗,他定制"西装船"就表现出性格中倔强的一面。潘书柏在总结父亲的性格时说:"佛争一炷香,人争一口气。回顾我父亲这一生,他一直是个很要面子的人。"

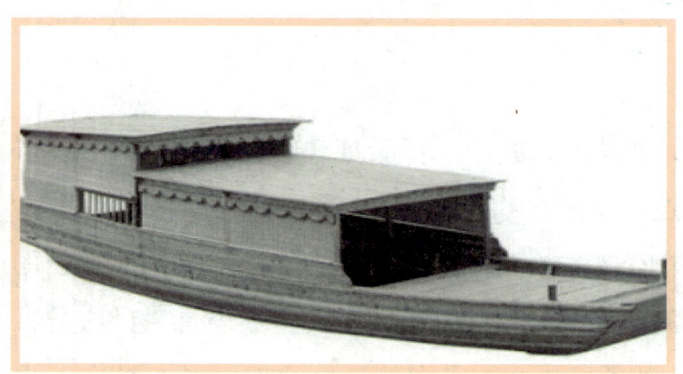

被苏北人俚称的"西装船"

20世纪80年代盐城轮船码头

"要面子"，一般被视作贬义词汇。但在创业者的大辞典中，"要面子"却蕴含着不屈服、不妥协的深刻内涵，带有强烈的褒义属性。纵观马云、董明珠、雷军，这一个个耳熟能详的成功创业者，无一不是"要面子的人"。潘金诗的"要面子"其实早就在潘书柏心里扎下了根，也成为他今后创业生涯中源源不断的动力之一。

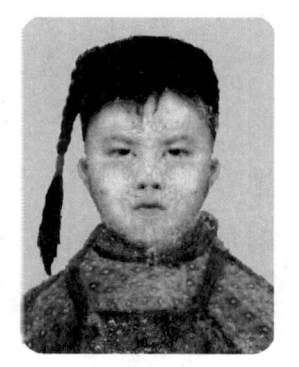

潘书柏幼时梳着小辫子的照片

买回"西装船"后，潘金诗夫妻俩开始给蟒南砖瓦厂装砖坯。在潘书柏出生后的第四年，潘金诗又喜添一子潘书荣；1966年，又生下三子潘书清。夫妻俩含辛茹苦地抚养着四个孩子。

每个人都有绕不过去的童年和少年。提及童年，人们通常会用"金色的童年"来形容那段美好的时光。因为，这是一个被人百般呵护、宠爱，无忧无虑、天真烂漫的年龄段；这是一个阳光灿烂，百花争艳，充满憧憬和幻想，只想调皮、撒娇的岁月。可在潘书柏的记忆中，他的童年时光却浸染着灰暗的色调。在那个物资匮乏的年代，无论是城里的孩子还是乡下的孩子，他们童年的色彩与国家的命脉紧紧连在一起。

每一个孩子，在成长的过程中都会挥动着两只"心的翅膀"，即好奇心与好胜心，这几乎是孩子的天性。而这两只"心的翅膀"，在潘书柏身上表现得尤为强烈。

潘书柏七八岁前，一直跟着父母在船上度过。幼年的潘书柏比一般同龄的孩子更显顽皮。船上的天地很是狭窄，潘书柏稍一活动，就有掉下河的危险。一次，潘书柏趁大人不备，趴伏在船帮上玩水，一不小心就"扑通"一声掉进河里。幸亏母亲徐秀英眼疾手快，刚听到声响，立马扑到船舷边，一把扯起了潘书柏。

"行过船的人，大多脑子活、身手快。"这是潘书柏在多年行船中得出的一个结论。细细分析，确有道理。船就那么巴掌大的地方，周遭是深不可测的河水，可以说危机四伏，因此，行船人的危机意识总比一般人强，要是没有灵活的脑子、快捷的身手，随时都会遭遇不测。

危机意识、眼明手快，这也是一个优秀创业者必须具备的创业素养。从这个角度来说，船上的生活，就是给潘书柏未来的创业征程准备了充分的创业素养。

幼年时的苦涩中也蕴含着丝丝缕缕的甜蜜。潘书柏并没有感到船上生活的单调和枯燥，他每天早上醒来眼睛一睁就看见水，由于船是流动的，水是流动的，他在船上，看到河岸也好似在流动。正如电影《闪闪的红星》插曲所唱："小小竹排江中游，巍巍青山两岸走……"那是一道奇异的又不断变化的风景线，恰好填满潘书柏童年的好奇心。

自小在船上长大，使得潘书柏较一般人先知先觉于时代的变化。我国近代实现现代化的进程基本是先南后北、先东后西。江苏省几乎就是全国的缩影，早在民国时期，苏南就已工厂林立，居民已经用上电灯，而苏北却还是用传统的油灯。

船民由于其流动性，接触各地不同风俗的机会多，见多识广，他们既知道城市的繁华，又了解农村的广袤与寂静，这一点是长期定居一地的人没法比的。船民因先接触新潮的东西，照明用上了烧洋油的马灯，而当时，北方农村大多数人还没见过马灯呢！当苏北和北方大多数人还用自织的土布做衣服时，船上人在上海等地已经买洋布做衣服了。所以船上的人相对小城市和农村居民来说是接触现代文明较早的一个社会群体。

"对于在船上生活的人来说,由于生活空间广阔,与大自然最贴近,更能体会其意境之美。"每当潘书柏回忆起往事,船上的那段生活始终在他的脑海中挥之不去。而船民固有的那份勇敢坚强,不怕风浪,与大自然打交道的丰富经验和胆量,也深深地嵌入他此后的人生之中。

出生在船上、童年又随在父母船上的潘书柏,总记得那时吃得比较多的"瓢子菜",那是一种梗长茎嫩专门用于腌制的青菜,因形状类似"瓢"而得名。"瓢子菜"是那个时期船上人的标配菜谱,因为船上人上岸买菜不便,再加上收入有限,也舍不得买菜吃。因此,易于长期贮存,可生吃、熟吃的"瓢子菜"倍受船民的青睐。每次上船前,潘书柏的母亲徐秀英总会准备一大堆"瓢子菜",洗净、切开、晾干,然后再进行腌制。那时的潘书柏可没少帮母亲洗"瓢子菜"。

"瓢子菜"再香,也有吃够的时候。为了改善伙食,七八岁时的潘书柏就跟着父亲跳到河里捉鱼。父亲不放心他,总护着他,让他在河水最浅的地方活动。但潘书柏总是背着父亲,像只小泥鳅一样,咻溜一下就滑进了深水区。潘金诗常气急败坏地责怪儿子:"你小子胆子太大了!"

潘书柏却嘻嘻一笑道:"水深的地方才有大鱼哩!"

潘金诗听到此话后浑身一激灵,是啊,不冒点儿风险哪有大收获?看着儿子因捉到大鱼而喜笑颜开的样子,潘金诗对徐秀英说:"这小子,敢于冒风险,说不定将来会有大出息哩!"

除了胆子大外,潘书柏还有一个特点——特别能"扛"。因顽皮,身上刮出点皮毛伤,他总是不以为意。因他生肖属虎,母亲总是感慨地说:"这个小老虎,狠哩!"潘书柏这种能"扛"的倔劲,如影随形,一直与他相生相伴。

潘书柏祖父潘有如和祖母黄立英在盐城人民公园前合影

8岁时,潘书柏到了上学的年龄,他被父母送到岸上,由爷爷奶奶照顾上学。儿时最让潘书柏骄傲的是自己的新书包,那是母亲几十块零碎布头缝补在一起做成的,花花绿绿的颜色,他喜欢极了。他正是背着这只花书包一蹦一跳地走进了西万庄小学的学堂。

少年总是对外部世界充满了好奇,潘书柏也不例外,他尤其对复杂的东西总是一探究竟。"为什么天那么高呢?为什么要下雨呢?地球到底有多大……"这些全都是童年和少年时代的潘书柏非常感兴趣以及想弄明白的问题。这也是一个素养生成的个体灵感积累过程。

潘书柏是家中的长子,按照苏北里下河一带的习俗,潘书柏被父母当作"惯宝"养,不仅给他留了小辫子,还给他打了耳孔,挂上银制的耳坠。怎料,这怪异的装扮成为同龄小伙伴的取笑对象。内心敏感、自尊心强的潘书柏哪受得了这门子气,不管是谁,只要敢于嘲笑他,他就十分愤怒,也不管对方多么人高马大,他冲上去就要干一架、一决胜负。

"我从小很瘦,但是很会打架。"成年后的潘书柏,回想起儿时的往事时,如此总结道。这既是他的好胜心使然,又深受潘氏家风的熏陶,潘书柏从小就具有侠骨仁心,他恩怨分明、快意恩仇。所谓的"会打架",即潘书柏一方面天性不服输,不管面对多强的对手,他都敢于"亮剑";另一方面,他善于"智取",能打硬仗的就打硬仗,打不了硬仗就用头脑、用计谋取胜。

"我都是为了正义而战。父亲自小就教育我要做一个好人,虽然他们对于好人没有固定的标准,可是记忆中父母跟我说得最多的就是千万不要做坑人的事、害人的事。"

讲义气、不畏强的潘书柏很快就成了同龄小伙伴中的"孩子王",不光同龄人喜欢跟在他后面,就是许多年长他几岁的大孩子也把他视为"主心骨",遇事时总请他拿主意或请他出头。那个时候,一到放学,潘书柏后面总是跟着十几个孩子,他似乎有天生的管理者素质,总会把这帮孩子"管"得心服口服。

潘书柏的大姑妈一家住在上海,由于平时忙于工作,夫妻俩便将大女儿沙招弟送回盐城农村老家,由老人们代为照顾。沙招弟比潘书柏年长三岁,两人同住在潘家墩,又是嫡表亲关系,再加上父母都不在身边,两个人因此走得很近。潘书柏见到沙招弟一口一个"姐姐"叫得很是亲热。那时,谁要是对他表姐稍有不恭,潘书柏不管三七二十一,冲上去就给表姐"保驾护航"。

长大后,沙招弟回到了上海,嫁给了因顶替父亲工作而落户上海的浙江人李荣森。李荣森比沙招弟年长许多。对这个大沙招弟十岁出头的表姐夫，潘书柏起初心里是有点替表姐惋惜的，但想到长期生活在农村的表姐能嫁到大城市上海，这在当时的中国农村已经是脸上非常争光的事情了。所以，表姐远嫁他乡时，潘书柏还是发自心底地祝福他们。

沙招弟结婚后，潘、沙两家来往得还是特别勤，潘书柏遇事大多会征求表姐与表姐夫的意见。但后来因为表姐夫一纸改变潘书柏及其家人命运的"举报信事件"发生后，潘书柏盛怒之下与表姐夫一家切断了来往。潘书柏心里郁着的这个心结，一直到30多年后才得以化解。当然，这是后话，此处暂且按下不表。

"三岁看大、七岁看老。"也有许多人对爱打架的潘书柏不看好，觉得他长大一定是个"小混混"。但人们只看到了潘书柏身上爱打架的缺点，却忽视了他身上最值得尊重的一种品质——勇气。

勇气是一种敢于面对现实、战胜恐惧的有力武器，是克服困难、争取胜利的最佳武器。因为勇气，潘书柏在被人嘲笑、被不公正对待的时候，能够坦然接受；因为勇气，在该出手

盐城开往宝应的小客轮

的时候，潘书柏从不含糊、绝不退缩。

苏格拉底说："让那些试图改变世界的人先改变自己。"人最

可恨的就是胆小窝囊地过一辈子，潘书柏从小就不肯做这样的人！江山易改，本性难移。潘书柏难以改变自己的这种禀性，并且在生活的磨砺下愈来愈强大。而正是因为勇气，令潘书柏一往无前，从不妥协。

潘书柏16岁时的照片

成功往往青睐有勇气并保持勇气的人，潘书柏的勇气是与生俱来的，并且在生活的磨砺下愈来愈强大。所以潘书柏此后所取得的成功，并非偶然。

除了勇气而外，潘书柏低调内敛的性格自小就已养成。在他的记忆中，父母双亲人穷志不短，在待人接物上谦逊有礼。潘书柏坦言：父母亲的谨小慎微，对他的创业帮助很大，使他在创业过程中会照顾到周围人的情绪，这也是他日后被朋友们公认仗义的禀性来源。

水网稠密，带给了西万庄人丰富的自然资源，但在潘书柏少年时的记忆中，河网的纵横交错给村民们的交通出行带来了极大的不便。那时，潘书柏要进城，就得在盐宝河坐轮船，早晨出发，往往要大半天时间才能抵达市区。因此，幼时的潘书柏就在他的日记上写下一行字：有朝一日事业有成，我一定给家乡建造几座桥！事实上，他的这个梦想，后来全都照进了现实。

现在路道畅通的西万庄，与盐城的时空距离得到了极大的缩短，过去从西万庄到盐城走水路需大半天的时间，而今开车只需要二三十分钟。

1977年7月,时年15岁的潘书柏从龙冈陈舍中学毕业。学业成绩优异的他本可以顺利考入高中,如果那样,他会搭乘"文革"结束后恢复高考的顺风船上大学,而他的人生轨迹也可能因此而彻底改变!

但少年的心是脆弱且敏感的,如三月里初生的芽,踮着脚尖,拼命地向春风里生长。潘书柏自小看到父母的艰辛,下面还有两个弟弟需要照顾,身为长子的潘书柏果断地弃学回家,他要做父母的帮手,用柔弱的肩膀担起养家的重担。

这是潘书柏学校生涯的终结。以今天的标准来看,潘书柏的中学学历当然不算高,但无数成功者用事实证明:一个人的学习方式不止一种,有的人适合在学校的环境学习,还有不少人如曾经高考落榜的马云、小学毕业的华人首富李嘉诚等人,他们更加适合在社会这所没有围墙的大学里,在实务中更能学得精进透彻。

此后的事实也充分证实,学校生涯的终结并不是潘书柏学习生涯的终结,他的悟性、素养、洞察力、管理者的魅力、创业的眼光等,都在社会大学里精研得风生水起。

第二章　船老大的爱与愁

一千多年前，创出贞观盛世的唐太宗李世民曾说过："水能载舟，亦能覆舟。"这是唐太宗的治世理政之道。在这里，"水"指老百姓，是根源；"舟"指君主等官吏群体，是依附。两者互为补益、相得益彰。

"船老大"出身的潘书柏，也有一个"水"与"舟"的哲学。他认为"水"是人世间绕不开的波折与磨难，"舟"是个人的梦想与使命担当。对于一个有思想的人来说，没有一个地方是荒凉偏僻的，在任何逆境中，他都能充实和丰富自己。

从跟着寻亲在驳船上走南闯北，到立志考轮船驾驶证并如愿以偿，再到后来的"船老大"生涯，潘书柏涉入社会的每一步，都被风浪浸透着、扑打着，但他从没有退缩，他的人生抱负，反而在风浪的击打之下，更加坚韧、更加成熟。

人，只有在风浪中历经磨炼，矢志不渝，方能将梦想之舟驶向成功的彼岸。

惊心动魄的救人壮举

> 人予我恩,永不相忘;我予人恩,一定相忘。做人格局的大小,不是体现在有多高的情商和智商上,而是看你懂不懂得感恩,会不会施恩。

传奇式的人物,往往是应运而生、应时而生的,然后在错综复杂的环境中历经千锤百炼、劳其筋骨,最终脱颖而出、成就大业。潘书柏就属于这样一类人。他认为,人生通常有两个起点:一个是出生时的生命起点,一个是走上社会的事业起点。一些人,含着"金钥匙"出生,此后就一辈子在温室中碌碌无为;一些人,在生命起点和事业起点都不尽如人意时,却能凭借着坚韧不拔的毅力,改写命运。

潘书柏,就属于这后一类人。1977年6月,15岁的潘书柏走上社会,他的第一份工作就是给母亲徐秀英"打工"。

在此之前,徐秀英与潘金诗所操持的机械动力木船挂靠在北龙港交管站。后来,交管站要发展"机械化船队",站领导就从挂靠的60多艘自航木船中挑选一艘改装机动船,同时提出"实行机械化,取消自航船"的口号,改装后的船将作为行驶在船队最前列的动力船,也就是改装成"轮船"拖动后面的驳船行驶。

潘金诗的船被选中为"轮船",并且凭借他丰富的驾船经验和高度的责任感,当选为北龙港首支机械化船队的"船老大"。

船队成立后，潘金诗夫妻俩又买了一艘装载量15吨的水泥驳船，准备挂在船队里，就由徐秀英操持。但在那个物资贫乏的年代，货运船非常抢手。鞍湖交管站以潘金诗夫妇的户籍在鞍湖为由，要求潘金诗夫妇带船回户籍地工作。后几经交涉，潘金诗仍留在北龙港，徐秀英则带着那艘水泥驳船挂靠到鞍湖交管站。

驳船是需拖船或顶推船拖带的货船，本身无自航能力。驳船的特点是设备简单、吃水浅、载货量大。徐秀英的那艘驳船就挂靠于鞍湖交管站所辖的"鞍联一号"轮船。刚走上社会的潘书柏，第一份工就是这艘驳船上的唯一水手。

在船上工作、生活，没有规律的作息时间，也不能经常到岸上走走，而且货运船的工作量很大，还得时时提防不可预测的各种风险。母子俩照管着一艘驳船，常年在江河里辗转奔波，其辛苦程度可想而知。

船上之苦让潘书柏印象最深的就是"鳗鱼篙子"，一到了冬天，他的手上、耳朵上、脚上全部是冻疮。

早在上船之初，徐秀英就担忧地问潘书柏："船上的苦，你受得了吗？"潘书柏自信地一拍胸脯："你们能吃得了的苦，我照样吃得！"

母亲满意地点点头，她欣慰她的儿子长大了。

果然，潘书柏说到做到。日晒雨淋里查安全、拼尽力气装卸货物……潘书柏苦活累活抢着干。忙碌的工作让他忘却了船上生活的单调与枯燥。

在潘书柏心中，母亲徐秀英凡事都讲究"规矩"二字。她出生于盐城西郊的大户人家，自小识得一些字，见识远高于同时代的妇女。徐秀英有个叔叔还曾做过国民党军官，后随国民党军队败退台湾。改革开放后，海峡两岸关系缓和，徐秀英的叔叔曾回大陆老家探亲。20世纪80年代末期，徐秀英的叔叔已经70多岁高龄，他回到大陆的家乡后，抑制不住激动的心情，在走路时不小心摔了一跤，引起颅脑血管破裂，经抢救无效而辞世。虽说事出意外，令人痛心，但他也算是真正的"叶落归根"了。

徐秀英的叔叔回大陆时，潘书柏还小，他对台湾这个二外公的家庭情况一无所知。"这本书出版后，我希望能带到台湾，为找到我二外公的家人提供依据。"潘书柏说，海峡两岸血脉相连一家亲，他希望在不久的将来，能让二外公的家人认祖归宗，这也是他的心愿之一。

再回到潘书柏早年的船上生活。徐秀英经常就地取材，用身边的事给潘书柏讲做人的道理。"书柏，行船和做人一样，都要四平八稳，要掌好自己的舵，不能偏离了正道。""书柏，做人要与人为善，大伙儿团结一心，才能保证咱们船队的安全。"

母亲别出心裁开辟的"船上课堂"，她的所言所行，如春风化雨般润泽着潘书柏的心田。从母亲身上，潘书柏不仅学到了行船的技能，更学会了做人的规矩。

电光火石，时间倏忽。时光总是无声无息过得飞快，与母亲一起跑船的日子里，潘书柏渐渐地走向成熟。已由一个弱肩少年成长为一个肌肉结实的壮小伙子，长年在水里腾挪闪跃，练就一身健硕的肌肉，远远看去，男子汉的气概彰显无遗。小小年纪的他，更是做了一件惊天动地的大事——

1979年秋天，南通通吕运河长江口。湍急的水流卷起连环的漩涡，刚烈的江风不时推涌起巨大的水浪，弯弯曲曲的通吕运河如同顽皮的孩童，一路欢腾地奔向长江母亲的怀抱。这陡然涌动的"热情"使得原本宁静的河面顿时变得波诡云谲，暗藏着无数的凶险。

拖着10艘驳船的"鞍联一号"驶进通吕运河与通扬运河的"十字河"交界时，河面陡然开阔至数百米，过了这个"十字河"就是城闸大桥，大桥前面就是长江出口。

那天下午，天气突然变化，河面上更是风急浪高。翻涌的风

潘书柏与母亲的合影

浪打乱了驳船整齐划一的阵型，使船队变得七扭八歪起来。那些驳船几乎横在了水面上，船员们都十分害怕，一个个倍加小心。尽管驳船上所装载的货物已经卸载一空，潘书柏的心还是始终紧绷着。他从船尾出发，沿着船舷往前走着，边走边细心地检查安全。

走到船舷中部时，突然听到前面的驳船上船主徐新生夫妇大呼："宝宝落水了，宝宝落水了！"

其时，潘书柏所在的驳船处于整个船队的第9艘，悲切的呼救声是从第7艘船上传来的。听到呼救声时，潘书柏心头一紧，下意识地朝水面看去，孩子穿的是红衫子，在水面上很显眼，且正好出现在潘书柏正视的水面上。

事发突然，情况紧急，容不得潘书柏多想，他立即跳水施救。说时迟，那时快，潘书柏一个漂亮的鱼跃动作，从一米多高的船舷上跳进湍急的水流之中。"扑通"一声巨响，水面上打起了几个大水花。下水后，潘书柏犹如一条蛟龙，奋力扑向落水的孩子。

此刻，船上闻得动静的人们聚拢在各自的驳船上，他们被眼前惊心动魄的一幕所震惊，全都屏住了呼吸，为潘书柏的救人壮举捏了一把冷汗。

水上有水上人的关心和焦虑，水下有水下的暗潮汹涌。

生死时速，刻不容缓！只几秒钟的工夫，潘书柏游到孩子的近处，伸出右手，一把扯住了他的衣服。一旦抓住，他就紧紧攥住不放手。刚刚抓住孩子，冷不防一个浪头袭来，把潘书柏闷进了水中。等他憋气屏息从水中探出头来时，才发现自己是从船队最后一艘横在水面上的驳船船底下横穿出水的！

这个过程，可谓生死系于一线，横穿船底时，很有可能被吸住！而探出水面时，他离最后一艘驳船已经有1米远的距离。幸好，整个船队尾部的一只小划子船离他不远。那个小划子船是大船靠不了岸时，水手们接驳用的小木船。在那决定生死的时刻，那条小划子船如同生命之舟，让潘书柏看到了一线希望。他右手紧紧搂住孩子，左手一把抓住小划子船的船舷，先把孩子小心地放进船舱，而后翻身上船。他和孩子都得救了！

潘书柏救起的男童只有3岁。由于落水时间短，施救及时，他只呛了几口水，虽然脸色苍白，呼吸微弱，但没有大碍。见此，孩子的父母徐新生夫妇方才松了一口气。那天，孩子是趁大人们忙着检查驳船的安全，趴在船舷上好奇地看河水时，一个不小心掉进河里的。

上得船的潘书柏，因为体力透支而气喘吁吁。徐新生夫妇从惊魂甫定中醒悟过来，眼含泪水地感激潘书柏。徐新生说："小潘，要不是你舍命相救，我家二明子的命就丢了！"

舍命相救？起初，潘书柏还有点儿摸不着头脑。男孩的母亲接过丈夫的话说："水流这么急，要不是你碰巧抓住小划子船，你们两个都被水流冲走了！"

经她一提醒，潘书柏这才意识到，他当时跳到水里救人，头脑里根本没考虑风险。要不是那只小划子船，即使他能靠近驳船，可空载的驳船船舷离水面有一米多高，根本爬不上来；而且河面的激流会转瞬之间就把他们抛远，一旦抛远，根本没有救援的船只，宽达几百米的河面谁也无力游上岸，最终的结果只有一个——他跟二明子都会葬身通吕运河！

"小潘，你当时怎么一点也不害怕啊？"船上一些年纪大的水手心有余悸地问潘书柏。

潘书柏嘿嘿一笑道："当时只想救人，哪想到那么多？"

常年在江河湖海中行船的徐秀英，什么样的风浪没见过？那天，儿子救人，她自始至终都看在眼里。因为紧张，她身上冷汗淋漓，心里像揣了一只兔子怦怦直跳。她清楚，稍有不慎，儿子就会被激流卷走。如果卷走，让"鞍联一号"掉头去寻，不要说这么长的船队掉头难，就是掉得了头，也会错过最佳的救援时机。一句话，儿子去救人，等同于一脚踏进了鬼门关！

母亲的担忧不无道理，爱子心切的她难免会对儿子的"鲁莽"怨上几句，潘书柏却笑嘻嘻地说："我不是活得好好的吗，大难不死，必有后福哩！"

"你呀，天塌下来都不晓得愁。"母亲佯装嗔怒，其实心里也在为儿子的救人壮举暗自喝彩。

事实上，潘书柏此后多次回忆起这件事，仍感到心惊肉跳，如果不是碰巧抓到船队后面的小划子船，他们必会葬身水中无疑！"如果不是河风把小划子船吹横过来，我们就上不了船。"

冥冥之中，似乎命运之神在刻意搭救着潘书柏和那个孩子！

事后，徐新生夫妇拿出钱来感谢潘书柏，潘书柏一口谢绝。过意不去的夫妇俩看到潘书柏救人时，那块他攒了几个月工资买的中山手表进了水，就不顾潘书柏的推辞，花钱请人将手表去了水汽，擦了擦油，并且花了十几块钱买了一套新衣服送给潘书柏。潘书柏几番推辞难以拒绝，只得收下。

这样的救人壮举，要是放到今天，也许会在报纸上报道、电视中露面，还会被申报见义勇为基金，甚至被表彰，被领导慰问。就在几年前，一个从小河中拉起一位七旬老人的盐城人还被评为"盐城好人""江苏好人"呢，何况潘书柏这惊心动魄的救人壮举！

然而，这壮举在当年恰如向湍急的河流中扔进一块小石子，并没有掀起任何波澜，也没有人想到请媒体报道。潘书柏更是像没发生这回事一样，从没动过报功出名的念头。他认为，真正的壮举总是发自心底和悄无声息的。因此，潘书柏从未觉得有任何遗憾。

时光荏苒，一晃三十多年过去了。那位被救起的二明子已是事业有成的中年人。这些年来，他们之间没有交往也鲜有联系，潘书柏更从未宣扬过他舍命救人的事。尽管潘书柏此后与二明子的父亲徐新生见过几次面，徐新生每次都念念不忘潘书柏当年的救人壮举，感恩地说："当年要不是你，哪有二明子的今天。"但潘书柏每次都一笑而过，从不顺着徐新生的话去表功图荣。

直到多年后，潘书柏与一位相处多年的老朋友聊天时，无意中说起他少年时期的生活经历，方才略略提及此事，那位朋友惊讶地说："潘总，救人一命胜造七级浮屠，怎么从来没听你提起过啊？"

潘书柏淡淡一笑道:"人予我恩,永不相忘;我予人恩,一定相忘。再说,那些陈年往事何必时时挂在嘴上哩!"

罗曼·罗兰说过:"没有伟大的品格,就没有伟大的人和伟大的行动者。"悠悠岁月挥不去舍命救人的真情,一桩冒险救人的往事,在年轻时的潘书柏身上,昭示了急公好义的品格。

起航，何惧江河风浪

> 人，只有在风浪中历经磨炼，矢志不渝，方能将梦想之舟驶向成功的彼岸。

华人首富李嘉诚先生回顾自己的成功历程时，曾说过这么一句话：你做哪个行业，一定要学习那个行业最好的知识、最好的技术，并保持自己在那个行业中最好的心态。换句话说就是，人生要往高处走，就必须一刻不停地去攀登。

与母亲一起行船，潘书柏并不满足于只做一名普通的水手，他野心勃发地想做一名"船老大"。如果那时候他没有这份野心，而是选择随遇而安，那么他后来人生中的精彩华章也许就会另起一行了。

"人就应该有点儿野心，野心是催人奋进的号角，野心能让人保持永不熄灭的激情。"谈起自己的人生经历，潘书柏坦言，自己总是在不断抢抓机遇中，从高处攀上更高处。

一定的野心能让人信念坚定，更能让人善于把握机遇，成就梦想。而机遇总是垂青于有准备的人。当初，潘书柏与母亲跑船时，每当船队泊岸，别的水手或逛街或聚成一堆打牌，潘书柏却"忙里偷闲"，从母亲的驳船上走到"联鞍一号"轮船的驾驶室。在轮船上，驾驶室是一个神圣的地方。在苏北里下河水乡，女人一般是禁止走进驾驶室的，就是水手，没事也不能往驾驶室跑。

潘书柏自小就表现出高情商，他与"船老大"相处融洽，因此常常能得到特别授权，走进驾驶室。他东摸摸西瞅瞅，将轮船上的各类动力装置、仪器仪表牢记于心，遇到不懂的问题就向"船老大"请教。由于潘书柏为人和善，又谦虚好学，"船老大"也乐于教他。轮船驾驶中基本的方向杆、方向盘等"三点一线"操作规范，就是潘书柏在主动请教中学到的。

一次，潘书柏又到驾驶室向"船老大"请教，"船老大"半开玩笑半认真地说："小潘，你父亲就是一个船老大，他的驾驶经验比我强多了，你要学轮船驾驶，向你父亲学不是更好吗？"

"船老大"说的是实情。潘书柏的父亲潘金诗其时已是盐城地区砖瓦三厂所属苏盐085号轮船的"船老大"，相较于他早期的那艘自制"轮船"所拖动的"机械化船队"，早就"鸟枪换了炮"。苏盐085号轮船所拖挂的10多艘驳船，每艘的装载量都达60吨，是"鞍联一号"所牵挂驳船的三倍。仅轮船上就有14名职工，每条驳船上也有4名水手。潘金诗管理着五六十人的团队，畅行于苏北里下河一带，是名副其实、享誉一方的"船老大"。

说者无意，听者有心。当天晚上，经过深思熟虑的潘书柏就跟母亲徐秀英提出，他要到父亲的轮船上学驾驶。潘书柏说出自己的决定时，因考虑到他离开后，母亲无疑会失去一个重要的助手而心有负疚。

没想到徐秀英听完儿子的想法后，非但没有舍不得儿子离船，反而给潘书柏鼓劲："好男儿志在四方，你在这艘驳船上也历练两年多了，熟悉了船上的工作与河道，你就应该往外面飞，跟着你父亲好好学，你一定会成为最出色的船老大。"

其实，潘书柏的想法正与母亲的想法不谋而合。即使潘书柏不提跟父亲学驾驶的事，母亲也会在合适的时间提醒儿子，把儿子"赶"到丈夫的轮船上去。

不过，徐秀英也殷殷叮嘱潘书柏："你父亲脾气急，我跟他这么多年风风雨雨，他的脾气我一清二楚，他是刀子嘴豆腐心。要是你父亲跟你吵起来，你得让着他。"潘书柏懂事地点头应允。

1980年，18岁的潘书柏上了父亲驾驶的"苏盐085号"轮船。刚刚接触实际的轮船驾驶操作时，潘书柏的经验不是很足，父亲潘金诗让他从基本学徒工开始，后来又教他如何在短时间内学习靠岸、停船闸，以及开船、起航等。潘书柏聪敏灵活，有些人学几次都难以掌握的技术，他却一学就会。

潘书柏学会了基本的驾驶操作，急着要独自来驾驶轮船。潘金诗厉声道："你才学了点皮毛，就想飞？开船

潘书柏与父亲的合影

可不是闹着玩的，不把基础打牢，出了事就会没命。"潘书柏记住父亲的话，从此定下心，学好每一个细节的操作。

父亲尽心地教，潘书柏用心地学。一年不到的时间，潘书柏就已把轮船驾驶技术练到炉火纯青的地步。接下来，潘书柏就想着考取轮船驾驶证。

当时，轮船驾驶证分为五等。五等可驾驶50总吨以下的轮船；四等可驾驶50总吨以上的轮船；三等可驾驶200总吨以上的轮船；

二等可驾驶600总吨以上的轮船；一等则可担当任何轮船的船长。一般而言，轮船驾驶员都是从五等依次往前晋级。但潘书柏给自己定下的起点就很高，他不仅要越级直接报考三等驾驶证，还要内河、长江的船员证一同考。

在以船舶为主要运输工具的年代，持有内河长江轮船驾驶《船员证书》的人可谓凤毛麟角。当年的整个盐城地区，持有轮船驾驶《船员证书》的不过几十个人。即便是行船几十年的潘金诗也仅持有内河驾驶的《船员证书》，凭他的经验不是不能考上长江和黄浦江驾驶证，而是在风高浪急的江面上行船，风险巨大，经常有翻船和死人的噩耗传来。所以很多"船老大"对长江与黄浦江行船避之如虎。内心存有恐惧感的"船老大"们索性守着内河，只求谋个平安。

然而，潘书柏却初生牛犊不怕虎。他对父亲说："既然选择了行船，如果不到大江大河的风浪里去闯荡，那就是一辈子的遗憾。"

潘金诗听了潘书柏的抱负，喜在心里，但脸上还是一副严厉的神情："长江里凶险得很，每隔一段时间就有船沉进江里。你考证我不拦着你，但你要想好，即使考上证，不等于就安全无事故。多少条船沉进江里，哪个船老大不是有证的？"

"小心行得万年船，这句话我一辈子都会记牢。"潘书柏的保证，让潘金诗放下心来。

当时，考轮船驾驶《船员证书》由盐城车船监理所具体负责。按照当年的报考规定，须持有船员证且具有3年以上的随船经验，潘书柏年纪小，但已符合了报考条件。报名后，潘书柏领取到学员证，并从该所取回了五六本培训教材，涉及法律法规、内河航运、水运知识、长江航运规则等。潘书柏天天翻背着这些教程，早背晚记，两个月不到，五六本书都被翻烂了，书中的知识也被他牢牢记在脑海中，一些内容他甚至能倒背如流。

20岁那年，潘书柏成功地通过了严格的轮船驾驶员理论考试，其后又一次性通过了内河、长江的驾船实践考试。可是，通过了考试，他的《船员证书》却迟迟发不下来，这到底是怎么回事呢？

潘书柏多次到车船监理所询问，刚开始，工作人员以"证还没有办下来"为由来搪塞，可是又等了半年，证还是没办下来。潘书柏沉不住气了，他让父亲去帮忙打听。因为潘金诗是当地赫赫有名的"船老大"，车船监理所的负责人都得给他几分面子。

潘金诗道明来意后，该所负责人皱着眉头说："你儿子通过了考试，按法按理讲，就得及时给他发证。但他年龄实在太小了，整个盐城都还没有比他更小的考生。这行船可不是闹着玩的，他没有经验，我们发证给他，要是将来出了事故，我们也得承担着连带责任哩！"

原来是这样，潘金诗想了想说："书柏虽然年纪轻，但他很有责任心。这样吧，我给他担保，你们把证发给他，让他跟着我跑船，积累积累经验。"

车船监理所的负责人沉思片刻后说："有你这个经验丰富的船老大担保，我们就放心了。"有了潘金诗担保，车船监理所方才答应发证。

1982年5月，潘书柏如愿以偿地拿到了轮船驾驶《船员证书》。拿到证的那几天，潘书柏兴奋得睡不着觉，他把《船员证书》放在自己的枕头下面，不时地拿出来看上几眼。

这个轮船驾驶《船员证书》，俨然是潘书柏实现人生第一个梦想的见证。

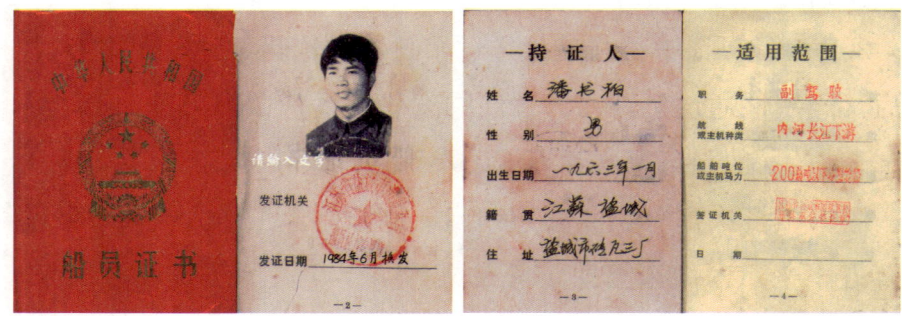

潘书柏考取的《中华人民共和国船员证书》

父子间的"战争"

> 行船中面对险境，不管有多少条理由，没有一条理由比保障船员的生命更重要！

行船的人有这样一种说法：过江无风三分险，过湖如过鬼门关。搁浅、碰船、沉船、翻船常有发生，家破人亡顷刻之间。

月有阴晴圆缺，人有旦夕祸福。"人在江边走，哪有不湿鞋"，潘书柏常年在江河里奔波，险象环生也是屡见不鲜。

由于当时持有轮船驾驶证的技术人才非常欠缺，拿到驾驶证后，潘书柏立即被安排做了"苏盐085号"轮船的副驾驶，给"船老大"父亲做助手。潘书柏聪明能干，在潘金诗对他的几次测试中，他均能交上满意的答卷。因此，潘金诗也逐渐放心地让他顶班，将轮船交给他单独驾驶。

1982年秋季，正逢汛期，河水猛涨，水流湍急。"苏盐085号"轮船拖着12艘驳船从徐州拉煤炭返程，船队穿过阜宁县境内的苏北灌溉总渠后，沿着通榆河行驶到建湖县上冈境内时，正是傍晚时分，潘书柏换了父亲潘金诗的班进入驾驶室。潘金诗嘱咐了潘书柏几句话后，到后面的驳船巡查去了。

潘书柏平稳驾驶了半个小时后，驶近了通榆河上的一道"S"弯。当年，南北走向的通榆河还没有形成直线连接，在上冈境内先要拐进东西走向的黄沙河，要经过"S"形连转后，才能再进入通榆河航道。

黄沙河是上游客水奔海的大通道，水流很急。再加上"S"弯之险，可谓弯陡流急，这段航道因此被称为盐城最为复杂的内河航道之一。不要说刚拿到轮船驾驶证不久的潘书柏，就是许多富有航行经验的"船老大"，行到此处，也是提心吊胆。

那天，潘书柏打满右舵，轮船平稳地拐了个九十度的急弯，拖着后面的驳船逆流而上，依次拐进黄沙河。在拐弯处的黄沙河上架有一座204国道大桥，轮船穿过桥孔，接着要左拐九十度驶进通榆河，如此，方能安然通过这道"S"弯。

孰料，潘书柏驾驶的轮船刚打满左舵准备左拐，黄沙河上自西向东急速驶来一艘挂桨船，挂桨船开足了马力，且借助于顺流而下的优势，航行速度极快。很明显，挂桨船想占据黄沙河南侧的航道，要抢在"苏盐085号"船队左拐之前穿过去。但挂桨船根本没有顾及对面的轮船已经进入拐弯状态，船队已横斜在黄沙河面上。挂桨船没做任何处置，依然往前直冲，直接就奔着轮船的右舷冲撞过来！

眼看轮船就要被挂桨船撞上，船沉人亡的悲剧几近上演！

危急关头，潘书柏当机立断：他立即拉起倒挡，在惯性的作用下，轮船依然被后面的船队推送向前，不过拉起倒挡后，减缓了前行的速度，从而给紧急处置可能发生的撞船事故留出了虽短暂却极其宝贵的时间。

几乎在拉起倒挡的同时，潘书柏紧急向右侧满舵，将原先占据的航道避让出来。短短几十秒，挂桨船冲进轮船避让出的航道，与轮船擦船而过，一场两船相撞的悲剧得以化解！

也许，那艘擦船而过的挂桨船并没有意识到"苏盐085号"

刚刚经历的危险，船急速地驶过后，挂桨船仍然马力十足，挂桨搅起的水浪层层翻涌。挂桨船上的船员，可能做梦也没想到，刚刚，他们已处于生死关头，要不是潘书柏所驾的轮船避让及时，他们也同样面临着船翻人亡的悲剧！

迎面的挂桨船安然无恙了，可是"苏盐085号"的整个船队却秩序大乱，面临着又一次生死考验——由于轮船紧急倒挡，后面紧跟的12条驳船在惯性的作用下，几秒钟内全部撞向了轮船。在强大外力的作用下，轮船的舵效失灵，整艘轮船横在了黄沙河中。牵挂驳船的两根钢丝缆绳，其中一根被绷得紧紧的，牢牢束缚着轮船的行动，再加上风力、水流的作用，整个船队又一次面临着翻船之险！

1982年"苏盐085号"照片　　时隔35年，"苏盐085号"船员在神龙大厦再次相聚

危急之时，潘金诗在后面的驳船上看到轮船失控的情况后，凭借丰富的行船经验以及危机处理能力，果断地操起太平斧到头档驳船上，当机立断斩断那根绷得紧紧的钢丝缆绳，而且疾速地换了缆绳，使后面的驳船不再束缚前面的轮船；同时，轮船的动力也能牵引着后面的船队，防止船队失去控制再遭危险。

几乎就在潘金诗斩断钢丝缆绳的同时，潘书柏在驾驶室与父亲配合默契，他借机降速，使轮船稳稳拉直；并向左满舵，使轮船通过"S弯"，再度拐进通榆河航道；轮船平稳行驶后，准备停靠上冈镇。

沉船危机化解了，可是父子间却上演了另一场情感危机——当轮船安全停靠后，怒气冲冲的潘金诗从船尾冲进驾驶室，脾气暴躁的他也不待潘书柏做任何解释，劈头盖脸地就动手打潘书柏，并一把将潘书柏赶出了驾驶室。

刚刚脱险的潘书柏，还未来得及擦一把额头上渗出的冷汗，就被父亲又打又推，年轻气盛的他火也上来了，备感委屈地冲父亲怒吼："你凭啥打我？"

"刚刚要不是处理及时，整个船队都翻了，打你是让你长点记性。"潘金诗余怒未消，狠狠地训斥着潘书柏。

哼，我自己也有轮船驾驶证，凭啥受你这窝囊气？因为血气方刚，潘书柏对父亲的暴怒也是"以牙还牙"，他一赌气，在船靠岸后就弃船上岸，他再也不愿跟着父亲跑船了！

话说那天潘书柏与父亲吵架后，孤身一人从上冈回到了龙冈。正与父亲赌气的潘书柏并没有直接回家，而是在龙冈小街上找了一个小旅馆住了一个晚上。躺在床上，他哪里睡得着，一会儿脑海里浮现出父亲愤怒的脸孔，一会儿又回想白天遇险前的细节。他认为父亲对这次遇险的事故应该承担最大的责任。这当然不是潘书柏的主观臆断，其中另有隐情。原来，在经过通榆河上的"S"弯前，有另外一条往南的内河航道通往上冈镇。这天又适逢周六，可以直接把船停到上冈，借着周末的机会，一来可以缓解长途劳顿的辛苦；二来周日到达盐城，还可以多领一天的工资，这也算是行船的"惯例"。

正因为如此，从当天上午起，潘书柏就多次询问父亲，是否把船停到上冈，但父亲始终未给予明确的答复。直到潘书柏换了父亲的班，在父亲到后面驳船去检查安全期间，潘书柏又安排船员去征询父亲的意见，仍是迟迟没有得到父亲的回复。

直到轮船已经开过上冈航道进口，快要进入"S"弯时，父亲才让人通知潘书柏："去上冈。"但此时已经错过进入上冈航道进口的最佳时机，船头已经超过了进口数十米。接到父亲的指令后，潘书柏在情急之中，没有把安全系数考虑到里面，就向左打方向，想通过大湾循环进航道进口。由于水流太急，再加上从上游顺水而下的挂桨船挡住了航道进口，进而导致了后面险情的发生……

潘书柏思来想去，是自己过于尊重父亲，才屡次让经验丰富的父亲下决定；同时也是自己平时过于害怕父亲，才导致父子俩缺少沟通，延误了时机。潘书柏前思后想，一夜无眠，一直折腾到天亮。

潘书柏的记忆倒推，找到了遇险的深层次原因。前事不忘，后事之师。在潘书柏此后的创业人生中，他时刻牢记遇事要"当断则断"，否则反受其乱。

第二天，潘书柏磨磨蹭蹭地回到西万庄。他本以为父亲的怒气已消，没想到，他一进家门，父亲不但余怒未消，反而变本加厉。一看到潘书柏回家，潘金诗二话不说，随手轮起一根木棍就追打潘书柏。

好汉不吃眼前亏。潘书柏一边往外跑，一边不服气地回击父亲："你就知道打打打！"

潘金诗咬着牙道："你犯了错，还敢跟我犟，不打你打谁！"

处于父亲的追打之中，如何脱险？潘书柏的脑袋瓜也在飞快地转动——他要找"援兵"。他知道父亲不会给一般人面子，唯有爷爷潘有如才能喝得住他。于是他冲出家门，跑到紧邻的东首梨园。梨园里长了几十棵梨树，爷爷潘有如的屋子就在梨园边上。潘书柏故意绕着梨园跑，想引起爷爷的注意，让爷爷来搭救他。

跑了第一圈，爷爷没出来；跑到了第二圈时，爷爷潘有如终于被外面的动静惊动出来了。潘有如对这个长孙疼爱有加，哪容得潘金诗追打，他一声猛喝，让潘金诗怔住了。潘书柏趁机站到了爷爷的身边，他知道，有爷爷在，他才安全。

这时，潘书柏的三姑也闻讯赶来，一见这场景，她急忙扯住哥哥潘金诗，大着嗓门劝说道："你们父子俩真是一对冤家，还追打，有完没完，书柏的老婆都快生了！"

三姑的一席话倒是提醒了潘金诗和潘书柏。早在潘书柏这趟随着父亲出船之际，怀有身孕的潘书柏妻子周晓芹就已足月，随时临盆待产。因为有一个新生命即将来到人世，结怨的父子俩暂时放下了对峙。

时间定格在1982年农历十月初四，随着一声响亮的婴啼，潘书柏夫妇的第一个孩子——大女儿潘爱华来到人世。

奇妙的是，潘书柏出生的那天，潘家处于"不太平"之中；潘家的长女出生时，由于父子之间的"战争"，潘家同样处于"不太平"之中。这冥冥之中的对应，是否正应了孟子的"故天将降大任于斯人也，必先苦其心志，劳其筋骨，饿其体肤，空乏其心，行拂乱其所为，所以动心忍性，曾益其所不能"。当然，这也许就是机缘的巧合罢了。

潘金诗的长孙女出生了，但并没有冲淡他对潘书柏的怒气。而潘书柏，也似一头犟驴，偏偏不向父亲低头。那段时间，潘金诗怎么看潘书柏都不顺眼，潘书柏只要见到他也会刻意躲避。

父子俩都是倔脾气，尽管徐秀英从中调和了好几次，希望两头"犟驴"和好，但潘书柏就是不愿意对父亲低头。徐秀英见潘书柏认死理，长叹一口气道："不是一家人不进一家门，你跟你父亲一样脾气倔。你年纪还轻，等你将来行船多了，就理解你父亲为啥冲你发脾气了。"潘书柏一贯听母亲的话，但这一次，他觉得自己受了天大的委屈，仍不肯顺从母亲去向父亲妥协。

冲动之下，潘书柏萌生了一个想法：我自己建房子，不跟你住一块儿。惹不起我还躲不起吗？

当年，在农村建房是件大事。潘书柏萌生这个想法时，他几乎囊中羞涩，哪里拿得出建房的钱。但他认定的事就得办，这就是他的性格。没钱，他就四处筹措。借来的钱不够，他干脆到砖瓦厂去买价格比整砖便宜得多的"半截砖"，所谓"半截砖"就是买砖人挑剩下来的存有瑕疵的砖，40元一吨，只相当于整砖价格的四分之一。为了节省人工成本，潘书柏借了一艘装载量12吨的水泥船，叫上16岁的三弟潘书清在船上帮忙掌舵，自己则在天寒地冻中，用篙子以及拉纤的方式，一趟又一趟，拉回了建筑材料。

农历十月的一天，从砖瓦厂用船拉砖回来的潘书柏，经过龙冈的凤凰桥。其时正是枯水季节，水流很急，因正在修桥，船只能在河中间通过，长长的竹篙试不到底，竹篙使不上劲，好不容易接近凤凰桥，谁知上游冲来了一阵急流，直接就把装砖的船冲退出去二三里地。稳住后，潘书柏又慢慢地往前进，几经进与退，装砖船最终通过了凤凰桥，但耗在这段水路上的时间，累计花费了两个多小时。

按水泥船的行驶速度，从砖瓦厂到西万庄的航程要20个小时。

一个严寒的深夜，装砖船进入盐宝河后，因为河面结了厚厚的冰，无法前行，潘书柏就上岸去拉纤，留着三弟潘书清在船上帮着把舵。船刚行驶了没多远，潘书清听到船上传来一阵阵刺耳的"喀喀"声，他急得在船上大叫："大哥，船漏水了，快要沉了！"

潘书柏心急如焚，急忙指点三弟，想方设法将船靠岸，然后跳到船上查看，原来那声响不是船进水的声音，而是船挤压着河面的结冰发出的声响，兄弟俩虚惊一场，为此惊出了一身冷汗，当年建房的艰难由此可见一斑。这也让潘书柏生出一番感慨："想要做成任何事，总得要经过各种磨难，通向成功的路，从来没有坦途！"

在建房时，还发生了一个小插曲：潘金诗见大儿子不与他商量就自作主张建房，他暴跳如雷，发狠要掀掉儿子刚盖起的新房。当然，发狠归发狠，父子间虽然不断有摩擦和口角，但经过努力，潘书柏的房子还是建成了。

潘书柏所建第一幢农舍的照片（建于1982年）

"一个刚满二十岁的小伙子，从有了建房的想法，到借钱备料，再到最后建成，前后用了不到一个月的时间。这在当年的农村是不可想象的，许多几十岁的人，从备料到建成房子，短的得花费一年多时间，长的甚至要花上几年的时间。那次建房，称得上是我的第一个梦想。而这个梦想的实现，对我今后的创业影响很大。"多年后，潘书柏回想自己建房的情景，往事历历在目，他坦言，"成功建房给了我一个很大的启发，只要你有梦想，敢于去做，就终有实现的可能。"

后来，潘书柏在城里买房、建房，盖车站、盖办公楼，甚至盖出了16层楼高的神龙大厦，但他建在西万庄上的第一幢两间平房，始终没有拆掉重建。他每年都会到这座面积不大，在当下楼房林立的农村早已显得破旧的老房子去走走看看，因为这里，承载着他最初的梦想。

新房建成后，潘书柏一家搬进了新房。但房子建成的喜悦只在他心里逗留了几天，他的心事就上了身：家中添了人口，要养家糊口；建房欠下来的债务要还上。想到这儿，潘书柏就坐不住了，他听说市水利局器材运输公司的船队差"船老大"，他立即前往应聘。当器材运输公司的负责人看了潘书柏拿出来的《船员证书》后，高兴得从椅子上弹起了身子，两只手紧紧地握着潘书柏的手说："小潘，你明天就来上班。"原来，器材运输公司有8艘轮船，却紧缺"船老大"。忙碌时，公司还得到镇江及浙江省去请"船老大"前来临时代驾。潘书柏的毛遂自荐，正好解决了公司的"人才荒"。

更让潘书柏颇为得意的是，他不仅在水利局的器材运输公司做上了拿着高工资的副驾驶，还被盐城果林场、盐城肉联厂聘为特约的"船老大"。因为果林场与肉联厂也是只有轮船没有"船老大"，他的《船员证书》被另两家"借用"。每个月，他都能拿到三家单位发的工资。

春风得意，潘书柏心里暗想：不跟着父亲，收入反而更多呢！那时，他对父亲冲他发脾气这件事，仍然耿耿于怀，挥之不去。

半年后，潘书柏驾驶的船队进了长江七圩一带的江面。一天，船队突然听到一个噩耗：盐城建筑公司的船队在长江翻船，数十名船员全部罹难！酿成了轰动全国的特大航运事故！

听到这个消息，整个船队的人都沉默了。遇难的那个船队，自然也有潘书柏的熟人。这也是潘书柏自行船以来，第一次听到的特大船难噩耗，那几天，他难过得吃不下饭，夜里睡不着觉。辗转难眠中，父亲教训他的场景在脑海里不断回放。这时，他才真正领会到了父亲的良苦用心，在江河里行船，任何一个细微的差错都可能要了全船队人的身家性命啊！

船队返航后，潘书柏主动向父亲认错。那天，他含着眼泪对父亲说："不管我有多少条理由，没有一条理由比船员的生命更重要！以后我会牢牢记住教训，确保安全行船。"

潘书柏的话，让潘金诗听得十分暖心。经过持久的冷战，父子俩终于化干戈为玉帛。潘金诗轻轻地拍着潘书柏的肩膀道："书柏啊，那次教训你也是我脾气太急。你能领悟过来，我的良苦用心也就没有白费哩！"

处变不惊，化险为夷

> 凡事要处变不惊，充分了解，详细研究，精准把握，自然能做出最为恰当的处置。

船行风浪间，风险不可测。对于"船老大"而言，遇到的风险，每一次都会不一样。要确保行船的安全，不仅考验着他们的操作技能与行船经验，更考验着他们的管理能力和临场避险水平。

潘书柏，似乎就是一个天生我材必有用的"船老大"。

一次，隶属水利局船队的"苏盐118号"轮船拖着船队满载石头从江阴出发，返航回盐城。回航时，船队有两条航线可供选择，一条航线是直接从长江下游溯流而上60余公里进高港，再进入内河驶向盐城；另一条航线是避开长江走内河，但要多走一两天的行程。

当时轮船上的"船老大"老吴已经五十出头，虽然有几十年的行船经验，但他没有长江行船资格。在做航线选择时，老吴偏向于缩短行程。他对潘书柏说："小潘，你不是有长江

"苏盐118号"拖轮

行船资格吗？咱们就从长江走，你来开船。"

潘书柏信心满满地点头应允。船队从江阴出发时，风力大约四五级，长江风浪不大。在长江航道上，潘书柏驾驶了近10个小时，航行顺畅，平安无事。当天黄昏时分，另一名副驾驶接了潘书柏的岗，继续驾驶前行。

可那名副驾驶没行驶多远，天气突变，风力骤然增大到八级以上。长江本就是无风三尺浪，风力一增加，江水不断涌起巨浪拍打着船队。而且他们是从下游溯流而上，巨大的风浪使船队寸步难行。风浪突袭中，原先平稳的船队不断左右摇摆，驾驶舱内的方向舵几乎失去控制，驳船上的船员慌乱起来。那名副驾驶更是吓得面无血色，如果不驶离风浪带，几分钟内，整个船队就有可能葬身长江！死亡的恐惧弥漫着整个船队……

危急关头，"船老大"老吴也吓傻了，他让人来叫潘书柏，指望着他救急。潘书柏赶忙从休息室冲进了驾驶室，他把那名吓得手足无措的副驾驶往旁边一推，道："我来！"

他稳健的双手死死掌稳了方向舵，船队的晃动力度相对减弱。接着他吩咐船员加大动力往前行驶。但风浪不断增大，动力已加到了最大，船队依然无法动弹。站在一旁的副驾驶急得冷汗直冒，惊慌失措地说："这下完了，风浪越来越大，咱们现在是进退两难啊！"

还有人哭丧着脸悲观地说："看来咱们这次在劫难逃了！"

潘书柏没接他们的话茬，越是危急之中，越不能心慌意乱，乱了阵脚，唯有从容应对才能觅得一线生机！他冷静地朝江岸边看了看，沉稳地说："别急，这段江面我走过好几次，我记得前面一两里处就有一个凹湾，咱们到那里先避开风浪后再说。"

可是，不要说一两里水路，就眼前的风浪，船队挪动一米也难。情急之中，潘书柏脑波飞转，想出了一个应急的办法，那就是将船队从江心航道先往岸边靠，靠近岸边风浪会小些，届时再蚁行到凹湾。

往岸边靠，也不是容易办到的事情。那段江域，靠岸处密布着巨石和暗礁，还有一些渔民布下的渔网。无论是触碰到石头、暗礁还是渔网，都仿佛踩着地雷，稍一颠簸，整个船队就会覆没！

为了绕开这些危险，潘书柏让水手拿起船上最长的篙子，就像探雷一样，不时在江中试水的深浅，观察水面情况，然后根据水手的反馈情况做出判断后，逐渐向岸边移动。

经过紧急处置，船队终于靠近了江岸边。那里的风浪果然小了许多，船队这才得以继续航行，但速度却十分缓慢。两里不到的凹湾行程，船队足足行驶了一个多钟头。

抵达凹湾时，又一道难题出现了：由于风力与水力的混合作用，船队非但不能驶进凹湾，而且长江风浪产生强大的推力，把船队直往江岸上推送，如果被推送过去，船队照样会触岸而覆！

怎么办？潘书柏试了几次都不能成功，他急中生智，布置水手将后面的驳船用关缆一节一节地拉靠到前排，12艘驳船依次分列两排后，再用关缆紧紧并联在一块。这样船队长度减少了一半，承受的风力也就减少了一半，并且形成了一个强大的抗风面，船队稳定了许多。在全体船员的努力下，潘书柏稳稳操控着方向舵，并联的船队最终安全地驶进了凹湾，避过了风浪。

事后，驳船上的水手对潘书柏佩服得五体投地，连声说："潘老大真有办法，跟着潘老大，我们能放一百个心！"一些老船员也感慨："行了几十年的船，从没见过这么大的风险。要不是潘老大，我们都回不去了……"

说来也怪，临时处置风险，潘书柏并没有经验和先例可循，可他就是在每一次风险面前，能刺激出处置危机的灵感火花，彰显出不凡的机智和才能。其实，潘书柏是一个很具危机感的人，他常常居安思危，在顺境时头脑中常不由自主地构造风险来临时的逆境，潜意识中探寻化解风险的办法。因此，当面临逆境时，大多人束手无策，潘书柏却能做到临危不惧，化解危机。

一年冬天，潘书柏担任副驾驶的轮船牵拖着山东满载石头的驳船，驶往东台防潮闸建设工地送原料。当天晚上，船行至梁垛河时，因河内泥沙淤积，吃水一米八的轮船搁浅了，被抬出几十厘米。"船老大"老吴使出浑身解数，可轮船只在搁浅处左右晃动了几下，丝毫不起作用。

一个多小时过去了，轮船依然在原地动弹不得。后面驳船上的山东船员急了，他们跟着潘书柏多次行船，知道潘书柏的驾船能力。当时就有不少山东船员走进驾驶室对老吴说："你不行，快让潘老大上。"

老吴心有不甘，一个五十多岁的"船老大"对阵一个二十出头的"愣头青"，他认为自己行过的船比年轻人吃的饭还多。他又硬着头皮尝试了几次，但船仍是纹丝不动。在船员的一致要求下，他只得把"船老大"的位置让给了潘书柏。不过，在交舵时，他警告潘书柏："我不知道这些山东人怎么会信任你，我都没办法解决的事，你一个年轻人怎么解决？"

潘书柏没与老吴计较，他一接手，先是试了试动力，每当动力加大时，船身就左右晃动，无法前进也无法后退。随后，他又仔细地勘察地形，因为河滩比较大，加上进入海滨，河底全是沙土。

潘书柏从轮船尾部吃水一米多、船头吃水只有几十厘米的情形来判断，沙土全部吸住轮船尾部的船底。分析了情况后，潘书柏指令后面的驳船与轮船让出一段距离后，他向右打足方向盘，推中操纵杆向后倒船，约倒5分钟后，使后面的泥沙冲走；然后又向左转打满方向，推中操纵杆前进；同时几个水手用竹篙助力，将船头拦向深水区；再加以轮船机械作用，船头慢慢晃动驶出。

船头第一次晃动，潘书柏再次向右方向倒船，左方向前进，船向深水区移动了几十厘米；第二次晃动时，又移动了几十厘米……就这样短短的二十分钟时间，轮船终于"晃"出了搁浅地带，进入了航道。船员们一片欢呼。尽管潘书柏年纪很小，但那些比他年长许多的山东船员被他的能力所折服，都愿意跟他交朋友，甚至出现主动"点将"让潘书柏担任他们的"船老大"。

如果说处置风险是潘书柏机智才华的彰显，那么老成持重地处置事故则是潘书柏管理能力的养成。

一天深夜，盐城果林场的"苏盐121号"轮船从上海拉了危险化学品泡花碱返盐，途经如皋。按轮船拖船夜间行驶规则，轮船如果亮出右红灯、左绿灯，以及顶部两盏白炽灯，就表明这是一个船队。后面的驳船每艘各亮一盏白炽灯以表明是挂随轮船的驳船。

在经过一座桥孔时，由于"苏盐121号"亮起了船队的信号灯，使迎面过来满载生猪的挂桨水泥船，以为对面驶来的是一个长长的船队，速度会很慢，因而加大马力，想在船队之前急抢桥孔通行。不料"苏盐121号"当天只拖挂了一艘驳船，速度也极快，因对方的误判以及抢行心切，结果挂桨船与轮船迎面相撞。轮船前面的铁护栏硬生生地将水泥船"劈"开了一米多长的口子，造成挂桨船船头严重受损。

万幸的是，拖船上的泡花碱没有发生泄漏。如果发生泄漏，后果将不堪设想！

事故发生后，挂桨船因是当地船只，船员立即从岸上叫来了四五十个当地村民，跳上了"苏盐121号"轮船闹事。由于他们情绪激动，争吵中甚至开始砸船上的东西，局面一时难以控制。

当时，潘书柏是作为副驾驶随船的。出事时，驾驶轮船的是一位姓万的"船老大"，人们称他"万老大"。出事后，"万老大"没有任何处置突发事故的经验和能力，只知道吵上几句，但他一吵，非但没起积极作用，反而火上浇油，上船的人闹得更凶。

事故也惊醒了正在船舱中休息的潘书柏，他出了船舱，看那局势，感觉如果任由事态发展，很可能会引发一场群体性殴斗事件，酿成更大的悲剧。想到这儿，他主动走上前对大伙说："你们先静一静，听我说几句话。"

起初，那帮人正在围攻"万老大"，见"半路杀出个程咬金"，而且是一毛头小伙子，根本没把他放在眼里，不搭他的腔，依然继续吵嚷。潘书柏急了，放声吼道："你们这样无休止的吵闹，就是闹上三天三夜也于事无补！"

他的吼声让人们一怔，人群也逐渐安静下来。潘书柏趁热打铁问道："你们船上谁是负责人？船老大是谁？"其实，能称得上"船老大"的，至少是轮船的驾驶员，挂桨船的行船人哪有资格称"船老大"，这是潘书柏故意的尊称。

果然，他一问"船老大"，闹事的人火气就小了下来。其中有人应声站出来道："我就是。"潘书柏见有人响应，抓住时机，乘胜追击:"如果你们想解决问题,就派几个代表来谈,咱们先来谈判,看到底该怎么赔。"在处理群体性争议中,"分而化之、各个击破"无疑是上策。潘书柏也正是巧妙地抓住了这一点,为化解矛盾找准了突破点。

对方的人觉得潘书柏的话在理,当即由那位应声为"船老大"的人选出了三名代表与潘书柏交涉。在船舱中,潘书柏首先剖析了事故的责任,按照水运条例规定,单船让船队。接着他条分缕析道:"这次相撞,主要原因是挂桨船的判断失误,以为我们是长长的船队,速度缓慢,所以要跟我们争抢着过桥孔;但驾驶员没有认真地看清我们后面究竟拖着几艘驳船,如果看清楚我们后面只有一艘驳船亮灯,也就不会抢行心切,酿成事故。"

潘书柏有理有据的分析,让那三名谈判代表点头认同。接着,潘书柏在分析了事故原因后,又进一步厘清责任,准确地将这起事故定为四六责任。潘书柏对事故准确定因,精确定责,让对方的谈判代表折服。经过大半夜的谈判,最终达成了双方都能接受的处置方案。

回到单位后,事故情况报送到盐城果林场负责人,该负责人原以为这起事故非得依靠交通部门才能处理,没想到潘书柏连夜就达成了处置方案,化解了矛盾,而且处置方案合理合法,挑不出一点毛病。这引起了该负责人的好奇,他不解地问潘书柏怎么化解这起棘手的群体纠纷的,潘书柏告诉他:"凡事要处变不惊,充分了解,详细研究,精准把握,自然能做出最为恰当的处置。不管多大的群体纠纷,只要能找到他们的头儿谈判,群体事件就闹不起来。"

那位负责人朝潘书柏一竖大拇指:"小潘,你这招'擒贼先擒王'的办法用得妙啊！"佩服之余，他承诺潘书柏，要把他的户口迁到果林场，给他上"定销户口"。尽管事后因种种原因，户口的事没办成，但潘书柏化解危机的能力，却窥一斑而知全豹，从中表现得淋漓尽致。

第三章　在急流险滩处

不积跬步，无以至千里；不积小流，无以成江海。

与许多成功的企业家一样，潘书柏创业之初，也是从零起步、就小取大。但他若仅仅如此，至多只能成为一个小富即安的创业者，未必能成就而今的神龙事业。在急流险滩处顺应潮流，果断舍弃，这是潘书柏的成功密籍之一。

舍弃，是一种财富，更是一门智慧。聪明人不会在形势不利于自己的时候去硬打硬拼，那样有可能以卵击石，身陷困境。舍弃，是审时度势，是对大势清醒认识后的重新选择。在紧要处，正确的舍弃如罗盘，指引着航行的方向。

正因如此，具有多年水上航运经历及从业经验的潘书柏，果断舍弃了"水上生涯"，他弃船上岸，让人生篇章另起一行，重新书写着创业传奇。

创业元年：从一艘挂桨船起步

> 走上社会，就要弯得下腰，去捡拾那些别人不屑的麦穗，不盲目攀高，不一味求大，要在小的缝隙里寻找机遇。

积跬步而至万里，汇涓流而成大海。

谁也料想不到，潘书柏后来创办的神龙控股集团，最初竟起步于一艘小小的挂桨水泥船！

让我们把时光倒回到 1984 年，那是潘书柏创业生涯的起步元年。

1984 年，注定是不平凡的一年。

这一年，改革开放的总设计师邓小平首次亲临深圳特区视察，将中国改革开放的步伐历史性地向前推进了一大步。

这一年，中华人民共和国成立 35 周年，在天安门广场举行了盛大的国庆阅兵和群众游行，北京大学生第一次亮出了"小平您好"的条幅。

这一年，美国的苹果公司推出了划时代的 Macintosh 计算机，"苹果"自此走上历史舞台。

这一年，是潘书柏的创业元年。

改革开放的春风，吹化了苏北里下河上的坚冰，河面上的个体挂桨船多了起来。每次驾驶着轮船与那些挂桨船"擦肩而过"，潘书柏总会情不自禁地盯着扑打着水浪、渐行渐远的挂桨船出会儿神。

他的胸腔里，涌动着创业的激情，沸腾着创业的热血。"尽管我那时能拿到三份工资，加起来有270多块，但与跑挂桨船的个体户相比，还是有很大的差距。"潘书柏回忆道，那时，一艘挂桨船跑一趟货，也就十天八天工夫，就能赚二三百，顶得上他一个月的三份工资！

世界著名经济管理大师贝格尔德说过：最直接也最有效的刺激手段就是经济利益的驱动。但对于潘书柏来说，让他下定决心砸掉铁饭碗的除了经济利益的驱动，更有创业梦想的驱动。

那一年，二十岁刚出头的潘书柏揣着东挪西借来的两千多块钱，到盐城市水泥二厂订购了一艘16吨的水泥挂桨船。提船的那天，潘书柏买了几个鞭炮和几串小鞭，热热闹闹地庆祝了一番。随后，他又买了一台12匹的柴油机和挂桨机，并对船的上部进行了装修，前后历时两个月，终于顺利完工。

随着马达的轰鸣，挂桨船劈波斩浪，御风而行。浪花的翻涌中，他的创业梦也向前翻滚奔跑着。

回望潘书柏的创业之路，总有各种各样的议论一路相伴。他第一次买挂桨船，就有人说起风凉话："凭借一艘小小的水泥挂桨船，就想圆发财梦，绝不可能！"潘书柏却淡淡一笑："刚入行，不可能一口吃成大胖子。从最小、最辛苦的业务做起，弯得下腰，去捡拾那些别人不屑的麦穗，不盲目攀高，不一味求大，在小的缝隙里寻找机遇，这也是发家之道。"

不过问题来了，船到手了，到哪儿装货？没有货源门路的潘书柏别无选择，只能从最苦的货运干起：他从盐城的砖瓦厂装上满满一船的红标砖，运到扬州农村去售卖。一块红标砖，离岸价与上岸价只相差一分多钱，而就是为这一块砖的一分钱利润，如果雇人挑砖，所赚的利润还不够付工人工资，精打细算的潘书柏夫妇咬着牙自己挑。

一船可满载一万二千块红标砖，每到岸边，潘书柏夫妻俩就得一筐一筐地往岸上挑。几趟船跑下来，尽管每趟能赚到八九十块钱，可过度的劳累，也让潘书柏落下了腰椎间盘突出的毛病，最严重时，腰都直不起来，整个背部像背负了一块钢板。由于被压迫着神经，他的腿稍一动弹，就疼得直钻心，让他冷汗淋漓。

"这砖头说什么也不能再装了，再干下去，身体就得垮了。"腰椎间盘突出发作时疼痛难忍，影响了劳作，潘书柏产生了焦虑情绪。现在仗着年轻力壮，还能勉强撑着，要是时间一长，甭说装货送货，整个人就可能躺病床上不能动弹了。那段时间，他饱受着病痛与精神的双重折磨。

不装砖，装什么？潘书柏回到家乡一上岸，就骑着自行车四处去联系货运业务。一次，他通过朋友打听到，当时盐城有一家生产"丹顶鹤"啤酒的啤酒厂有货运业务，啤酒厂的水上货运业务是通过盐城第二航运公司运送的。潘书柏大喜过望，立即前往二航联系货运业务。

20世纪80年代初期的小水泥挂桨船

"二航"的一名负责人看潘书柏只是一个毛头小伙子，摇着头道："小伙子，我们的啤酒要送往苏南，途中要穿过长江，这可是个险活啊，好多运货的船老大都知难而退了。"

潘书柏揽活心切,他把胸脯擂得嘭嘭响,自信地说:"我有内河、长江的轮船驾驶证,开轮船多次走过长江航道哩!"当那名负责人得知了潘书柏的行船经历后,不由得竖起大拇指夸道:"小伙子,看你年纪轻轻,没想到有这么丰富的行船经历,行,你就帮我们装货吧!"

潘书柏揽下了活,喜不自禁。他与妻子周晓芹一道,装着啤酒送往苏南的溧阳、镇江一带;回盐时,他还顺路拉些石子回来贩卖,这样往返均不空船。装送啤酒果然比装送砖头省力多了,而且利润更大,往返一趟能赚到二三百元。

潘书柏心里乐开了花:照这样下去,他很快就能发家致富了。可是,他的如意算盘没能打多久,一场风浪差点让他葬身江底……

巨浪滔天勇者胜

> 有时，人生看似漫长，但真正决定命运的，也就是那么几个关键的拐点。

这年四月，长江春汛，江水猛涨。

潘书柏的挂桨船满载着啤酒，从盐城出发送往溧阳，途中要从长江北岸的高港闸，过闸后穿越长江，驶向江南内河航道。船泊在高港闸等待开闸时，闸内除了一些船队外，还拥挤着20多艘水泥挂桨船。

根据天气预报，当时江面上的风力5—6级。这样的风力，对于长江来说并不算太大。但潘书柏看着那些前拥后挤的挂桨船，突然担心起来：一旦开闸，这些船就会争先恐后地扎堆驶向长江，船与船之间难免发生碰撞，要是稍遇风浪，很可能会出事。

他的担心绝不是空穴来风，更不是杞人忧天。这些年在长江中迎风搏浪，为他积攒了丰富的渡江经验，也使他对江水的风险有着比常人强得多的预知力和洞察力。

当他把担忧告诉妻子周晓芹时，周晓芹却笑着说："我们多次横穿长江，都平安无事，你别多想了，这次肯定没事。"

周晓芹的乐观并没有扫除潘书柏内心的担忧，他暗暗提醒自己：过江时，一定要倍加小心！

潘书柏正思量间，高港闸闸口开放。闸内闸外，简直是两个世界：闸内，风平浪静，波澜不惊；闸外，风浪翻卷，惊涛拍岸。

在船队渐次出港后，排在前面的小水泥挂桨船船主，面对这突然呈现在眼前的长江风浪，不免有些惶恐害怕，迟疑着不敢出港。

可是，挤在后面的那些能装载三四十吨货物的大水泥挂桨船，仗着体量大、船稳重，船主们一心急着要出港，他们不断加大马力，用高大的船身将那些迟疑着不敢出港的小水泥挂桨船往前"驱赶"着，迫使小水泥挂桨船被挤推出闸口，进入了长江水面。

20多艘挂桨船刚出闸，迎面的风浪排山倒海般席卷而来，所有的船只都被江水凌空倾倒而下。一个浪头扑过来，总有一两吨水，潘书柏船上的锅碗瓢盆都被巨浪冲进了江里。幸好，船上装载的是啤酒箱，上面又盖着油毡，巨浪扑下时，坚硬的木箱起着强劲的反弹作用，巨浪浇在油毡上又"唰唰唰"地被顶回江流中。越往江心走，风力越是强，潘书柏测算风力至少在8级以上，掀起的浪头一个比一个大，最大的浪头将近两米高。与潘书柏同时出闸的几艘小挂桨船想掉头，其中就有一艘想调头的船离潘书柏的船不到10米。潘书柏一眼认出了船主，就是他们此前在闸口处毗邻而停的一对安徽夫妇。

风浪横切，船如果骤然调头，就会立即改变受力面积，船就有倾覆之险！一般行船的人都明白这个道理，可能是那对安徽夫妇被迎头直击的风浪击懵了，他们不顾行船常识贸然调头，潘书柏急得大喊提醒："别掉头，千万不能调头！"

然而，风浪太大，他使尽了力气喊出的声音，没传出多远，就被风浪的轰鸣声给淹没了。就在潘书柏着急时，那艘船刚拐了一道弯，不想一个排浪打来，船舱积水再加上风力推动，船立马侧翻，而在这惊涛骇浪之中，各艘船都自顾不暇，没有机会也根本无法前往营救，如冒冒失失地前去营救，那种营救的结果只有一个——救不了船上的人，救援船只也会跟着翻船！

悲剧，第一次真切地呈现在潘书柏的眼前。他强忍悲痛的泪水，立即和妻子都穿上救生衣，将随船的大女儿用绳子固定在船舱里，以免被风浪卷走。他给妻子周晓芹打气："我们现在没有回头路了，只能迎着风浪往前走，至于能不能行驶到对岸，只能听天由命了。"

巨浪滔天勇者胜！潘书柏在生死考验面前，做出了最正确的选择，迎浪前行。他们的那艘小船一会儿被推上浪尖，一会儿又被掀下浪谷，如坐过山车一样，夫妻俩浑身湿透。江水冲上了甲板，将船上的锅碗瓢盆等移动物品全部卷走，江水又像皮鞭似的抽在他们身上，但他们咬牙挺住。潘书柏加足马力，凭借着多年的行船经验，在风浪中穿行。幸运的是，经过两个多小时的搏击，挂桨船终于到了扬中江边，顺着江边缓缓驶靠扬中岛码头。

一道出闸的船队和挂桨船都停泊在码头上，潘书柏数了一数，原先出闸的20多艘挂桨船一共少了四五艘，这几艘没有靠岸的船，只有一个可能：葬身江底！

这次侥幸逃生，与潘书柏临危的处置能力大有关系，但冥冥中，似乎老天爷有意眷顾着他们一家三口。幸好船上装的是啤酒木箱硬货，如果装的是石子、黄砂，就不会像啤酒木箱那样将浇下的巨浪顶走，届时，江水浇满船舱，再好的驾驶技术也难逃覆船之灾！

这次遭遇的风险，再次敲响了警钟。"书柏，行船太危险了，我们一家三口差点全部沉进江底。"周晓芹心有余悸，这也是她生平第一次遇到的危险，她自然害怕。

潘书柏看着妻女，他咬着牙说："我们简直是拿着生命在换钱，跑完这趟货，咱们再也不跑了。"

事实上，在没有购买水泥挂桨船之前，类似这样的话，潘书柏说过多次。可他每次都似乎"好了伤疤就忘了痛"，事情过后，他还留在船上，继续奔波在江河湖海之间。当然，他怕周晓芹为他的安全担忧，每次他回家，周晓芹问他船上的事，他总是报喜不报忧，即使有绕不开的风险，他也仅是轻描淡写地一句带过。

可是，这次不同。毕竟，他们全家都在船上，万一遭遇不测，那不仅仅是他潘书柏的性命，那可是他们全家的身家性命啊！在这场风浪中，周晓芹亲历了凶险时刻，她说什么也不能再让潘书柏去跑船。

有时，人生看似漫长，但真正决定命运的，也就是那么几个关键的拐点。这场风浪，使潘书柏下定决心，走出这人生的首个重要拐点。

探出一条"淘金"路

> 开弓没有回头箭。这是一种敢于面对的态度，一种积极面对的态度，一种理智面对的态度。人生，不断往前看，才有希望。

那次送货归来后，潘书柏果断地不再给啤酒厂送货。可是船闲在家中，下一步该何去何从？这时，有人告诉潘书柏一个信息：安徽芜湖有一个山沟，山沟里往下面流沙子，不少人在那儿截留黄沙贩卖赚钱。

听到这个信息，潘书柏眼前一亮，截流黄沙应该没多大风险吧！这几乎是一个"无本买卖"。

那时信息传递还不发达，不像现在的智能信息时代，要检索一条消息，只要在网上一搜索，就能一清二楚。为了辨明信息的真伪，潘书柏打算前往芜湖实地考察一趟。

第二天，潘书柏就买了车票，从盐城一路颠簸到南京，长途车抵达南京时，已经夜幕降临，当天没有去芜湖的汽车。这是潘书柏第一次坐长途汽车出门，他见识了售票员和汽车司机的职业优越感，身临其境亲身感受到汽车内乘客们的拥挤与喧闹，也让他看到了陆上交通与水上航运完全是两个不同的世界。

在车上，他曾产生一个想法：要是将来自己也能开上汽车，那一定是非常热门的行当。在计划经济物资匮乏、交通运输工具落后的年代，拥有汽车简直是幻想！潘书柏也被自己的想法吓了一跳，然而时光流转，历史的车轮也仅仅往前行驶了一小步，他初始的想法都变成了现实，尤其是他后来创办的神龙控股集团，竟然真真切切地将他当初的梦想照进了现实。当然，这些都是后话了。

这次出门，潘书柏身上带的钱有限，他舍不得住旅馆，就在车站附近找了一个空地睡了下来。潘书柏生平第一次睡在车站，正值夏日，酷暑难当，蚊虫肆虐，叮得潘书柏根本无法入眠。

他索性翻身坐了起来，找了个可以抽烟的地方，一屁股坐在地上抽烟。烟火的忽明忽暗中，潘书柏想着心思，想到当初在轮船上的风光，再想到自己买船搞货运的以命相搏，他的心里百味杂陈，酸甜苦辣咸全部涌上心头。

那时的潘书柏，与 20 世纪 80 年代初期所有白手起家的创业者一样，一方面被改革开放的政策所吸引，另一方面又被挫折、失败等情绪所左右，内心时常处于困顿、迷茫之中。那个时代，既是一个充满机遇的时代，又是一个最难以把握机遇的时代，所有创业者走的路，都得自己亲力亲为地去探索、去寻找，而且，稍有不慎就可能功亏一篑。

但开弓没有回头箭，既然选择了创业，就不能惧风怕浪！这是一种敢于面对的态度，一种积极面对的态度，一种理智面对的态度！

人生，往前看，才有希望。想到这儿，潘书柏狠狠地掐灭烟头，他把这苦难当作了人生的财富积累，当作磨砺他一路前行的励志壮语。

次日一大早，潘书柏乘车到达芜湖。下车后，他就开始四处打听那个能截留黄沙的地方。可他一路上问了不少人，那些人都对他摇头道："我从来没听说过有这个地方。"还有人拍着潘书柏的肩膀，善意地提醒道："小伙子，芜湖估计没你说的这个地方，要是有，谁会放着这一本万利的买卖不去做啊？"

潘书柏并不死心，他心想，岸上的人可能不了解，那么船上的人一定听说过。他改变了策略，出了芜湖，就沿着河岸边走，看到泊岸的船就走上前去打听。不想，问了几个船主后，还真有一个船主给了他肯定的答复："没错，是有这么一个地方，在湾沚的红阳村，你到那儿去看看。"

潘书柏大喜过望，谢过船主后，他立刻动身赶往湾沚。由于还没通汽车，他只得花钱请一个挂桨船带过去。坐了几个小时的船，总算摸到了湾沚的红阳村。湾沚，又名沚津，位于青弋江畔，是座历史悠久的古镇。西汉初年，这里就已盐船鳞集，商贩辐辏。

潘书柏在当地好心人的指点下，沿着青弋江往上游走，水面逐渐宽阔渊深。那是青弋江的一个支流，支流是从当地的一处山脉上流淌下来的，河水里夹杂着不少沙子，水色发黄，越往上走，水流越是湍急。

快到上游时，河面陡然开阔。只见河里有几十艘扒沙船，上游还有无数船只，每艘船的船舷上都站有七八个人，他们用最原始的扒沙网，凭借人工从河里捞沙子。那些扒沙船大多是装载量十几二十吨的小挂桨船，扒出一船沙子后，就驶往停泊在不远处的收沙大船售卖。

等到天黑收工时，潘书柏拦住一位船上下来的扒沙汉子，他面带笑容给对方递了根香烟，并掏出火柴殷勤地给他点燃了。那人倒也爽快，直截了当地问："小伙子，你是有事向我打听吧？"

潘书柏赶紧点点头，操着一口半生不熟的普通话问那扒沙汉子："你们一天能扒几船沙子啊？"

"这要看具体情况，如果有大船肯收，一天能扒三船，好的时候，能扒到四船。"对方如实答道。

"怎么没有人来收钱呢？"

"没有，只要有船，不需要批准，就可以进来扒，扒了砂子还清了下游的水质，算是大好事哩！"

"一船沙子能卖多少钱？"

"六十块一船。"

与扒沙汉子对了几句话，潘书柏心中盘算开了：扒沙子的工人是按日工计价的，当地的人工也就 5 块钱一个日工；如果一天能扒到 3 船沙子，就可以卖到 180 块；假设雇请当地 8 个民工，一天的工资开支 40 块；扣去成本一天能赚百十块哩！

摸准了行情后，潘书柏心里有了底，他准备回家把船整修一番后，开到芜湖来，大干一场。

潘书柏从芜湖赶回家，把他"考察调研"的情况一说，一家人听后都非常兴奋。父亲潘金诗还跟潘书柏商量："你两个弟弟都没成家，在家没事，你带上他们一起去干吧！"上阵父子兵，打仗亲兄弟，潘书柏自然一口应承下来。

临出发前，潘金诗心也动了，那

青年时期的潘书柏与二弟潘书荣、三弟潘书清的合影

时他刚刚卸任"船老大"不久,平时忙惯了的他哪甘寂寞,他也要跟着一块去。考虑到父亲的脾气急,潘书柾本不想带上父亲,以免又闹出"父子战争",徒增烦恼;但转念又想到两个弟弟都没有丰富的行船经验,如果由父亲带着,至少父亲丰富的行船经验可以使他少操一份心。因此,他爽快地答应了父亲。

"淘金"历险记

> 人生总是有所为有所不为，不能一条道走到黑。这次，我下定决心了，就是上岸讨饭，我也绝不回头了！

严冬悄然而逝，明媚的春天来到人间。

春天，是充满诗情的季节；春天，又意味着一个生机勃勃的开始。一日之计在于晨，一年之计在于春。这年的开春，潘书柏踏上了崭新的"淘金"征程。

3月12日，从盐城鞍湖驶出了两艘挂桨船，打头的正是潘书柏夫妇，紧随其后的是潘金诗和他另两个儿子的挂桨船。

挂桨船一路南行，这条水路，潘书柏已走过多次，自然是轻车熟路。不几日，两艘挂桨船通过扬州瓜洲出口，沿长江溯流而上，经南京往芜湖方向驶去。船行至六合时，一场大雾将江面笼罩得严严实实，雾气蒙蒙，几米开外都看不真切。潘书柏将挂桨船放慢了速度，紧贴在江边行驶。同时，叮嘱后船上的人，一定要降速紧跟着他的船，不能出偏差。

可是，由于大雾锁江，能见度极差，走出几千米，潘书柏的船突然被当地居民布在江面上的渔网给刮住了，挂桨船动力大，把渔网给搅破了。放网的主人闻声而出，摇着小船靠近潘书柏的挂桨船后，要潘书柏赔渔网。

潘书柏仔细查看了渔网的损坏情况，经过一番讨价还价，最终赔了120元钱。钱是小事，刮破渔网，这还是潘书柏行船数年来第一次碰见，他觉得出师不利，心里有点儿忐忑不安。

一路上，他行船更是倍加小心，此后100多千米水路，倒也走得平平安安。船从长江拐进芜湖后，又行驶几十公里，进了湾沚。潘书柏这才松了一口气。

俗话说：福无双至，祸不单行。潘书柏的水泥挂桨船刚驶进湾沚水面，随船的潘书柏大女儿潘爱华一不留神，从船帮上"扑通"一声掉进了湍急的河中。潘书柏眼疾手快，女儿刚掉下河，他赶紧一个鱼跃，也跟着跳进水中，把差点被水流冲走的女儿一把拽住，托举着救到船上。

上得船后，女儿惊魂甫定，吓得哇哇大哭，怎么哄都哄不住。潘书柏心烦意乱，心想，这还没开张呢，一路上就出了"江边刮网"与"女儿掉水"两件不吉利的事情，会不会预示着做事不顺？

潘书柏的二弟为了宽大哥的心，劝解道："你别多想，只要我们小心谨慎，不会有事的。"

三弟也顺着二哥的话说："大哥，你怎么变得疑神疑鬼了，这可不是你做事的风格啊！"

潘书柏紧锁着眉头，显得心事重重，没有搭腔。一旁的潘金诗帮助解释道："你们没跑过几次船，不知道江河里的风险，我和你大哥可是经历过几次生死考验呢！要不是你大哥经验丰富再加上运气好，有可能都出意外了！"

说到这儿，潘金诗清了清嗓子，在船上给潘书荣、潘书清上了一堂"警示课"，他讲起了历经风险的往事。特别是他与潘书柏在上冈境内遭遇的那次差点撞船的经历。尽管事隔两年多，但潘书荣、潘书清还是听得惊心动魄，他们也立即明白了大哥潘书柏为啥心有千千结，那是因为"一朝被蛇咬，十年怕井绳"啊！

听明白后，他们当即表态："大哥，咱兄弟俩一切听从你的指挥，绝对小心加小心。"有了两位弟弟的承诺，潘书柏这才心安。

潘书柏在湾口找好位置，驻扎下来。他们雇请了当地的16名工人，每艘船上8名工人。由于潘书柏待他们不薄，再加上他带头干，那些工人干起活来倒也认真不偷懒，每天都能扒起五六船沙子。

几个月后，进入了冬季。天气寒冷，篙子插进河里都因冰冻起了滑，而这时也接近过年，每逢佳节倍思亲，潘书柏与两个弟弟都动起了回家过年的念头。在决定休工回家之前，他们把账一盘，这半年来，两艘船各赚了一万多块。

"我们也成万元户了。"二弟兴奋地数着钱，激动不已。

也难怪他兴奋，在当时的中国，万元户几乎凤毛麟角，而他们只花了半年时间，就实现了"万元户"的梦想。二弟开心得合不拢嘴，连声夸赞潘书柏："大哥，你可是咱家的摇钱树哩！要没有你，我就是做梦也想不到能赚到这么多钱。"

"可不是吗，照这样下去，咱们再在这儿干上几年，不少人一辈子也赚不到这么多钱呢！"老三附和道。

潘书柏却没有被眼前的胜利果实冲昏头脑。他掏出香烟点燃后，慢悠悠地吸了一口，而后用一种沉着冷静的口吻说道："咱们干的这活虽然来钱快，但也充满着风险，稍有不慎，就会满盘皆输，来年能不能再来干，我看还不一定。"

不过，他的话并没有让两位弟弟冷静下来，他们觉得潘书柏小心谨慎过头了，对潘书柏的话未置可否。不过，事实很快让两位弟弟明白了潘书柏的深谋远虑和良苦用心——

那次，他们从芜湖回盐城时，潘书柏特意到集市上批发了山芋粉带回盐城。原来，潘书柏在做好回程打算时，就到集市上去做了打听，当地的山芋粉每斤足足比盐城便宜了几分钱，而春节正是山芋粉的销售旺季，如果顺便带两船山芋粉回去，这一趟就又能赚上几百块。

他的"赚钱经"再次令两位弟弟大开眼界，对大哥的商业头脑更是佩服得五体投地。

与潘书柏同在湾沚扒沙子的还有几艘来自江苏兴化的挂桨船，由于兴化毗邻盐城，同来自苏北，他们在湾沚扒沙子相互也经常走动，兴化船主们也与潘书柏成了好朋友。当兴化船主们得知潘书柏要回盐城过年时，也准备跟着潘书柏同行返回老家。

船从湾沚去芜湖，冬季是枯水期，山上的水注入此河，流向长江，高低落差较大，水流湍急，河床上布满暗礁，有很多船到了湾沚就不敢下去奔芜湖，而芜湖的大船也上不来，所以扒沙的活也就停了下来。

回家的船必须经过这条河。那日几艘船刚出湾沚，其中一艘兴化的挂桨船在急流中无法控制，不幸触到了湾沚口处的暗礁，船进了水，快速下沉，兴化船主一家三口全部掉进了水里。当时正值数九寒冬，凉水刺骨，幸好临近的其他兴化船只迅速将他们三口子救起。

被救起的兴化船主一家人，余悸未消、双腿哆嗦、脸色苍白，顾不得擦拭身上的水，就朝着沉船的方向，紧紧抱在一起号啕大哭。一家人的全部家当以及这么多年辛苦挣来的钱，都随着沉船一下子全没了。那绝望而又凄凉的痛哭声，在空荡而又寒冷的河面上许久未停。目睹了眼前的情形，潘书柏兄弟等人五味杂陈，既对船主一家人充满同情，又深深感受到了行船的不容易。

为了安全通过这条河流，潘书柏想出了船倒行的方式，向下游随流而退，同时在锚头上系一根绳子，把铁锚从船头放入河里，速度过快时放下锚，让锚与河床接触，使船后退的速度变慢。就是这样速度仍然不慢，但相对能控制住船安全平稳倒行，通过急流暗礁。

回程的路与来时几乎同样不顺，刚渡过湾口暗礁之险。新的险情又出现了。潘书柏的挂桨船在经过行船停泊区域时，刚驶过一艘大船侧舷，不料那艘大船随水流上下沉浮的锚链子绞住了挂桨机，使船无法前行，再加上水流较急，挂桨船在河面上横竖打转，如不及时处置，挂桨船随时会被搅翻！

危急关头，唯有下水解开锚链子才能脱身。时间紧急，潘书柏抓起船上的白酒，"咕嘟咕嘟"一仰脖就喝下去半斤。而后，他借着酒劲的催热暖身，一头跳进了冰冷的河水中。他抓起锚链子，把挂桨机捧起来，借着锚链子在水里晃动的惯性，加上挂桨机摇晃，好不容易才把锚链子给慢慢抖落下来，一场翻船之险也就随之化解。

说时迟，那时快。从船被锚链子兜住，到潘书柏下水解难，这一系列动作一气呵成。

潘书柏的妻子和两个弟弟几乎还没反应过来，在突如其来的险情面前，他们已经慌了手脚。直到潘书柏脸色苍白、浑身水淋淋地爬到船上，他们才从惊愕中回过神来。

到了芜湖后停船休息了两天，等到天气晴朗后才离开，再次驶入长江，行驶了180千米江面后抵达瓜洲，再从瓜洲返回盐城。

到了盐城后，回想起这一路所经历的种种险情，潘书柏咬牙发誓："我潘书柏出生在船上，15岁跟着母亲上船做水手，风浪里漂行了七八年，要是让我离开江河，我倒真有些不舍。但人生总是有所为有所不为，不能一条道走到黑。这次，我下定决心了，就是上岸讨饭，我也绝不回头了！"

而这次抉择，恰恰是潘书柏创业人生的又一次拐点。

如果说船是潘书柏的教室，几年的"船老大"生涯则是潘书柏的创业课程。

前后9年的船上生涯，磨砺出潘书柏过人的意志力，也增强了他"观天识云"的洞察力，更历练出超强的自律力和把控力。

如果一个人能够驾驭自己的内心，那么这世界就没有可惧之物，自律的潘书柏也会成为自己命运的主宰。

在此后的创业生涯中，他这种强大的自律力，也使他成功地走过了许多急滩险湾……

熟人的"温柔一刀"

> 原谅别人需要有自我牺牲的精神,具有高远的宽阔的胸怀,吃亏并不代表软弱可欺,因为原谅远远比报复好!

舍弃,是一种财富,更是一门智慧。聪明人不会在形势不利于自己的时候去硬打硬拼,那样有可能以卵击石,身陷困境。舍弃,是审时度势,是对大势清醒认识后的重新选择。在紧要处,正确的舍弃如罗盘,指引着航行的方向。

正因如此,具有多年水上航运经历及从业经验的潘书柏,果断舍弃了"水上生涯"。他弃船上岸,让人生篇章另起一行,重新书写着创业传奇。

每一条通向成功的路径都不会是鲜花遍布,而是充盈着坎坷与荆棘。卖船上岸,对于潘书柏来说,确实是一个异常艰难的抉择。船卖掉后,靠什么谋生?靠什么来养家糊口?

1985年的初冬,乍起的寒风吹落梧桐树上的残叶,白色的霜降笼盖着苏北平原上的麦苗。潘书柏开始为卖船后的出路犯愁,他除了会行船外,别无一技之长,上岸务农,他心有不甘;进城谋生,他没有门路。

那天清晨,潘书柏披着晨曦,骑着自行车到盐城探探门路。尽管西万庄地处盐城西郊,离盐城市区也就20多公里,但潘书柏长年在水上生活，进城的机会并不多。这次，走进了车来车往、行人如梭的盐城市区，看着城市的快节奏生活，真让他大开了眼界，心中暗道：难怪说"百年修得城脚下"，要想有所作为，就必须跳出农村那口"井"，绝不能做井底之蛙，只看到自己头上巴掌大的一块天啊！

盐城当时刚刚从地区改为省辖市，这座古时因生产海盐而建城并以"盐"命名的地级市，借着1983年建立省辖市的东风，城市里处处彰显出蓬勃向上的活力，迸发出人们跻身建设新盐城的豪迈激情。这种激情也深深感染了潘书柏。

从盐城回来后，潘书柏进城的想法一直萦绕在头脑中，挥之不去，以至即使上床休息，也是辗转反侧，无法入眠。刚开始，周晓芹以为他舍不得卖船，就劝道："书柏，你是一个出色的船老大，鱼儿离不开水，船老大自然离不开船，要不，这船咱别卖了？"

潘书柏感慨道："在船上，一辈子就在那么小的空间里腾挪，展不开身手啊！再说，行船的哪有时间去交朋友，没朋友我倒不怕寂寞，但就怕没路可走！"

潘书柏的这些话似在安慰周晓芹，其实也在说服他自己。最终，他一咬牙，下了狠心，不管进城能不能谋生，但这船是卖定了！

经过一番讨价还价，潘书柏的那艘挂桨舡卖出了7600元。加上此前从芜湖扒沙子赚回来的钱，潘书柏已成为名副其实的"万元户"。一天，潘书柏去村部有事，一位村干部扬着手中的《盐阜大众报》说："书柏，你来看看，这报纸上宣传了东台时堰有一个农民成了万元户，啧啧，真不简单。"

潘书柏看了报纸后，心里暗想：成了万元户都能上报，那我也是万元户啊，怎么没记者来写我呢？潘书柏心里暗自得意，表面上却不动声色道："改革开放的春风一吹，将来万元户那可是遍地开花呢！"

那位村干部叹口气道："书柏，你说得轻巧，在咱们农村务农，想成为万元户那可是猴年马月的事啊！"村干部的一番感叹，更让潘书柏觉得唯有进城谋生才有出路。

潘书柏经过一番打听，盐城市纺织厂正在面向农村招工，但必须集资5000元。潘书柏听后大喜，立即帮周晓芹报名集资进厂。其时，周晓芹也劝潘书柏找个集资进厂的指标，两个人同时进城做"双职工"图个安稳。潘书柏却说："咱们家有一个吃皇粮的就够了，我自由自在惯了，受不了厂里的规章制度约束。"

其实，这只是潘书柏的托词，他并不满足于进厂拿那点死工资，要不然他当初也不会放着一个月拿三份工资的船老大不做，辞职自己去买船。他进城后自然有着更大的"野心"，那就是寻找合适的创业机会，谋求更好的发展。他的目标不仅是在城里站住脚，更要在城里扎下根，既然来了，就绝不再回农村。

周晓芹进厂做了挡车工，上的是"三班倒"。为方便妻子上班，潘书柏便在靠近纺织厂附近的大庆路上租了一间民房作为宿舍，月租金50元。生活稍安定下来，潘书柏就开始骑着自行车在城里四处转悠，寻找创业项目。

一天，他转悠到盐城汽车站附近，看到车站广场上停满了运客的摩托三轮卡，生意倒是不错。那些摩托三轮卡进进出出，忙得不亦乐乎。潘书柏经过打听得知，这些载客的摩托三轮卡全是国营的。

"个体户能不能干？"潘书柏问一位老师傅。那位老师傅先是上下打量了潘书柏一番，然后手一指道："呶，要干个体，就到钟楼商场上的工地去看。"

在老师傅的指点下，潘书柏又来到钟楼商场的工地。当时，钟楼商场还没建，工地挨着车站不远，由于商场未正式施工，这处工地就成了个体摩托三轮卡的停车场。潘书柏去看时，工地上停了不少摩托三轮卡，客运生意不亚于那些国营的摩托三轮卡。他遂在心里盘算，自己跑船做的就是运输，如果买辆摩托三轮卡，同样是做运输，可谓操的是老行当了。

潘书柏滋生了购买摩托三轮卡的念头后，就四处去打听哪里能购到车。那时还处于计划经济年代，摩托三轮卡十分稀少，买一辆新车还得批条子，价格贵不算，但手续特别烦琐复杂。就在他为此发愁时，他在行船时结识的一位"船老大"老章不请自到，他拍着胸脯对潘书柏说："我有个朋友正好有辆摩托三轮卡处理，我可以帮你买到。"

说起这个老章，他也曾是个响当当的"船老大"，可惜天不假年，盐城建筑公司发生的那起特大沉船事故的"船老大"就是老章，侥幸的是他在沉船时逃过一劫，不过"船老大"从此是做不成了，只得仗着老面子，在盐城做起了"杂货中介"，从中赚点儿差价。不过，他主动给潘书柏做购车"中介"，从中所拿的差价，简直可用"坑"字来形容。

潘书柏开始不知情，还觉得老章特别热心，再加上是之前的老熟人，他对老章一点也没有防备之心。当老章说车子要花4500元时，潘书柏一分钱不还，就放心地委托老章帮助操办这件事。

第二天，老章上门来取钱，按照二手车交易的规矩，潘书柏作为买主，应该跟着老章去提车。可是老章却说："你把钱直接给我，你就不要去了，我给你把车提回来就得了。"

潘书柏觉得老章这么肯帮忙，他对老章充满了信任，也就没往深处想，当下就将钱一张一张地数给了老章。那笔钱，当时最大的面值只有10元一张，4500元就是450张，老章揣得几个口袋都是鼓鼓的。

几个小时后，老章把一辆七八成新的摩托三轮卡开回来了，细心的潘书柏抬眼一看，老章不是把钱都给车主了，怎么口袋还是鼓鼓地装着钱啊？

当时，潘书柏就感觉这老章一定背着他做了什么见不得人的

潘书柏1985年载客载货两用的摩托三轮卡

勾当。但怀疑归怀疑，潘书柏也没有直接证据证明老章从中"短"了钱，他依然对老章一脸客气，还留老章吃了饭，喝了酒。

直到一个月后,潘书柏正好遇见车主的一个朋友,那朋友看到潘书柏的车特别熟悉,就上前问了几句。潘书柏如实作答说是自己当二手车买下来了。当那人问清潘书柏是花了4500元买的后,他惊讶得瞪大了眼睛说:"小伙子,你上大当了,这辆车我朋友只卖了2500元;还有2000块,一定是被帮你买车的人给黑了!"

听得这话,潘书柏脑子里"嗡"的一声巨响,他的怀疑得到了验证,老章果真从中黑了钱,而且一下子就黑了他两千块钱。两千块钱是什么概念?当时周晓芹在厂里上三班,累死累活一个月也才百十元的工资啊!

潘书柏挨了熟人的"温柔一刀",那天,他有气无力地回到家,独自生着闷气。周晓芹得知事情的原委后,着急上火地让潘书柏赶紧找老章讨说法,要回被他黑走的钱。潘书柏起初没言语,他默默地抽了几根香烟后,愤怒的情绪开始冷静下来,思路也逐渐打开,他说:"算了,入行三年穷,这笔钱我就不追要了,权当进城交学费了。"

"你说得轻巧,那可是两千块啊,我一年都拿不到这么多。"周晓芹心有不甘地说,"咱们进城时,还是货真价实的万元户,我集了资,你买了车考了摩托车驾驶证,一万块就花光了,以后咱们还怎么生活啊?"

周晓芹说的是实话,进城这才两个多月的工夫,潘书柏就花光了带来的一万多块钱,现在他们身上凑起来的钱连交房租都不够。

进城遇骗,潘书柏并没有狭窄地计较于心。他觉得,人的一生中会遇到许多不顺心的事,会碰到许多不顺眼的人,如果你不学会原谅，就会活得痛苦，活得累。原谅是一种风度，是一种情怀；原谅是一种溶剂，一种相互理解的润滑油。

原谅别人需要有自我牺牲的精神，具有高远的宽阔的胸怀，吃亏并不代表软弱可欺，因为原谅远远比报复好！潘书柏看着停放在院子里的摩托三轮卡，他仿佛看到了希望，满怀自信地说："咱们花光了钱，你有了工作，我有了谋生的摩托三轮卡，这就叫放长线钓大鱼。钱就像流水，蓄水池干了，咱们还可以开渠引水，把它赚回来。"

话虽说得这么自信，但在潘书柏面前展开的创业之路，非但不是一道平坦之路，反而是一道布满荆棘的崎岖之路，等待着潘书柏去踏平坎坷成大道，斗罢艰难再出发。

第四章　进城，走向地平线

每个人的一生都不可能没有敌手，尤其在市场征战中，难免"树敌"。很多人面对"敌手"的侮辱总是不能释怀，因此才在关键时刻丧失了尊严。

士可杀不可辱。可是，真正能做成大事的人面对各种侮辱，不是怨天尤人、自甘沉沦，而是灵活应变，巧妙转化各类不利因素。例如汉朝的开国功臣韩信，在发迹之前遇到一群泼皮，也遭受了胯下之辱。可是，在潘书柏看来，忍辱负重并不是化解"敌手"的最好办法，真正的高手要做到"天下无敌"，最好的方式就是"化敌为友"。

作为毫无背景的进城谋生者，潘书柏可谓处于同行的妒忌、客人的蛮横等四战之地，但他"人在囧途"，心却在蓝天。他耐心地磨练自己的意志力，充分发掘自身的潜能，用他为人处世的大度和睿智成熟的气度，不仅经受住人情世故的考验，在城里站稳了脚跟，而且其怀仁以安的阳光心态，使其"行业领袖"气质也初露端倪。

寒冬里的春天

> 带着微笑活着，始终坦然地面对纷繁世事，能经受住成功和失败的种种考验，才是真正坦然面对生活的人。

人世间，就像一个大棋盘。

人的一生，就好像在这个大棋盘上下棋一样。

既是下棋，高手总能够临危不惧、斗智斗勇、所向披靡，非常出色。也有不慎者，一步下错，盘皆输。潘书柏离船上岸，开启了他进城行棋的角力生涯。这局棋，究竟下得如何呢？他进城所走过的历程证明，他不愧是一个行棋高手！

初进城市，面对熙熙攘攘的人群，鳞次栉比的街市，霓虹闪烁的夜空，当潘书柏从最初的新鲜感中苏醒过来时，一阵惶恐与忐忑却袭上他的心头——

水路、陆路，都是不可或缺的交通道，但陆路与水路却有着本质的区别。在水路上行船，鲜与人打交道；而在陆路上行车，车水马龙的城市，几乎时时要与形形色色的人打交道。对于长期"蜗居"船上近乎与世隔绝的潘书柏来说，如何与人交往成为摆在他面前的头道考题。

与此同时，潘书柏虽然是个经验丰富、技术熟练的轮船驾驶员，但初试摩托三轮卡，驾驶技术还不够熟练，尤其是只有三个轮子的摩托三轮卡，极不稳定，稍有操作不当，就可能在拐弯时翻车。

最让潘书柏感到"吃劲"的是，由于多年在船上的风吹日晒、劳累操作，他落下了严重的腰椎间盘突出症，病情发作时，整个背部就像背负了钢板一样难以动作，背部神经与大腿的神经相关联，突出的腰椎间盘压迫着神经，腿稍一动弹，就疼得满头大汗。他经营摩托三轮卡初期，正是腰椎间盘突出症状最为严重之时，别人不费劲就能轻松骑上的摩托三轮卡，他却必须用小板凳当脚蹬，才能费力地骑上去。

这还不算，初操摩托三轮卡营生，潘书柏还没有自己的待客地盘。那时，潘书柏也自觉地到个体经营摩托三轮卡的停车场——钟楼商场工地停车站，可由于他是刚进城的"乡下人"，又是初来乍到，他就成了被众人集体欺负的对象。白天根本就不让潘书柏在那儿停车待客。看到潘书柏的摩托三轮卡远远驶来，就有几个"邪头车霸"把他推挤开去。

强龙难压地头蛇。潘书柏白天就是进了"停车场"，也是等他们十多辆三轮卡全部出去送客，才能偶尔等个生意做做。到了晚上，潘书柏就将摩托三轮卡开到客运站门前，等夜班客户回来，才算有了自己的"经营空间"。

岂料，他拉来的第一笔生意就让他触了"礁"——

那是一个寒冬的深夜，潘书柏顶着寒风，一直在客运站的门前等了七八个小时，直到凌晨两点，方才等得一辆自上海返回盐城的长途客车。车到站后，乘客从车站内鱼贯而出，潘书柏赶紧抓住机会上前拉客。

一位戴着眼镜的中年人过来打听："到市农药厂宿舍多少钱？"

"5块。"潘书柏麻利地报出价格。其实,潘书柏的摩托三轮卡还没开过市,他对盐城的道路还不熟悉,那个"眼镜男"报出的市农药厂在哪个方向他还不知道。

"5块就5块,你送我过去吧!"那个"眼镜男"倒也爽快。不过,价格谈妥后,潘书柏又犹豫起来,他耿直地对那个"眼镜男"说:"师傅,真不好意思,农药厂我还真没去过,还得麻烦你给我指指路。"

这时,"眼镜男"已钻进了三轮卡的车厢,他随口应道:"行,我帮你指路。"

在"眼镜男"的指点下,潘书柏开着三轮卡行驶到了北闸发电厂,就在他一直往前走时,冷不防"眼镜男"在后面叫道:"从这个巷子往左转。"

由于事先没有任何提示,潘书柏听到突然的喊声吓了一跳,看看车子已经快过巷口,他急忙向左急转弯,由于弯子转得太快,摩托三轮卡的重心失衡,"轰"的一声,摩托三轮卡翻车了,并撞到了墙上!

潘书柏摔了个结结实实的大跟头,头皮、脸皮都蹭破了一大块,鲜血直流,满脸血迹。再加上这一跤又扭了一下腰,使腰椎间盘突出的症状加剧,疼得他直咬牙。他忍痛从地上爬起来,扭头一看,脸色立马吓白了:那位"眼镜男"从车厢里翻出后,身上虽没有明显的皮外伤,但人却躺在地上一动不动。

"会不会……"潘书柏刚冒出不好的念头,他浑身几乎被冷汗淋湿,顾不得自己身上的疼,赶紧走过去查看"眼镜男"的情况,一摸鼻息,"眼镜男"已经不通气了。这一吓,非同小可,潘书柏手忙脚乱地又是掐人中又是压胸腔,嘴里还不停地叫唤着:"大哥,你醒醒,快醒醒。"

没料到潘书柏的临时救助还真起到了效果,不一会儿,"眼镜男"就长呼一口气,醒了。一醒过来,他就伸手在地上四处乱摸,嘴里嘟哝:"我的眼镜呢?"

潘书柏见"眼镜男"醒了过来,他刚刚吓飞出去的魂也飞了回来,他急忙帮他找回了眼镜,还好,眼镜摔了出去,并没有摔坏。

"大哥,对不起啊,你有没有受伤?"潘书柏问。

对方戴上眼镜后,在潘书柏的搀扶下,从地上缓缓地爬站起来。他四处看看,还真侥幸,身上没有伤痕,除了有点酸痛外,并无别的不适。他拍拍身上的灰尘说:"小伙子,看来没啥关系,没事了。"

潘书柏还是不放心地说道:"我带你去医院检查检查。"

"眼镜男"摇头道:"没事,就不要去医院了。巷子里头就是农药厂的宿舍,你帮我把东西送到家就行了。"

刚刚翻车时,"眼镜男"是因为头部猛地撞到了车厢,一时撞昏过去,现在回过神来,没有大碍,潘书柏见对方不愿去医院,也就没再坚持,他帮着"眼镜男"拿着行李,一直把他送到农药厂宿舍。

在路上交谈得知,这"眼镜男"是农药厂的供销员,常年出差,他对潘书柏说:"在家靠父母,出门靠朋友。没事就别为难别人,为难别人就是为难自己嘛!"他的一番感慨,让潘书柏牢记于心。

那天与"眼镜男"临分别时,潘书柏将自己的车牌号及房东家的电话号码写给了"眼镜男",真诚地说:"大哥,要是有啥问题,你随时找我。"但事后,"眼镜男"一直没找过他。

这幕有惊无险的遭遇,在那个寒冬里荡漾出阵阵暖意。"眼镜男"的人品，也让潘书柏恍如走进了温暖的春天。

　　春天是一个永恒的季节，它从没有远离，它总是在我们需要的时候，不期而至。事隔多年，每当潘书柏回忆起这段往事，他总是感慨地说："第一次跑摩托三轮卡虽然翻了车，可那个供销员非但没有为难我，还给我上了一堂生动的人生课，做人就是要在成全别人的基础上，才能实现成人达己。"

做上"带头大哥"

> 贵"义"兴"利"是社会发展的必然要求,重义会带来更大的利,弃义则会导致信誉丢失,最终会失去利。

从货运船起家的世界货柜船大王——中国台湾长荣集团总裁张荣发曾说过这样一句话:"行过船的人,度量都比较大。"

这句话,透出了许多哲学味道。

也许,江河湖海那么广袤、那么壮阔,水面有时在晴空万里中波纹不兴,惹人怜爱;有时则像发怒的狮子,掀起惊天骇浪,令人恐惧、敬畏。这些场面经历久了,自然会让行船人"看破"很多事情。简单说来,就是行船人待人接物大多会不太计较,而这"看破"是久经风浪养成的气质。

潘书柏养成的豁达大度的人生态度,与他的创业生涯相生相伴、永不离弃。

首次做摩托三轮卡业务,潘书柏即遭遇了一场车祸,虽是有惊无险,但那辆摩托三轮卡却遭了大难:整个铁皮车厢严重扭曲变形,玻璃破碎,必须彻底大修,重做驾驶室才能经营。

重做驾驶室得找"白铁工",当时一些工厂企业里虽然有"白铁工",但他们不能接私活,面向市场做业务的"白铁工"少之又少。潘书柏好不容易才找到一位姓顾的老"白铁工"。没想到就是这位顾师傅却又将潘书柏坑了,让他屋漏偏逢连夜雨,船迟又遇打头风。

原来,顾师傅见潘书柏修车心切,就"坐地起价",向潘书柏漫天要价:在修理期间,除了按日工每天发10元钱的工资外,还得管他一天三顿饭外加一包香烟,中、晚两顿还得有酒伺候。

每天10元钱工资,再加上一天管三顿饭、一包烟,一天算下来得花20多块钱,这在当时,相当于一个工人要上一周时间的班才能拿到的钱。

潘书柏自从上岸给爱人集资进厂及买摩托三轮卡,早就将原先积攒的钱花费殆尽,何况摩托三轮卡还没能赚上一分钱就摊上车祸把车厢给毁了,那时的潘书柏由于没有进项,家中的日用生活品都舍不得买,连睡觉月的棉被也舍不得套被面,直接盖的是棉花胎。

可就是在这样艰难的情况下,潘书柏仍是咬牙答应了顾师傅的苛刻要求,他只求顾师傅尽快把车修起来,好让他用车去赚钱。没想到那位顾师傅却见潘书柏给的"待遇"高,给他磨起了洋工,原本七八天就能做好的铁皮车厢,顾师傅硬给拖了一个多月。潘书柏心里急得不行,对那位"磨洋工"的顾师傅一肚子意见,但面子上还得对他"热情款待",尽管自己一个月都舍不得买一次肉,却天天酒肉伺候着顾师傅。

好不容易才把铁皮车厢修理好,看着整装待发的摩托三轮卡,潘书柏心里说:三轮卡啊三轮卡啊,你得给我争争气,买你时被人硬生生坑去两千块钱;第一次让你载客,就出了个车祸;修理你又几乎把我的家底耗尽;现在,你得给我争争气哦!

中国人谋生讲究"和为贵""和气生财"的道理,潘书柏不仅深谙此道,而且笃行此道。为了能在钟楼商场的停车场争得一席之地,潘书柏奉行"烟酒开路、广交朋友"的怀柔策略,他到停车场前都备一包好烟,看到那些摩托三轮卡车主就满脸堆笑地递上一根烟,以期博得他们的好感。有时,他还拉着几个车主到小饭店里撮一顿。俗话说:"雷公不打笑面人。"他的怀柔策略还真起到一些效果,一些比较老实的车主就主动让他进场,当有几个"车霸"要找潘书柏的麻烦时,他们还帮着他说话:"人家小潘是从乡下来的,讨生活不容易,咱们就给他留条路吧!"

那些"车霸"见众口铄金,似乎心发慈悲,对他也就"网开一面",让潘书柏在那儿停车。可是,车虽然让他停了,生意却不让他顺顺当当地做。潘书柏总是要等到他们"出车"后,停车场上几乎无其他车辆才能瞅准空隙接点客。

可就是这样,个别"车霸"还是对他横挑鼻子竖挑眼,就是见不得他有生意。一次,停车场几乎所有的摩托三轮卡都有了客开了出去,只剩下潘书柏一辆"孤车",这时有位客人要送人带货去滨海县的八滩乡,那位客人就要了潘书柏的车,双方谈妥价格为70元。

谁料,那位客人坐上车正准备让潘书柏拉着他到仓库取货时,一位"车霸"刚好送客回到停车场,见潘书柏车上有客,他直接就过来抢客。潘书柏好言好语地对他说:"你们平时都有客,就我没客。今天你们都跑过一趟了,我还没开市。现在客人已上了我的车,这趟就让我送吧!"

那人却叫嚣道:"不行,这客必须我来送!你一个乡下人,跑到城里跑运输,就别想拉到一个客。"

那人的蛮不讲理,让车上的客人也听不下去了,他帮腔道:"哪有你们这样强抢生意的，我愿意找谁拉就找谁拉。"

谁知这句话一下子点燃了那个"车霸"的火苗子，他冲上来就要与顾客较劲。潘书柏见"车霸"野蛮到连顾客都敢动手的地步，他气不打一处来，多日积累在心中的火气也"呼"地一下蹿了上来，他冲过去护住客户，那"车霸"就对他动起手来，潘书柏立即给予还击，两人斗到一处。潘书柏在船上多年历练，臂力过人，那"车霸"虽然脾气坏、性子急，但哪是潘书柏的对手，两三下一过招，潘书柏就将其摔扔进停车场边上的一个石灰塘，摔了个大马趴。

那人从石灰塘中爬起身后，冲上来又要与潘书柏较量，幸亏摩托三轮卡车主回来了一些，他们见状赶紧拉住了两人。其中有一些人还帮潘书柏求情道："小潘虽从乡下来，但咱们别欺人太甚，兔子急了还咬人呢，把他惹急了，谁也落不到好。"在众人的劝说下，一场斗殴才没有继续下去。

那位客人也为了息事宁人，他故意当着大伙的面说："你们的车我谁也不坐了。"说罢，他作势走出，趁着众人混乱之际又低声对潘书柏说："小伙子，我就用你的车。这样，我先到仓库，你直接去仓库接我。"

这场争斗，潘书柏顺利抢到了这笔生意。更重要的是，他的发飙，让几名"车霸"见识到他的厉害，以后再也不敢随随便便地欺负他了。

通过怀柔与争斗，潘书柏逐渐在停车场站稳了脚跟。此后，潘书柏的"侠肝义胆"也开始显露出来。儒家文化中的"重义轻利""先义后利"的思想，在潘书柏身上得到了充分的体现。有两个开摩托三轮卡的车主，一个在建湖上冈出了事故，一个在盐城市区出了事故，潘书柏听到消息后，二话不说，就赶过去帮助处理事故。由于他原先在船上历练出超强的组织能力与事故处置能力，处理这些交通事故，潘书柏驾轻就熟，每次事故的处理都让事故双方得到满意的结果，成功化解了一次又一次干戈。

潘书柏讲义气，他的一些亲友颇为不解："这些人你理他干吗？你不记得他们处处为难你啊？"

潘书柏笑着回答："贵义兴利是社会发展的必然要求，重义会带来更大的利，弃义则会导致信誉丢失，最终会失去利。"他将"义"与"利"巧妙地融合在一起，果然，他的"义为利先"，不光使他在停车场站稳了脚跟，还在几十个摩托三轮卡车主中树立了威信，谁有难以解决的事，都自然而然地请潘书柏出面帮忙。

当时，开摩托三轮卡的车主普遍素质不高，法制意识不强，他们拒缴养路费并拒交保险费。潘书柏从一开始做生意就有很强烈的守规矩意识，他不仅所有的养路费和保险费都按时交纳，还耐心细致地做同行车主的思想工作，给他们细算了一笔账，告诉他们如果不缴养路费、不买保险，短期看虽然少花了一些钱，倘若发生了事故，那跑的就是"黑车"，不受法律的保护不算，就是顾客也不敢乘坐，到时可是几倍甚至几十倍的钱才能换回来的。他把账一算，车主们个个心服口服，在潘书柏的带动下，部分人主动缴纳养路费和购买保险。

从当初的挤不进停车场到抢不到一个生意，再到后来成为摩托三轮卡车主们的"带头大哥"，前后也就半年多时间。

这段历程，在人生的长河中虽然短暂得犹如一朵翻涌的浪花，但对潘书柏来说，却是极其重要的一次人生历练，有了这样的人生历练，使得他在创业熔炉中得以淬火成长。

潘书柏进城闯荡，不仅在他的人生经历中，是一件具有里程碑意义的大事，而且对于潘氏大家庭来说，也是一件改变整个家庭命运的大事。当初，潘书柏奔赴芜湖"淘金"时，尚未成家的二弟潘书荣、三弟潘书清，就在父亲的支持下，购了一条水泥船跟着潘书柏去"淘金"；潘书柏卖了船后，两个弟弟也随之"失业"。作为大哥，潘书柏的家庭观念特别强，只要自己有门路，他就会想方设法带着两个弟弟一起去闯。

潘书柏进城后，在他的建议下，两个弟弟也将船卖掉。经过一番张罗，他让二弟潘书荣集资进了纺织厂，有了稳定的工资收入；随后又找门路将三弟潘书清安排进城区玻璃厂。

可是潘书清进厂不到一年，玻璃厂因经营不善行将倒闭，看着愁眉不展的三弟，潘书柏安慰他："只要有我一碗饭，就不差你吃的。"话虽这么说，但要给潘书清找个就业门路并不是那么容易。想了一阵，潘书柏有了主张，他自己开摩托三轮卡，让三弟跟着他骑二轮车送客。一次，在送客中，三弟遇到坐车不给钱的混混，三弟要钱时，双方言语不合动起了手，三弟立即喊来潘书柏帮忙，哪料想对方却叫来了十多个人。潘书柏天生不怕邪，他一人独斗十几个人，双方谁也没讨到便宜。

此事发生后，潘书柏与潘书清担心对方报复，有一个星期的时间没出门做生意。经历了此事，潘书清觉得这条路不好走，潘书柏只得帮他重新找工作，直到安排三弟进了印刷厂，这才稳定了下来。

后来，二弟、三弟先后在城里买房，结婚安家，以及他们事业上的发展，所经历的每一件人生大事，都紧跟着潘书柏。也正因为兄弟同心，潘氏大家庭在潘书柏的带动下，找到了最为稳妥的前行路径。

盐城第一辆出租车

> 朋友的影响力非常之大，大到可以潜移默化地影响甚至改变你的一生。你能走多远，在于你与谁同行。

经济学界，有这样一个说法：善借者赢，避锋芒者胜。

《兵经百篇》亦对"借"字有一番妙解："艰于力则借敌之力，难于诛则借敌之刃，乏于财则借敌之财，缺于物则借敌之物，鲜军将则借敌之军将，不可智谋则借敌之智谋。"

1988年，"不安分"的潘书柏又巧念"借"字诀，干出了一件轰动一时的大事——借款3万余元，购买了一辆二手进口轿车。当时，潘书柏的摩托三轮卡生意正做得风生水起，为何又要购置轿车呢？

"一个人是否优秀，要看他在哪个圈子里混，与哪些人交朋友。"潘书柏坦言，"当年，经过努力，我的三轮卡生意有了起色，但整天与那些开摩托三轮卡的车主为一些鸡毛蒜皮的事争论，为一点蝇头小利去争抢。我觉得把大好的青春时光耗在上面不值得，还不如跳出这个小圈子，跻身一个更大的圈子。"

跳出原先的圈子，跳上一个更大的舞台。潘书柏的这一抉择无疑是正确的。在一个题为"创造财富"的论坛上，一位发言人给现场听众做了这样一个小测试,他说:"请大家每人拿出一张纸,写下和你相处时间最多的6个人,也可以说是与你关系最亲密的6个朋友,记下他们的月收入,然后算出他们月收入的平均数。这个平均值便能反映你个人月收入的多少。"测试的结果,准确得让所有人都惊讶不已。

中国有句古话:"近朱者赤,近墨者黑。"美国人也有句谚语:"和傻瓜生活,整天吃吃喝喝;和智者生活,时时勤于思考。"这两句话所说的其实是同一个道理:朋友的影响力非常之大,大到可以潜移默化地影响甚至改变你的一生。你能走多远,在于你与谁同行。如果你想展翅高飞,那么请你多与雄鹰为伍,并成为其中的一员;如果你成天和小鸡混在一起,那你就不大可能高飞。

敢为人先,一向是潘书柏的创业创新本色。他认为,人要去求生意比较难,让生意跑来找你,你就容易做。如何让生意跑来找你,那就需要你多交朋友,并充分考虑到对方的利益。当时,摩托三轮卡在盐城遍布大街小巷,出租汽车一辆没有,潘书柏购买轿车不仅填补了这个市场空白,满足了其时盐城高端人群的需求,还能在更高的层面上结交更多的高端朋友。

当然,从摩托三轮卡到轿车,不只是单纯的"鸟枪换炮"。开轿车,先得持有汽车驾驶证。潘书柏尽管秉承着勤俭持家的优良家风,但在人生的"充电加油"上,他却从来不吝惜!

当时,盐城的驾驶员短训班设在建湖县的上冈镇。短训班在集中上一个月的理论课后,学员就自行在社会上找车辆跟车实习。报名后,潘书柏继续做着摩托三轮卡的客运生意,只要听到开课的消息,生意再忙他也放下,毫不犹豫地去短训班学习。当时，有几个与潘书柏走得较近的摩托三轮卡车主对潘书柏说："咱们这生意，虽然赚不来大钱，但养家糊口是足够了，你现在去学驾驶，既要花不少学费，还占用了做生意的时间，划不来！"

然而，正是这些人所认为的"划不来"，却是潘书柏此后生意越做越大的关键一步！大多数人，起跑线相同，但就是不愿意在该加速时加速，安于现状，还自得其乐，从而错失了领先的机会。而潘书柏，只要看到有加速的机会，他就会"全速"前进，这也是许多强者从人群中脱颖而出的不二法则。

潘书柏在通过理论考试取得"白皮证"后，就跟着沈师傅上路学习大货车驾驶技术。毕竟潘书柏有着丰富娴熟的轮船驾驶经验，他的优势很快体现了出来，方向盘在他手里稳稳当当的，绝不像别的学员那样握着方向盘手就哆嗦。教练见他开起货车操纵自如，索性就把车钥匙交给他，让他当起"副教练"，让车上的另12名学员跟他学。

在严苛的驾驶员考试中，一次性通过率不到三成。当潘书柏一次性通过后，教练对他竖起大拇指夸赞道："小潘，我没教你多少，你几乎是'无师自通'。我带过几百个学员，还没见过你

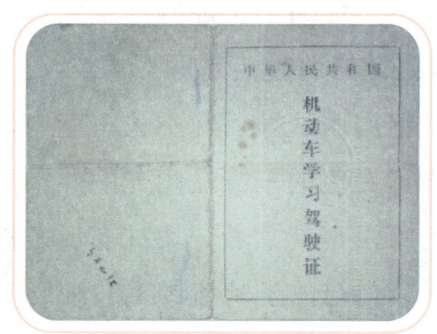 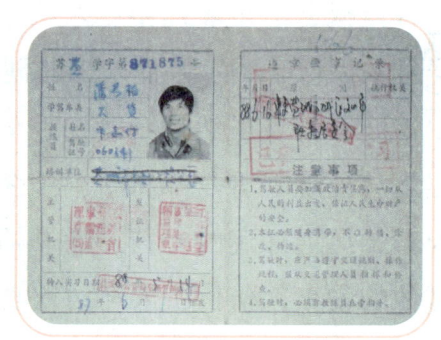

潘书柏第一张机动车学习驾驶证

这样的高手哩!"

拿到驾驶证后,潘书柏就琢磨着要买车。在计划经济年代,不要说高昂的购车费让人承担不起,就是有经济实力也未必能拿到购车指标。

潘书柏经过多方打听,得知当时的大丰县新团乡有一辆波兰进口的二手波罗乃茨轿车要出售,该车买回来3年,总行程也就3万多千米,报价31000元。

潘书柏手头哪来那么多钱,只有四处筹借。好在他平时交友广泛,待人诚恳,他开口借钱,几乎没有人不借给他的,购车款很快筹措到位。他用这笔钱将波罗乃茨购下,他也因此成为盐城第

青壮年时期的潘书柏
在老式波罗乃茨轿车上留影

一个拥有进口轿车的车主,成为盐城名副其实的个体汽车出租第一人!

个人的汽车在当年无法上到牌照,潘书柏托朋友帮忙,"脱壳挂靠"在财政局下面来办审批,最终拿到了牌照:苏82-0898。在粤语里,"8"的发音同"发",尽管这个数字式的"吉祥概念"事隔几年后才风行全国,但潘书柏能碰巧发到"吉祥号",似乎昭示着他未来的创业之路必将越走越顺。

波罗乃茨虽然是一辆二手车,但用水洗净后,不论车室内,还是从外观上看,都和新车一个样。白色的车身在阳光的照耀下闪着一道道深邃的光芒,潘书柏有事没事就拿着一块抹布反复擦拭他的爱车,仿佛古人河边饮马,为自己的坐骑梳鬃毛般细心。

车子到了手,因购车款全是四处筹借的,白纸黑字打着借条,

到了时间就得还钱，潘书柏感到了空前的压力。幸好，车子上路后，生意倒还不错，租车的客户主要集中在政府部门，他也因此积累了许多政府部门的人脉资源。客户的素质跟他开摩托三轮卡时已不可同日而语，他的视野也在潜移默化中得以进一步开阔。

靡不有初，鲜克有终。通常而言，大多事情在开始时总会做得很顺，但善始却鲜有善终的。这句话反过来说则是：凡是最终能取得圆满成功的，没有在成功之前不历经风雨坎坷的！潘书柏无论是在买摩托三轮卡还是买轿车后，他在起跑线上总有些不顺畅，真的验证了"万事开头难"那句老话。买摩托三轮卡后，他的第一个生意就翻了车；而买了轿车后，他的第一个长途生意就遇上了一场惊险的事故——

那年夏天，一场突如其来的雷阵雨滂沱而下，将苏北大地淋得透湿。雨过天晴，空气清爽，潘书柏驾驶汽车从兴化返回盐城，他一路吹着欢快的口哨，这是他第一次开着波罗乃茨出长途，将客人送到兴化后返程。这次出长途，客人的钱给得很爽快，他正暗自盘算着，如果照这样开下去，他买车的钱很快就会还上。

然而，当汽车在兴化的省道上自西向东行驶时，又一场暴雨骤然而至，雨落在老式的柏油路上，像洒了一层润滑油。车轮因路面打滑而失去控制，在逼仄狭窄的路面快速地转了几圈，就是停不下来。潘书柏的头也被撞晕了，他只有死死地握着方向盘才不至于失去重心。

随着"砰"的一声巨响，轿车的车头和车尾甩撞到路边的树上，巨大的惯性使潘书柏失去了控制，他从驾驶座上被弹到了副驾驶座上。说时迟，那时快，潘书柏抓住车子撞树的那一瞬间，眼疾手快地关闭车钥匙，这才使"狂躁"的车子停了下来。

惊魂未定的潘书柏四处查看，幸亏自己并没受伤。打开车门下车后，发现这一撞着实不轻：轿车的保险杠被撞坏了，发生了严重的扭曲变形。

车子停在路边，前不着村后不着店，就是坏了也得开回盐城才能找人修理。潘书柏上车试了几次，车子就是打不着火。多年的行船经历中，潘书柏对发动机的构造熟稔于胸，凭着钥匙扳动后发动机发出的声音，他判断出发动机没出什么问题，可能是皮带轮被前面凹进去的保险杠卡住了，转动不起来。

随后，潘书柏步行几公里，找到了公路附近的一户人家，借了撬棍，撬开引擎盖一看，果然是皮带轮被卡住了。潘书柏将卡住皮带轮的被撞凹的铁皮撬开后，再一次打火，果然打着了。

历险后的潘书柏开着"伤车"一回到盐城，就花钱找人将车修理好。经历了这次险情，逼着潘书柏养成了每次出车前，都对汽车反反复复检查一遍的习惯，尤其是涉及汽车刹车系统、轮胎方面任何细节的问题，都预先更换或修理好了才上路。而正是因为他的倍加小心，以后这样的惊险再也没有出现过。

千磨万击还坚劲

> 只有外圆内方，刚柔相济，进能攻、退能守，才能在纷繁复杂的人际关系中周旋有术、游刃有余，成为一个举足轻重、魅力与实力并存的人物。

"小潘，快起床，童装厂有紧急电话找你。"1989年的一个冬夜，因白天出了一天车疲惫不堪的潘书柏睡得正香，冷不防被开个体商店的老李叫醒。

那时，潘书柏家中还未装电话，电话联系都是通过老李商店里的公用电话叫转。童装厂是潘书柏的老客户，该厂的徐厂长因接洽外贸订单需要，经常用潘书柏的车子往返于盐城与南京之间。徐厂长对潘书柏的印象非常好，两人虽然是雇主与雇佣车的关系，但徐厂长一直将潘书柏视为朋友，他们成为无话不谈的"忘年交"。

直到前不久，童装厂自购了一辆面包车，聘请了一位部队刚退伍的"小年轻"做驾驶员，潘书柏的车也就被用得少了。

会有什么大事呢？潘书柏一边穿衣服一边琢磨，这深更半夜的，该不会出什么大事故了吧！一种不祥的预感让潘书柏加快了穿衣服的速度，他赶到老李的商店拿起电话后，只听得该厂的一位副厂长语气慌乱地说:"小潘,你赶快备车来接我们,徐厂长的车在高邮大堤上出大事了……"

潘书柏脑子里"嗡"了一声,高邮大堤是扬州境内京杭大运河段的一道圩堤公路,那段道路十分狭窄,圩堤高达十几米,经常在那儿发生翻车事故,一些驾驶员曾将那段公路形象地称为"鬼见愁"。而那段路当时正是盐城往返南京的必经之路,潘书柏几十次经过,每次都开得提心吊胆,平安无事地开过去后,身上也常惊出一身冷汗。

放下电话后,潘书柏不敢怠慢,立即开车赶到童装厂,拉上准备前往处理事故的副厂长等几名人员,趁着夜色一路疾速地赶往事发地点。两个多小时后,潘书柏一行赶到了高邮大堤,现场围了一圈人。面包车是从十多米高的圩堤公路上直接冲入京杭大运河的,斜冲下去时撞倒了三棵树,减缓了冲力,要不然车子早已葬身河底!

车上除徐厂长与驾驶员外,还有一名外国的客商。车子往下冲时,那个外国客商被从车窗中甩出了车外,摔断了一条腿。驾驶员也受了伤。最严重就是在后排座上躺着的徐厂长,车祸发生时,他正在后排座椅上休息,睡梦中被冲撞到颈椎,颈椎当场断成了四五节,最终伤重身亡。

潘书柏他们赶到时,徐厂长已被送到了殡仪馆。看着逝去的老朋友,潘书柏悲从中来,眼泪夺眶而出。眼前的惨案,就是一场血淋淋的安全课,也更使潘书柏在出车中将安全看得更重。

事实上,身为出租汽车驾驶员,除了交通安全外,有时还得对顾客严加提防,因为搞不好就会"引祸上身"。

"当时能租用汽车的,除了政府部门的工作人员外,还有骗子与地痞。"潘书柏回忆，他跑汽车出租的头几年，因社会治安环境不太好，经常会遇上地痞坐他的出租车。"对付这些人，得倍加小心，搞不好，一言不合，就会白刀子进红刀子出。"

有一次，潘书柏的车上了四个年轻人，这几个人有的脸上有明显的刀疤，有的身上文着"左青龙、右白虎"，他们口气很横，动不动就脏话骂人，一看上去，就是典型的地痞流氓。但他们上了车，潘书柏也不好赶他们下去，只好按他们的指挥，将他们一行送到了射阳县城。

下车后，四个人打开车门拔脚就走，潘书柏跟他们说："我把你们送过来，总得给点油费吧！"

其中一个"刀疤脸"亮出手中的长刀，在潘书柏的面前晃了晃后，又在方向盘上敲了敲，蛮横道："你还敢要钱，没看到我们身上都带着刀吗！"

俗话说，好汉不吃眼前亏。潘书柏"识时务"地说："钱不给就算了，就当咱们交个朋友吧！"

"好，痛快。我看你还不错，以后要是在盐城有摆不平的事，就找咱哥们几个，保证帮你摆平。"

潘书柏"谦虚"地点点头，应付了几句后，赶紧开车掉头回盐城。其实，他哪是真心要与他们交朋友，这是他念的"怀柔心经"，用他的话说就是："做人有时就要刚柔并济，这帮地痞特别好面子，你要跟他们硬拧，搞不好自己就得吃亏受伤；要是跟他们客气一番，他们以后反而不好意思再来骚扰你。"

潘书柏的"怀柔心经"也是从血的教训中总结提炼出来的。潘书柏有一个叫徐国泰的大表哥，原先在老家做瓦工，手艺活不错，但赚钱有限，见潘书柏开出租车生意好，他也想买辆出租车来开。

潘书柏经不住大表哥的软泡硬磨，带他到城里开出租车，但他性格过于耿直，一次送两名地痞到滨海后，两人下车没给钱，徐国泰就下车向他们要钱，哪知其中一个小青年对着他就是一拳。那一拳来势凶猛，徐国泰猝不及防，人被拳头打得往后一倒，头磕到了路牙，脑浆迸裂，人当场就死在路边。

得知消息后，潘书柏脸都吓白了，他急忙赶往滨海处理后事。在殡仪馆，徐国泰的一只胳膊还竖在那里，谁也扳不回来。潘书柏扑上去号啕大哭，那悲伤之情，见者无不心酸。

处理完大表哥的后事，徐国泰的岳父一家人却不分青红皂白，一口认定是潘书柏带徐国泰进城开出租车的，出了事，潘书柏自然就逃不了干系。那架势几乎就将潘书柏视为"杀人凶手"。一家人数落了多次，潘书柏委屈不已，但苦水没处倒，只能隐藏于心。男儿有泪不轻弹，只是未到伤心处。无数次，潘书柏悄然落泪，他在心里替徐国泰惋惜："大表哥啊，要不是你性子太刚烈，哪会引来这场大祸啊？"

死者无言，不过，潘书柏也更意识到情商的重要性。曾有心理学专家认为，一个人的智商在通往成功的路上虽然至关重要，但没有良好的情商做铺底，任何事情也难以做好！

但"怀柔心计"不代表一味地"忍"。是可忍孰不可忍，万事"忍"字当先，那也终将一事无成。潘书柏的为人处世之道，可以概括为"德、诚、刚、柔、变、和"六字诀，他的真正高明之处在于巧妙地把握了几者之间的那个"度"。

刚强本是好事，但过于刚直、棱角分明、锋芒毕露、咄咄逼人，往往为世人所不容；随和也算一件好事，但过于随和、丧失原则、缺乏主见、委曲求全又往往被视为软弱。只有外圆内方，刚柔相济，进能攻、退能守，才能在纷繁复杂的人际关系中周旋有术、游刃有余，成为一个举足轻重、魅力与实力并存的人物。正如潘书柏自己所言，他是将儒家的重情义与西方的进取精神很好地结合在一起。在他所处置的每一件棘手事情上，他刚柔相济的风格一直鲜明地烙印其中。

还有一次，潘书柏被一个小地痞叫车前往大丰县城。在大丰县城转了一圈后，小地痞又让潘书柏将其送往盐城步凤镇的家中。潘书柏跟着那个小地痞整整转了一天，直到天黑才将其送到步凤镇。

岂料，到了步凤镇后，那小地痞一分钱不给，拉开车门下车就走。

潘书柏见他不给车费，就跳下车来，紧追着那人道："我替你开了一天的车，油费花掉不少，你总得给钱啊！"

那小地痞脸色一寒，他的手中多了一把随身带的长刀，他用刀指着胳膊上的文身，恶狠狠地说："没钱！"

"这一天下来，你说没钱也太过分了！你没钱，你就别走。"潘书柏毫不相让，也对他发起狠来。潘书柏与其对峙时，心里也盘算过，你不就一个人吗，如果单干，你肯定不是我的对手。正是因为心里有底，所以潘书柏才下定决心与其较量。

"什么！不让走？"小地痞急了，那神情似乎因潘书柏不给面子要发作。

潘书柏也打开后备厢，从后备厢里取出一根修补轮胎的铁撬杠道："怎么着，坐车不给钱还占理？较量就较量，谁怕谁啊！"

小地痞见潘书柏动真碰硬起来，他被吓住了，但嘴上还硬。潘书柏又道："今天我陪你跑了一天，你起码给个50块油钱。你说没钱，有种你把刀丢下，我们干一架！"说着，他放下铁杠杆，拉开要干架的架势。

这回，小地痞彻底害怕了。他跑回家拿了钱给潘书柏，口中还咬牙切齿地威胁道："好的，我记住你车牌号了，这次给你钱！"言下之意，下次再让我碰上你，一定给你好看！

事后，潘书柏还真担心那小地痞来报复，但过了很长一段时间，那个小地痞一直没有出现，这也给潘书柏一个启迪，不要看那些小地痞猖狂，落了单时，一个个也是胆小怕事的主儿，并没有那么可怕。

颇具戏剧性的是，1994年的一天，也就是那场风波过去了6年多后。一次，潘书柏在盐城市区带了一个客，上得车来，双方都不由得一愣，上车的人竟是在步凤镇耍赖不肯给钱的那个小地痞。更为凑巧的是，那人的家就在潘书柏建在青年路耿伙新村的房子旁边，邻两家是邻居而居！

"不是冤家不聚头"，潘书柏心里连呼糟糕，怎么与这么个小地痞做邻居啊！果然，与"恶邻"相处并不太平，潘书柏的那套房子租给一个"船老大"居住后，那人以空调声音过大为由，冲到潘家将房客痛打了一顿。

潘书柏半夜接到"船老大"的哭诉电话后，气不打一处来，立即喊了其他驾驶员找那家伙算账。那人一见这阵势，不敢从屋里出来。潘书柏就敲窗吼道："你屋后住的是我朋友，你不能打！你打坏的东西要还他，衣服撕坏了要赔他，再不老实就把你家窗户砸了！"自那以后，那人倒也老实安分了许多，此后的十多年虽然还会有些磕磕碰碰，但总的来说，还算相安无事。

第五章　行走江湖，洁身自好

有一种精神叫自信，有一种力量叫坚守。对于创业者而言，行走市场江湖，自信是一种坚定的执着，是一种战胜自我的决心和相信必胜的意志。

小小出租车，就是一个人生大舞台。在潘书柏早期开出租车时，他所遇到的乘客中，既有品质高尚的谦谦君子，也有凶神恶煞的地痞恶棍，还有巧舌如簧的江湖骗子。"无论身处怎样复杂的环境，还是遇到怎样复杂的人，自己始终要坚守'君子爱财，取之有道'的原则，真正做到无欲则刚、洁身自好。"潘书柏的感悟，道出了他坚不可摧的信念。

仁而无忧、仁而无惧，心怀坦荡、兰心傲骨。潘书柏在创业的道路上，用自己的人格和人品锻造出自信这把宝剑，久经磨砺，锋芒初露，一路助他披荆斩棘，陪他通向成功的彼岸。

阻止一场"绑架"

> 每个创业者的头顶上，都悬着一柄达摩克利斯剑。这柄剑，提醒着创业者们随时都要存有危机意识，心中警钟长鸣，这样才不至于在人间正道上走偏。

古希腊神话中，迪奥尼修斯国王请他的大臣达摩克利斯赴宴，命其坐在用一根马鬃悬挂的一柄寒光闪闪的利剑下，让其处于一种危机状态而心生敬畏。

每个创业者的头顶上，都悬着一柄达摩克利斯剑。"临绝地而不衰"，这柄剑，提醒着创业者们随时都要存有危机意识，心中警钟长鸣，这样才不至于在人间正道上走偏。

这天下午，潘书柏开着空车刚行驶到人民路中国石油加油站附近，一个忧心忡忡的青年拦下了他的车。潘书柏以为就是个市内短途，那青年一上车却说："师傅，现在就送我去南京。"

事先没有预约，就接了个长途活儿，潘书柏心里一点准备都没有。他跟那个青年谈车资时，那青年又改口问道："师傅，要是去安徽的安庆，往返要三天时间，多少钱？"

"你到底是去南京还是去安庆啊？"潘书柏心里犯疑，追问道。

"去安庆吧！"青年答道。

"一块钱一公里，等一天时间外加两百块。"潘书柏报出了价格，他预留了还价空间，想探探小青年的底。

"行，就这么定了！"小青年一分钱没还，就说了条路，让潘书柏去带几个同行者。

那小青年的神情与语气，让潘书柏感觉不踏实。但人已上了车，而且价格也谈妥了，潘书柏也没有理由拒载，只得硬着头皮按小青年的指点到了盐城市区的小海路接人。

一辆面包车已停在那儿等着小青年，面包车上坐着十多个手拿长刀和铁棍的文身青年，甚至还有人带了"红樱枪"。其中有三个人，不是光头文身，就是身上、脸上有刀疤。在那个小青年的招呼下，他们上了潘书柏的车。有一个人上车后，潘书柏看他的右眼有点不对劲。那人注意到潘书柏盯着他看，索性用手一抠，抠出了一只假眼球，得意扬扬地对潘书柏说："我在一场群殴中把眼睛打坏了，呶，这是狗眼。"

潘书柏心里一"咯噔"，暗自叹息：完了，又遇上了一帮地痞！

潘书柏犹豫着，预知这趟行程"凶多吉少"，对方人多势众，他不能贸然拒载，否则会被这帮蛮不讲理的人群殴一顿。得，好汉不吃眼前亏，既然上了"贼船"，那也只能虚与委蛇，再寻机会脱身。

他们出发时，天色已暗，暮色四合。在行车的路上，潘书柏有一搭没一搭地与那个叫他车的小青年聊天，想探出底后再寻脱身之计。那个小青年见车已上了国道，也就没再隐瞒潘书柏，他告诉潘书柏，他姓杨，是盐城青墩人，平时做鳗苗生意，没想到被安庆的一个老板给骗了30多万，多次追讨无果。这次，他特地花钱雇了盐城的近二十个小地痞，准备到安庆把那个骗子绑到盐城，逼他还钱。

"带这么多人去抓人,对方一报警,警方根据车号很快就会查出咱们,咱们这帮人一个也逃不掉。"潘书柏不想多惹麻烦事,劝说对方别干傻事,赶紧打道回府。

岂料,小杨被骗了巨款,哪肯善罢甘休,他对潘书柏说:"你别害怕,车费我照给你,你只管开车,这件事不会牵连到你!"

话说到了这个份上,潘书柏见劝解不了,只好先乘着夜色开车赶路,等到了安庆再作计议。

第二天清晨,两辆车抵达了安庆城内。由于一夜赶路,所有的人都疲惫不堪,小杨就在一个宾馆开了十多个房间,安排大伙儿先睡上一觉。潘书柏尽管疲累得眼皮直打架,但想到绑架的事非同小可,他满怀心事,哪里睡得着。

在床上躺了会儿后,他实在无法入睡,索性起了床,敲开了小杨的房间门。小杨也是心事重重睡不着。潘书柏继续劝解他:"咱们带的这帮人太惹眼,说不定骗子的人没见到,公安局就请咱们去谈话了。"

"那你说怎么办?"小杨已经毫无主张,他反过来请潘书柏帮助出主意。

潘书柏想了想道:"咱们先把你带过来的人叫起来碰个头,大家出出主意吧!"

小杨点头应允。潘书柏就一个房间一个房间地喊人,一听说商量事情,那些人全部钻到了小杨的房间。一进门,他们就吵嚷开了——

"直接抓过来吧,我怕他什么东西啊?"

"直接拿刀把他砍了呗!"

……

大伙儿你一言我一语，就像在梁山聚义大厅一样，一个个都在"逗好汉"。

潘书柏见他们都是四肢发达、头脑简单的"一根筋"，只得耐心地跟他们讲道理："要是贸然抓人，肯定走不出安庆。骗子的家属一打110，警察一布防，我们的车子根本出不了城。"

潘书柏分析得头头是道，无奈秀才遇上兵，有理说不清。有几个人就吼了起来："你谁啊，一个驾驶员岔嘴岔舌的，我们难道听你的？"

潘书柏怕惹起众怒，只得转而把小杨拉到一边悄悄说："绑架人是犯法的事儿，你可得三思啊！这些人是你带出来的，要是他们出手没轻没重，到时被抓起来，他们的七大姑八大姨找上你，你还得供养他们哩！"

一语惊醒梦中人。小杨六神无主地问潘书柏："那你说咋办？"

潘书柏道："现在人多嘴杂，容易惹事。要不支走一些人，留几个有头脑的人，咱们再商量商量。"

小杨听从了潘书柏的主意，他支开了一部分人后，房间里只留下四五个人。潘书柏见房间里安静了下来，他就问这几个人："你们打算怎么抓人？"

小杨答："到他家里，直接把他架走。"

"那他家里人呢？"潘书柏追问。

一个"刀疤脸"抢答道："谁闹事，就把谁也一并绑走！"

潘书柏沉稳地一笑，不急不慌地说道："骗子住在安庆的闹市区，屋里住了一家人，咱们绑人的时候，对方就不吵不闹？惊动了邻居，邻居还会报警。到时我们非但抓不到骗子，我们这伙人也要被公安带走了。"

这番话一说，包括小杨在内的几个人都傻眼了。他们都眼巴巴地瞅着潘书柏，期望他出主意。潘书柏见这群"乌合之众"都开始听自己的了，考虑到小杨讨钱心切，不能贸然否定抓人的方案，只有先稳住他们才能顺变而变。想到这儿，潘书柏做出了一番安排：你们找几个身上没有刀疤的人，租一辆车子到骗子家附近蹲守，我和面包车师傅在城外等，一旦你们抓到骗子，立即打车赶到城外，我们再作接应。这样确保我们不会在城里逗留，以免节外生枝。

"好，就按这个方案实施！"小杨一锤定音。他来安庆之前，一路上只寻思抓人讨钱，根本没考虑"抓人"方案，潘书柏给他制订了详细的方案，他当然言听计从。

然后就是分工行动。但骗子不在家，前去蹲守的人一连等了两天，都没见到骗子的身影。

这也正是潘书柏所预料的结果，他早就猜想到这么多人兴师动众过来，蹲守的那几个人本身都不安分，在骗子家附近招摇过市，骗子不可能听不到风声，哪里敢回家！

潘书柏见"火候"已到，借机劝小杨："咱们在这儿，每天你还要好吃好喝地招待他们，这得花多少钱啊？再说咱们内部可能出了奸细，透露了风声，别说等两三天，就是等上三个月，骗子也未必能回家。与其这样，不如咱们先回去，再从长计议。"

小杨见潘书柏分析得合情合理，只得听从潘书柏的安排。

第三天，一行人终于打道回府。在回来的路上，那帮人对潘书柏的处事能力大为佩服，对他没有"大哥"不开口。即使这样，在回来的路上，潘书柏也丝毫没掉以轻心，因为他心里清楚这帮人一言不合就可能惹是生非。

果然，车子到六合，开进加油站加油时，那帮人下车去附近的杂物店买东西，没想到几句话不投，他们就与店主吵了起来。潘书柏听到争吵声后，担心节外生枝，立马让小杨连拉带劝地把那帮人哄上车。

上车后，这帮人还"余怒未消"，将面包车上的几只暖水壶摔了个精光，又骂骂咧咧了几句，直到车子驶远了，这帮人才终于罢休。潘书柏见他们终于安静了下来，也长舒一口气。

正因为他心中始终悬着一柄达摩克利斯剑，才使他在危机中处变不惊、巧妙周旋，终于没让一出"绑架"悲剧上演。

小小出租车，人间大舞台

> 小小出租车，人间大舞台。在这个舞台上，谁要是没有正知、正念、正行，随时都有被挤下"车"的可能。

2002年8月的一天，一个理着"小平顶"的中年人找到潘书柏。一进门，他就朝潘书柏鞠了一躬，诚恳地道："潘老板，你还认识我吧？"

潘书柏细细打量了来人后，一个熟悉的名字脱口而出："陈立国（化名，下同），哪阵风把你吹来了？"

来人正是曾经在行骗江湖上"叱咤风云"的陈立国，也是潘书柏多年前的老客户。陈立国见潘书柏一眼就认出了他，不好意思地一笑道："潘老板真是好记性，我因为诈骗罪坐了八年牢，昨天刚刚出来，你是我第一个来找的人！当初我如果听你的话，我就不可能坐牢的……"

陈立国的忏悔，让潘书柏打开了记忆的闸门，往事悠悠地浮现在眼前——

时光倒回至20世纪90年代初期，当时潘书柏已将老旧的菠尔乃茨卖掉，换了一辆二手伏尔加。换车不久，陈立国就成为潘书柏的客户。刚开始，陈立国租用潘书柏的汽车很讲信用，通常两百元的车价，他甩手就给潘书柏三百块，显得豪气十足。

陈立国出手豪爽，用车又勤，潘书柏不敢怠慢这个大客户，随时满足他的用车需要。但时过不久，陈立国就依熟卖熟，渐渐地拖欠潘书柏的车资。潘书柏就用一个小本子，把陈立国的租车费用记得一清二楚，以备随时查询清账。

跟着陈立国跑了几趟车，潘书柏开始意识到陈立国的不靠谱。每次跟着陈立国出车，总有人好酒好菜招待他。起初，潘书柏跟着吃了几顿饭，陈立国却在酒桌指着潘书柏向对方介绍："我用的是自己的车，他是我的驾驶员。"

潘书柏出长途后，
在中原油田与老式伏尔加轿车合影

在那个轿车还是奢侈品的年代，陈立国公开宣称自己有车有驾驶员，着实引来桌上一帮人的羡慕。后来，潘书柏打听得知陈立国的主要职业就是行骗。之所以用他的车，就是为了"撑场子"，以自己的"实力"骗取对方的信任，为行骗提供方便。

得知真相后，潘书柏惊出了一身冷汗。此后，他刻意与陈立国保持距离。陈立国再拉他上桌吃饭，他坚决不参与，宁可在车上泡方便面吃。

一次，陈立国又租用了潘书柏的伏尔加去阜宁县纺织厂。车至阜宁县城后，陈立国拉了当地农行的一个科长一道去了纺织厂。进厂后，潘书柏猛地意识到这趟可能是行骗的，当厂方招待，陈立国拉他一块去吃饭时，潘书柏死活不去，就待在车里吃方便面。

果然，陈立国酒足饭饱后，就安排厂方发了两车棉纱到盐城，价值17万元。临上车前，潘书柏听得陈立国与对方的供销科长信誓旦旦地说："货到盐城就付款。"潘书柏听得这句话，觉得厂方的货车发货，没钱就不卸货，陈立国再能骗也不会骗到哪儿去，他悬在心中的石头也就放了下来。

哪料货车到了盐城后，陈立国立刻安排早已等候的一辆大货车驳货，然后三言两语就把阜宁厂方的驾驶员打发回去。这批货，被陈立国与一个同伙贱卖给苏南的一家企业，对方给了陈立国7万元货款。

拿着钱，陈立国将三二多的车费欠款付给了潘书柏，他还得意扬扬地说："你开车多辛苦，赚钱不容易。你看我这一笔就赚了几万，以后跟着我混，包你吃香的喝辣的。"

潘书柏断然拒绝道："陈老板，我只负责开车，我也管不了我车上拉着什么样的人。但我有一言相劝，可疑之利不可取，得之易时失之易。不义之财再多也不要去贪。"

他的这番话惹得陈立国很不高兴，他没好气地说："你就开你的车吧，管那么多闲事干吗？"

潘书柏知道陈立国已经"中邪"，多说无益，本来这趟去阜宁，要不是陈立国承诺还他几千元的欠款，他绝不可能出车。此事发生后几个月，陈立国还要用潘书柏的车，他都找了借口推托。

几个月后，陈立国又找到潘书柏，称要去兴化办事。潘书柏正在犹豫，陈立国给他吃了一颗"定心丸"道："这次去兴化的钢缆厂谈的是正经业务，你别往坏处想。"

潘书柏被陈立国当面"堵"着，不好拒绝，只得再次给陈立国出车。没想到陈立国这次故伎重施，从兴化厂内骗出了钢缆，低价卖给了苏南某厂，从中套现。潘书柏见陈立国越骗胆子越大，意识到他迟早会出事。陈立国此后再叫他的车，他坚决不答应，给再多的钱都不出车。

果然不出潘书柏所料，陈立国骗得兴化的钢缆后，对方到公安局报案，陈立国很快落入法网，被判八年有期徒刑。

陈立国落网后，盐城、射阳、阜宁检察院组成的联合侦查组在查处该案过程中，以陈立国的供述为由，将潘书柏列为涉嫌行骗的同伙，传讯潘书柏。

办案人员板着面孔讯问："你知道陈立国的案子吗？"

"我知道他被抓起来了，他坐过我车子。"潘书柏答道。

办案人员追问："他坐你车子做了不少事情吧？"

"是的，我当时为他服务的，为他开车子。"

办案人员以为潘书柏即将供认，继续追问："他在射阳、阜宁犯的案子你知道吗？那个累计有三十几万的案子你知道吗？"

潘书柏如实回道："我只记得跟陈立国去过一趟阜宁，他整个生意我就看到他到银行去拿的钱，就是农行。他还欠我坐车的钱，喊我去吃饭我没去。"

"不对，你还帮他出点子的，你晚上还帮他把车子上的货给卖掉了！"办案人员以为潘书柏狡辩，加大了讯问力度。

潘书柏赶紧申辩："我只管开车子的，我什么事都不知道。你到我车上把账本拿过来对账，陈立国还欠我一万多块钱哩。"其实，那笔账陈立国已还清了，但陈立国忙得没有勾掉，结果这份"欠条"证实了陈立国与潘书柏只是雇主与车主的关系，成为他洗脱罪名的力证。

办案人员问："你知道你拿的钱都是脏钱吗？"

面对表情庄重的检察官，潘书柏据理力争："你们把他抓起来了，他是个罪人；他没被抓起来，他就没罪。你们可以到阜宁厂里找证人，因为我没有吃饭，人家又没跟我见过面！"

办案人员认为潘书柏不肯交代，当场发飙："潘书柏，陈立国供述你帮他开了车，你不是同伙是什么？"

"我开出租车迎的都是四面八方客，骗子又没在脸上刺字，我只是尽了我的本职，其他的事我一概没有参与。如果有证据表明我参与了行骗，我甘心受罚！"潘书柏的犟脾气也上来了，他是一个眼里揉不得沙子的人，哪里容得办案人员先入为主地认定他有罪。

办案人员见潘书柏不肯就范，恼羞成怒地吼道："潘书柏，你别张狂，我们立马就能把你抓起来！"

潘书柏也不甘示弱地回道："只要有证据，你们就抓，但不能冤枉无辜！"说罢，潘书柏甩袖而出，不再理会办案人员。

几天后，办案人员再次找潘书柏谈话，潘书柏还是那句话：自己是无辜的，如果有证据，听凭处置！

办案人员找了潘书柏两次后，再也没有找过潘书柏。

后来，潘书柏在政府部门工作的一个朋友向潘书柏透露："办案人员找了阜宁县纺织厂的那位供销科长，因你没上桌吃饭，他不认识你；要是你上桌吃了饭，被那个供销科长指认出来，你浑身是嘴也说不清楚了。"

潘书柏暗自庆幸，幸亏他的机警才使他免遭身陷囹圄。

俗话说"人在江边走，哪能不湿鞋"，但潘书柏就是因为洁身自好才没"湿鞋"。他能做到洁身自好，在他后面陆续出道的几个出租汽车驾驶员却难得幸免了。一次，南通的启东侦破了一起海货诈骗案，抓捕了一伙涉嫌诈骗人，其中就有与潘书柏同行的五位出租汽车驾驶员。

其中有一个姓朱的驾驶员是潘书柏的老朋友，潘书柏了解到，骗子通过老朱的个体工商户执照，在银行开了户头，所骗的款项都通过老朱的账户走账。每走一笔账，老朱就从中拿到几百到一千的"抽头"。

出于对朋友的爱护，潘书柏把老朱劈头盖脸一通骂："你们长没长脑子啊？你自己的账户就能给他去汇款了吗？"老朱在办案调查中束手无策，潘书柏就跟他说："这是赃款，是从你账户上走的，至于你把钱给了谁，办案人员可不管。你要减轻处罚，就得把钱退出来，就是把车子卖了也要还钱。"

老朱等几人退了赃，还是受到了法律的严惩。

潘书柏还有一位远房表叔，也是因为被骗子拖上了贼船，去天津行骗时，车子被扣在天津取不回来。后来回忆当初那些入行的伙伴，大多上了骗子的"贼船"，要么锒铛入狱，要么车子被扣，潘书柏替他们感到惋惜：要是他们没有贪心贪念，也就不会走上邪路！

对境不起心，本觉清净光明，不生妄念，即是正知、正行、正念俱足。小小出租车，人间大舞台。在这个舞台上，不一定要做拯救世界的英雄，但一定要谨守正知、正行、正念，若没有正知、正念、正行，随时都有被挤下车的可能。

潘书柏做到了，在计划经济向市场经济过度的局部混乱的年代，他的正知、正行、正念，成为他安全平稳地走过"钢丝绳"的法宝。

闯荡上海滩

> 一个人要想有所成就，无论在顺境中还是在逆境中，都要抓住一切机会储备知识，因为将来总有用上的一天！

开出租车，难免还会碰上赖账的。

潘书柏就碰上了这样一位赖账的主儿，那是个浙江人，在盐城市区的解放北路开着规模很大的皮草行。他用过潘书柏十几次车，他告诉潘书柏他叫周晓星。刚开始用车时，周晓星倒爽快，每次都足额付了车资。后来，他以钱不凑巧为由，开始欠车资，累计欠下三四千元的车资，潘书柏几次找他讨要均无结果。

这天晚上，潘书柏实在按捺不住，就找了朋友凌兆安一块去帮他讨债。之所以找凌兆安，是因为凌兆安与潘书柏相识多年，他身材魁梧，为人豪爽，而且很讲义气，能给自己壮胆。后来，潘书柏创业有成时，也没有忘记这位为他两肋插刀的朋友，将他聘任为神龙客运站的站长。

话说当天晚上，潘书柏与凌兆安找到了周晓星的皮草行。周晓星见潘书柏上门讨钱，耍起赖来："我们店里有漂亮的女营业员，你看中的就撮合给你，但要钱没有！"

潘书柏正色道："周老板，我只要我的车资，今天你不给，我就住在你店里不走了！"

周晓星见潘书柏不肯就范，便抓起一个对讲机，往店门外边走边说："给你脸不要脸，胆敢向我要钱，你等着！"

潘书柏怕他跑路再也找不到人，就紧紧地跟着他。周晓星出了店门，在对讲机里喊了几声，不一会儿工夫，皮草行对面的歌舞厅就下来了十多个小地痞。潘书柏借着路灯的光一看，心说不好，这些人他都认识，都是盐城街上的"好佬"。但自古欠债还钱，天经地义，正义在潘书柏这边，他并不怕，他对着那些人说："我只是找周老板讨要车资，与各位兄弟不相干！"

那些人平素都受过周晓星的恩惠，他们出面本来想吓一吓潘书柏，把他吓跑算了，哪料到潘书柏非但没被吓跑，还不依不饶地要钱。他们急了，就有几个人作势过来要对潘书柏大打出手。

潘书柏势单力孤，心想这回要被打惨了。没想到戏剧性的一幕出现了：那个招来小地痞的周晓星却拼命抱着作势过来要打潘书柏的小地痞不放手，还连声说："别动手，冷静点，别动手！"

周晓星阻拦后，又过来对潘书柏说："这些人你招惹得起吗？我看你人还算忠厚，这样吧，钱我是没有，你要不就在我店里挑些衣服抵债吧！"

话说到这份儿上，潘书柏明知再讨要下去，指不定会引起斗殴，他也就见好就收，同意了周晓星拿衣服抵债的方案。事后，潘书柏百思不得其解，那个周晓星在痞子们要动手时，怎么突然又成拉架的"好人"了呢？

直到半年后，这个谜底才被揭开。周晓星在聚众赌博时，被公安机关抓获。办案人员在侦查中，发现周晓星只是他的化名，这人曾因诈骗时任中央领导亲批给河南的35万元救济款被抓捕入狱，在服刑期间，他杀人越狱，几经辗转，潜逃到盐城，化名周晓星住了下来。

由于他是逃犯,而且身负命案,当时潘书柏前往讨债时,他并不是大发善心不让痞子们出手,而是担心痞子们一动手必然会惊动公安部门,届时他怕因小失大,暴露了他的行踪。他只不过是想借助痞子们吓一吓潘书柏,没想到那些人真要动手,他这才拼命相拦。

"周晓星"落网后,很快被判处死刑并立即执行。谜底揭开后,潘书柏冷汗涔涔,他竟敢与杀人犯"过招"。尽管事过多年,但他一想到此事心里就会打个哆嗦。

在盐城开出租汽车几年,遭遇了无数的险风恶浪,潘书柏这时想到换个环境,他把目光瞄向了盐城东南方的上海。这一年,他也换上了一辆崭新的桑塔纳,这是他人生中的第三部车,新车新气象,他希望能在上海打拼出一番新天地。

去一个完全陌生的大城市打拼,潘书柏费尽心思地说服了几个好朋友一起闯上海,也好相互有个照应。最后与潘书柏一起的有四个人,他们是陈大勇、魏俊荣、杨锡建和小朱,都是潘书柏在盐城开车时认识的好哥们儿。

潘书柏在上海开出租车时的留影

热情满满的五人组就此踏上了上海的征程,开始了难忘的异地创业历程。

一脚踏进大上

海,潘书柏感慨万千。上海,一直是他青少年时期梦境里的繁华都市,因为他的父亲潘金诗也曾在上海工作数年,如果不是因为那个特殊年代"上山下乡"的洪流,父亲潘金诗一定是个地道的上海人。可是造物弄人,父亲回到了盐城农村,而他一家人也有一次户口进城的机会却错过了,因为这件事,潘书柏对上海可谓既爱又恨——

时光回转到1986年。当时,潘书柏因为开着盐城第一辆"出租汽车",乘客中有不少是见多识广的政府官员和企业负责人,热情爽朗的潘书柏与他们建立了良好的关系。

一次,市政府一位部门领导租用了潘书柏的车。由于经常租车的关系,潘书柏与这位领导也算是老朋友。在路上,这位领导出于怜惜之心,感慨地说:"小潘,你们这些从农村进城的年轻人与城里的年轻人真不一样,特别能吃苦。不像一些城里的年轻人,仗着国家包安排工作,重活累活都不想做。"

这句话触碰了潘书柏的心弦,想想自己进城干个体,没有劳保还要风吹雨淋;如果自己是一个城里人,一定会少走许多弯路,说不定也在工厂或者机关里谋一个轻松的职位呢!想到这儿,他接过话茬道:"我父亲当年就有上海户口,是因为'上山下乡'回到农村的。"

那位领导一听说"上山下乡",立马对潘书柏说:"小潘,国家早就有了政策,你这种情况如果属实,一定可以办理'农转非'回城的。"

农转非?潘书柏眼前一亮,他心情特别激动。也只有上了一定年纪的人才能够理解潘书柏那时听到"农转非"字眼的激动,那时的城乡之间,因为户籍的城乡差异,成了一道几乎难以跨越的鸿沟。

有了城市定量户口，安排工作、享受劳保，是国家明文规定的事。而农村的孩子，唯有考上中专、大学这一条道才能实现跳出"农"门的梦想，否则，要么只能做专心"修地球"的农民，要么是做当时还被城里人看不起的个体户。比如潘书柏，他当时挣的钱虽然比一般城里人不知道要高出多少，但是城里人普遍瞧不起农村人，尤其是农村来的个体户。为此，潘书柏不知受过多少城里人的轻视与怠慢。就因为不是城市定量户口，他始终有一种"身在异乡"的感觉，没有一点归属感和安全感。

因此，当他一听到他父亲潘金诗符合"回城"的各项条件时，立马四处找关系托人，好不容易挤上了当年"农转非"的末班车。拿着跑下来的各种手续，他心里乐开了花。只要再到上海有关单位确认一下，他们一家人的命运也许从此就可以被改写！

然而，命运出人意料地捉弄了他一回。他拿着盐城已经办妥的全套手续到上海找他父亲过去的单位和辖区派出所办理最后的手续。由于潘书柏对大上海的一切都不熟悉，他自然而然地想到了工作、生活在上海的表姐和表姐夫。在潘书柏心中，找表姐夫李荣森帮忙，一定会顺其自然地办理好最后的进城手续。

当潘书柏将盐城办好的全部手续拿到上海找表姐夫李荣森帮忙时，李一口答应。可是，让潘书柏万万想不到的是，就在他拿着表姐夫帮助办好的手续回盐城落实时，意外出现了——盐城市纪委收到了一封举报信，举报信中列举了潘金诗不符合"进城"条件的所谓理由。在当年那种政治气候下，只要有举报信，再好办的事也没人敢去办。最终，潘书柏一家人的"农转非"成了黄粱一梦！潘书柏沮丧不已，他也百思不得其解：究竟是谁写的举报信呢？事隔不久，他得知了真相：写那封"举报信"的，不是别人，竟是他一直敬重有加的表姐夫李荣森！

"农转非"的事情没办成，而且是自家亲戚捣乱，无情的现实让潘书柏难过万分。尽管他有一千种理由去向表姐夫李荣森兴师问罪，但在盛怒和受到严重伤害的情况下，潘书柏不想再见到让他感觉表里不一的李荣森。负气之下，他与李荣森一家人切断了往来关系，自小与潘书柏感情甚好的表姐沙招弟也不明就里地跟着被冷漠、被隔绝。

起初，潘书柏将表姐夫写了"举报信"，搅黄一家人"农转非"的事情告诉了父亲。潘金诗坚决不相信，而且指责潘书柏："你自己没本事把这件事办成，就别往别人身上栽赃。"在潘金诗的心中，李荣森可是他的外甥女婿啊，说什么他也不会相信李荣森会做出这种事来！

直到潘书柏把通过关系拿到的"举报信"往父亲面前一放，潘金诗颤抖着手看完了这封信，这才相信就是李荣森干的，全家人不仅痛苦万分而且气愤交加。考虑到与大姑妈一家的亲情关系，潘金诗与潘书柏达成了一致意见，选择了打落门牙往吐里咽，没有跟大姑妈言明。

而这个心结，在潘书柏心中一郁结就是30多年。

此事发生后的几年，李荣森曾被上海的所在单位派到盐城帮办食品厂。潘书柏得知消息后，因咽不下早年的那口气，按照他的火暴脾气，过去就想到上海痛揍李荣森一顿以解心头之恨，但一因碍于表姐沙招弟的面子，二因到上海路途较远而放弃。现在，李荣森只身来到盐城，正是他去兴师问罪的绝好机会。于是，潘书柏几次摸到食品厂，躲在食品厂的大门外寻找机会。他拳头攥得紧紧的，准备等李荣森一露面，就上前痛揍。但几次他都忍住了。"冤冤相报何时了啊！"潘书柏咬着牙、含着泪，最终还是转身离开……

这件事的阴影久久地郁结在潘书柏心中。因此，这次来到大上海开出租车，当同行的人来扳着指头算上海的亲戚和朋友时，潘书柏一言不发。有人问他，他则咬牙切齿地说："我在上海没有任何亲戚！"别人看他神情不对，感觉他有难言之隐，便没有深究细问。

俗话讲：在家千日好，出门一时难。上海虽是个大城市，可并不代表上海能包容所有。其时，上海的出租车已实行了规范化经营：所有上路的出租车都必须取得营运证，而且，出租车全部纳入了公司化管理，上海的锦江、强生、大众、巴士等出租公司已崭露头角。

潘书柏一行五人，初到上海，就被上海的高楼大厦、错综复杂的路况搞得头晕目眩。行驶在路上的出租车，都安装着各自所属公司标志的顶牌，成为马路上的流动风景线。

为体验上海出租车的服务以及了解他们的收费情况，潘书柏特地花钱打了几次上海的出租车，他的感受是这些出租车管理规范、纪律严明、收费规矩。他深有感触地对另几个一同来闯荡上海滩的人说："我们盐城的出租车市场与上海相比，差距太大。我有个预感，将来盐城的出租车也会像上海一样，走上规范管理的路子。"

然而，对于那四个人来说，来到上海就是为了"淘金"，只要有钱赚，哪管那么多。陈大勇拍拍潘书柏的肩膀说："潘老板，咱们开出租就是赚俩钱，你说的事，离我们远得很哩！"

除了陈大勇，魏俊荣、杨锡建和小朱都秉持着同样的态度。潘书柏见他们对他的话不入耳，也就不再多说。不过，好学的潘书柏却在心里暗暗提醒自己，一个人要想有所成就，无论在顺境还是在劣境中，都要抓住一切机会储备知识，因为将来总有用上的一天！

　　为了节省开支，潘书柏等几人在上海西郊哈密路合租了三间平房，里面的生活设施十分简陋，没有热水，洗漱都在过道里一排陈旧的公共水池上。异乡打拼的生活，潘书柏一开始就有些不习惯。夜深人静时，他常常梦回故乡。他清楚地知道，自己只是大上海的一个匆匆"过客"而已。

理想很丰满,现实很骨感

> 商品经济社会中,缺少的不是商机。市场也不会"天衣无缝",只要用心,总可以找到别人难以发现的商机。

上海的黑夜、白天似乎都充满了商机,这是个可以孕育英雄的地方,也是个可以成就事业的宝地。潘书柏多么希望能借着跑出租这一行大显一番身手,多么想拥有自己的一番事业啊!

然而,现实的问题很快来了——潘书柏等人来到上海后,他们开来的出租车仍然挂着盐城的车牌号,领取不到上海出租车的营运证,就是想挂靠进上海的大出租车公司也是天方夜谭。这就注定了他们几人的车辆不能光明正大地做出租生意,只能偷偷摸摸地做些"地下生意"。在执法部门和市民眼里,他们就是典型的"黑车"!

"黑车"的生意难做,因为难以取信于市民,况且是在人生地不熟的上海。同时,他们还得处处防范着执法部门的检查,一旦被查到,不仅车子被扣,人还要被治安处罚。

面对现状,潘书柏有点后悔,满以为上海遍地黄金,怎料理想很丰满,现实却很骨感!

开着外地牌照的"黑车",潘书柏等人自然不敢在执法人员密布的地方出现,只能钻空子走里弄小巷。上海的路道十分复杂,再加上当时车上还没有 GPS,一切街巷里弄他们还不认识,潘书柏就在车上塞了一支笔和小本子,把看到的认为好的待客点都记在本子上,写上街道名称和周边显眼的建筑名,有时还配上简单易懂的图画。左一笔右一划,没多长时间,小小的笔记本就记得密密麻麻,一条条路道街巷画得有模有样,他很快就熟悉了上海的大街小巷。

几个人中,潘书柏的出租生意做得最好。另几人生意不好的原因一是听不懂上海话,也不会说上海话;二是对上海的道路不熟。怎么记路?他们向潘书柏取经,潘书柏先是神秘地一笑,然后清清嗓子道:"上海的路太多,不好记,要记路得抓重点,比如先记住南京路、北京路、延安路、淮海路、金陵路等几条东西向的主干道,再记住西藏路、黄陂路、成都路、茂名路、陕西路、常德路、中山路等几条南北主干道,这样就大致能弄清道路的基本状况。"

抓问题抓关键,潘书柏传授的"记路心经"让他们啧啧称赞。潘书柏同时提醒他们:"如果你们还对路不熟,自己就跟乘客客气一些,请他们自己指路。"

潘书柏用实践证明:商品经济社会中,缺少的不是商机,而是发现,是适时的发现。如果把市场看成圆圈,圆圈之间必然存有一些"缝隙"。这些"缝隙"便是人们所希望的商机,管理大师总是告诫那些找不着"北"的淘金者:市场不会"天衣无缝",只要用心,总可以找到别人难以发现的商机。

潘书柏一说完,那四个哥们儿满脸佩服的神情,跟着就是一片喝彩声!

尽管与几个哥们儿相比,潘书柏的生意做得不错,但相对于上海开出租车的佼佼者而言,他只不过做了人家的一半还不到。勤思的潘书柏就进行了反思,寻找问题的缘由。

所谓家有家法、行有行规,出租车也有一套特有的经营规范和服务理念。潘书柏发现,自己缺少的正是规范的工作模式以及理念。从那时开始,潘书柏就刻意地向上海强生出租公司学习,他主动示好,与强生公司的几名"的哥"成为朋友,从他们身上感受和领悟出租车规范化管理的具体方式。俗话说:在家靠父母,出门靠朋友。这些朋友给潘书柏提供了不少帮助,就是潘书柏后来离开上海,他们也帮了潘书柏不少忙。比如通过他们,已回盐城创业的潘书柏才有机会将强生公司每年下线的出租车买回盐城,通过大修后再卖出,每台车都能挣个万儿八千的差价。最多的一次翻修了 6 台车,这为潘书柏后来的创业积累了资金。比如在上海时,潘书柏还通过这几个朋友的引见,得以有机会进入强生公司,通过耳闻目睹,了解强生公司的管理模式、运作流程。这些早年的"知识储备",对潘书柏后来的创业历程影响甚大。

在上海开出租车,潘书柏几乎是日夜颠倒、不分早晚,一天的工作时间超过 16 个小时,高强度的疲劳作战,使潘书柏本来已经好转的腰椎间盘突出旧病复发,发作时,腰部僵硬、腿疼得迈不开步,稍一动弹,就是钻心的疼痛。起初,潘书柏还极力忍耐着,以为撑过几天就好了。没想到几天后,疼痛非但没有减弱,还日益加重,他坐着也疼,躺着也疼,不知如何是好了。

不过,潘书柏的忍劲很大,为了省钱,他愣是没有去医院,仍然继续早起晚归地开出租车。可是,那些天客源也似乎在与潘书柏作对,他好不容易见到几个扬手打车的客人,人家一看不是上海的牌照,就摇头不坐。有一个客人上车时没细看牌照,上车后才发现是"黑车",立马下车,还冲潘书柏直嚷:"你们这些黑车坑客,我要举报你们。"虽然对方只是发个狠,并没有真的去举报,可还是让潘书柏吓得不轻,赶紧开车驶离那个待客点。

一天晚上,潘书柏与同来的几个人约好去餐馆撮一顿。在等菜时,潘书柏与几个朋友交流:"出租车规范经营是大势所趋,我们没有营运证,整天开着'黑车',心里总不踏实。"

"可不是吗,白天抓得紧,咱们也只能晚上拉几个长途。"陈大勇接话道。

几句话掀开了众人的心思。在运营途中,他们只要看到执法人员守在路边,都要想办法绕行;如果实在绕不开,就在百余米之外将车并到道路内侧,加速冲过去。时间一长,他们变得越来越谨慎,即便没有执法人员,但只要是在机场、火车站、路口交汇处、环路等执法人员出现较多地方,通常也会尽量避开。

自从来到上海跑出租车,潘书柏就一直希望迎来自己司机职业生涯的"黄金时代"。但随着时间的推移,他发现现实与自己当初的期待,还有不小的距离。

"如果生意不好,有可能考虑转行。"但转行说起来容易,做

上海外滩五人合影
(从左到右依次是:潘书柏、魏俊荣、陈大勇、杨锡建、小朱)

起来极难。一想到前途，潘书柏就愁从心起，他拿起一瓶啤酒一饮而尽。酒入愁肠，有了几分醉意，他索性歪在椅子上。饭店离黄浦江不远，这时潘书柏才发现来了上海那么久，还未好好地欣赏过上海的夜景——

黄浦江的潮汐已经涨上了，江面上的各色船只被江潮推涌得高高的，舱面比码头高出了许多。风吹来外滩的音乐，却只有那炒豆子似的酒吧的音乐声最分明，也最叫人兴奋。

暮霭挟着薄雾笼罩着外白渡桥上高耸的钢架，汽车驶过时，这钢架下就是一阵耀眼的车灯闪过，又伴着一阵嘀嘀嗒嗒的汽车轰鸣……

那天潘书柏陪他们喝了很久，一个原因是借酒解乏，还有一个原因是他最近腰疼又加剧了，简直到了无法忍受的地步，潘书柏想借着酒精的麻醉，来缓解一下疼痛。

酒精当然不是良药，第二天起床时，潘书柏腰疼得更加厉害，他告诉同宿舍的小朱今天上不了班了，想休息一下。小朱诧异地问："书柏，疼得很厉害吗？要不要去医院？"潘书柏强忍疼痛，故作无事般回了一句："不用，这是老毛病了，休息一下就好了。"

小朱带着几分不安走出去。潘书柏见小朱出了门，刚刚强颜欢笑的神情立马阴沉下来。腰疼的感觉已经到了钻心的地步，潘书柏这几日都是面朝下趴在床上睡的，而且半夜常常疼醒，睡眠质量很差，整个人憔悴了一圈。

潘书柏勉强抱着病体站起来，这次疼痛不比平常，潘书柏决定要去医院看看。没承想，似乎冥冥之中有贵人相助。潘书柏碰巧那天去看病，没开出租车。那几天，上海市组织了一场声势浩大的执法大检查，陈大勇等四人的出租车全部被扣，独独潘书柏成了"漏网之鱼"。

"黑车"再也不能开了！上海的"严打"再加腰病的发作，使得潘书柏最终下了决心：离开上海回盐城！

挥泪告别，毅然返乡。上海是一个让潘书柏终生难忘的城市，不仅烙下了他奋斗的脚印，更有曲折的经历。每每回忆起自己曾经走过的路，总有一种难忘的记忆镌刻心间……

第六章　风霜雨雪搏激流

美国一家大企业招聘高级管理人才，出的面试题是："一条毛毛虫如何过河去？"

得到的答案可谓五花八门。有人说从桥上爬过去，也有人说搭坐在河面上的树叶漂流过去，还有人说借助于岸边的树枝飘荡过去……最后，面试官公布的最佳答案则是：毛毛虫要想过河，只有一种最有保障的办法，那就是变成蝴蝶，它只有变成蝴蝶，才能轻松自如地飞到河对岸去。

其实，我们每个人也是一样，在生命的历程中，都会遇到这样或那样的挫折与磨难，有的人面对困难悲观失望，无法转换自己的角色；而有的人则勇敢地挑战自我，不断脱胎换骨，最后轻松自如地飞过了横亘在自己面前的那条河流。

潘书柏正是在艰难的创业中，坚守着信念和梦想，最终破茧化蝶，飞向远方。

"流动"办公室

> 成功者和一般人的差别在于，一般人只看到面前的一片天空，而不知道远方还有更高更远的天地值得我们去开拓。

有成功者说："没有做不到的事，只有不会变通的人。"

正所谓没有变化就没有生机，没有变化就没有发展，没有变化就没有未来。

现实生活中，很多人没能成功，有时候并不是因为他们自身不具备成功的能力，而是他们怕与众不同，害怕成为被枪打中的"出头鸟"，所以他们宁愿选择安于现状，安于平稳，也不愿为了成功而冒险。

而反过来，那些获得成功的人则大多是敢为天下先的人。所以，潘书柏敢于走出固有思想的束缚，给自己一次冒险的机会，这样才能有机会看到许多别样的人生风景。

1995年6月29日，潘书柏永远记得这个特殊的日子。这一天，是他创业征途上，一道重要的"分水岭"。

人生中，生日是最具有特殊色彩的日子，无论是谁，没有比生日更值得铭记的日子。但潘书柏还有一个与生日均等的日子，他将这个日子视为他的创业"生日"。

那一天，潘书柏拿到了营业执照——盐城市书柏客运处。就是这个注册资金只有25万元的个体工商户执照，成为潘书柏创业腾飞的起航线。书柏客运处创办初期，没有办公室，工商营业执照就揣在潘书柏随身所带的手包里。倒不是他舍不得花租办公室的钱，而是做了客运处老板后，他依然是"校长兼校工，上课带打钟"。那时的他哪坐得住办公室，车子跑起来才有钱赚，这是硬道理。潘书柏把他开的出租车笑称为"流动办公室"，办公、赚钱两不误。

虽然书柏客运处还是个体户性质，但潘书柏借此脱离了单打独斗的时代，迈入了携领员工共同创业的新时代。而今回过头去审视当初这个微不足道、毫不起眼，连办公室都没有的书柏客运处，那其实是潘书柏创业长线的线头。谁也不会想到，书柏客运处后来会发展壮大成为一家令人刮目相看的集团公司，并成为盐城运输行业中的"航空母舰"。

任何时候，办企业赚钱都是令人兴奋的话题。人人都想赚钱，做小老板不过瘾，还要做大老板，梦想着在这个生意场上获得和李嘉诚、郭鹤年、韦尔奇一样的成功。这中间，多数人的经商梦最终成了一枕黄粱；但同时，也有这么一些人，他们敢想敢干、放手一搏，最终取得了成功。

事实证明，潘书柏是一个敢于筑梦、积极追梦，终能顺利圆梦的人！

当然，风萧萧兮易水寒，创业艰难百战多。任何通向成功的路径，都是鲜花伴着荆棘，希望与艰辛并存。

潘书柏也不例外。

但是潘书柏不怕艰辛，从筚路蓝缕式的创业，到企业的迅速裂变式发展，如果问他战胜艰难险阻的成功秘诀，他只有简单的一句话："大风大浪都闯过来了，再遭受点风风雨雨，根本不算啥！"

不同的格局，决定了不同的结局。从书柏客运处领到工商营业执照的那一天开始，他找到了新的人生方向。他，开始为自己的梦想掌舵！

潘书柏坚信，馅饼不会从天上掉下来，行动就有希望！

他曾有个比方，他说真正的创业者，总会有"饥饿感"，总感觉自己"吃不饱"，在创业的路上永不满足。当初，如果潘书柏止步于现状，小富即安，也许直到今天，他还仅是一个在盐城跑出租车，满大街拉客的"的哥"，可是他的"不满足"，成就了神龙事业，更成就了他的创业人生。

不满足于现状，不满足于琐碎，才会对这个世界有所期冀，才会对自己的生活有所追求，才会对身边的一切有所要求，才能牵动创业的每一根神经，才能使创业者热血沸腾，满腔激情地大干一场。这就是潘书柏创业的哲学。

潘书柏创业路上取得的每一次成功，都是源于"不满足"。他向前迈步，路就会在脚底下延伸。他扬起风帆，便有八面来风助他踏浪而歌；他向上攀登，便没有不可到达的高峰！

一个人既然选择了创业这条路，那就要一直沿着这条路走下去，所谓的失败与成功不要看得太重，应当看重的是在创业过程中获得的乐与痛。

毫无疑问，潘书柏做到了这一点。

山雨欲来

> 任何行业，不规范管理只会在歧路上越陷越深。短期看，规范管理有不适应的症状；但从长期看，规范管理将是出租汽车行业唯一的正途。

20世纪90年代，是出租车行业蓬勃发展的青春期。

随着物质生活水平的提升，市民出行的方式不再满足于骑自行车和挤公交车，越来越多的市民开始"扬手打的"，潇洒走一回。潘书柏开上盐城第一辆出租车，他引领了盐城市民乘坐出租车的风气之先。此后，一些人也学潘书柏买车开出租，渐渐地，盐城市区的出租车多了起来。

在盐城市区出租车未规范管理前，盐城客运站就已云集了59辆出租车。这些车辆，有些是一车一主，有些车则是多个人合伙购买的。这59辆车成为盐城出租汽车市场上的"开山鼻祖"。

不过，市民迅速增长的出行需求在刺激出租车迅猛增长的同时，也给这个行业带来了许多问题：车站截客、绕路宰客、漫天要价等不良现象不一而足。最让人觉得不爽的是，停在客运站待客的部分出租汽车为抢客，当有旅客走出车站，等候多时的出租车司机几乎一拥而上，抢着拉旅客上车。有的旅客不愿意，但行李已被出租车司机抢了过去，旅客为了保住行李，只得跟着出租车司机上车。这种"霸王硬上弓"的行为，极令旅客反感。曾有很长一段时期，市民甚至"谈出租车而色变"。

有鉴于此，为了规范出租车行业管理，更方便市民们的出行，1996年6月，盐城市人民政府根据城市发展的需要，批复同意市城乡建设局成立出租汽车管理办公室（下文中简称"出租办"）。对于这个新生机构，众多出租车主还没当回事，但潘书柏敏锐地察觉到，这将是盐城出租车从无序走向有序的重要转折点。

其时，潘书柏出租车的生意已经做得风生水起。自书柏客运处成立后，他扩大了规模：拥有了三辆桑塔纳出租车；并且抓住盐城在改革开放后城市建设首轮启动的先机，购置了三辆自卸车，为新建筑工地装卸土方。

书柏客运处招收了六名驾驶员。潘书柏在上海强生公司学到的经营方式和模式派上了用场，他对驾驶员奖罚分明，实行严格规范管理，充分调动了驾驶员的工作积极性。那段时期，潘书柏的生意红红火火，无论是出租车还是自卸车业务量都是满满当当的，书柏客运处的发展前景可谓一片大好。

进入21世纪后，盐城一些上了年纪的市民还记得潘书柏当年开出租车时的情景。一些市民回忆道："盐城那时候出租车很少，开车的师傅就那么几个，容易让人记住。想当年，潘老板开出租汽车、用上大哥大，特别让人羡慕。"这些市民的话并无夸张之意，虽然现今的"的哥""的姐"成了普通的职业，但在汽车还是奢侈品的时代，出入汽车、赚钱容易的出租车司机，那可是极度风光的职业呢！

这年年底，潘书柏接到了市出租办的邀请，请他与在客运站待客的出租汽车车主们一道出席行业管理茶话会。茶话会上，出租办首任负责人邹苏洋主任开门见山地说："出租办的成立，拉开了盐城出租汽车市场规范管理的序幕。你们是盐城入行最早的一批出租车从业者，我把你们请过来，就是来向你们寻计问策的，怎么才能把出租车行业规范起来。"

然而，邹主任的开场白讲完后，会场上却反响寥寥。众人不是喝茶就是嗑瓜子。他们虽然是盐城出租汽车行业的"开山鼻祖"，但平时都是"各上各桌，各吃各饭"，忙着做生意，对于整个行业的规范管理，根本没考虑过。

邹苏洋轻轻嘬了一口茶，而后用眼神在会场上四处睃视，希望有人接上话题。当他的目光落到一个30多岁的小伙子身上时，他的目光被锁定了：那小伙子是参会者中唯一带着纸和笔的人。他时而蹙眉沉思，时而在纸上笔走龙蛇写着画着。凭着直觉，邹苏洋认定这小伙子一定会有真知灼见。

果然，几分钟后，那小伙子停了笔，他不负邹苏洋的期待，清了清嗓子，朗声道："我叫潘书柏，今天邹主任把我们请过来开茶话会纳智建言，我就班门弄斧，提出我的一些建议。"

话音一出，所有的目光都像探照灯一样，聚焦到了潘书柏身上，尤其是邹苏洋，更是竖起耳朵认真细听，生怕遗漏了一句。

潘书柏的建言归结为三点：一是集中化管理。建议盐城能像上海那样，组建专业的出租车管理公司，将所有的出租汽车收归公司实行集中化管理。二是规模化推进。他剖析盐城的出租汽车总量太少，不能满足市民的出行需求，可以根据盐城的实际市场需求，再上数百辆出租车，让市民随时随地招手就能打到车。三是规范化运营。由政府划定专门的出租汽车停靠点；并制定统一的价格，避免价格混战；同时出租汽车要装上顶灯，实施亮化工程，让市民能一眼辨认，方便市民打车。

"潘老板思路清晰，建言有见地，非常好！"听完了潘书柏的发言后，邹苏洋带头叫起好来。那时的潘书柏并不知道，作为来自一线的出租车主，他的建言正与政府规范管理的"顶层设计"不谋而合。

但是，走出会场时，一些出租车主却对潘书柏发起了牢骚："就你能说，真的规范管理起来，不等于自己往自己头上戴了个紧箍咒啊？"潘书柏当即反驳道："任何行业，不规范管理只会在歧路上越陷越深。短期看，规范管理有不适应的症状；但从长期看，规范管理将是出租汽车行业唯一的正途。"

看着他们摇头走开的背影，潘书柏突然有种山雨欲来风满楼的感觉，他觉得，这些人有可能成为规范管理的"绊脚石"，此后的事实也证明了他的预感！

风云突起

> 大到一个国家，小到一家企业，任何一项政策的出台，都离不开众人的响应。而要得到众人的响应，就要善于倾听众人的呼声。

1996年11月8日，盐城新世纪文化城。

这是可以载入盐城史册的一天。这一天，盐城举行了有史以来首次出租汽车营运证拍卖会。

经过江苏省人民政府、江苏省建设厅批准，盐城市区获得了400辆出租汽车的营运证，起拍底价为2万元／证。这场拍卖会吸引了盐城近30家公司参与竞拍。

由于参拍单位资格限制，潘书柏的书柏客运处达不到公司的规模，没有直接竞拍资格。他就挂靠在市台办下属的一家旅游公司报名竞拍。

一个竞拍号牌代表5张营运证，潘书柏一下子取了3个号牌。有同行不解地问他："潘老板，你只有三辆出租车，用得着拿那么多号牌吗？"

潘书柏笑言："凡事就得往长远看，拿到营运证，我就可以扩大规模了。"

然而，潘书柏美好的憧憬却在激烈的竞拍中化成了泡影——竞拍开始后没过半个小时，营运证的价格就竞到了5万元。价格直往上蹿，那些参与竞拍的国有公司仗着财大气粗，依然毫不相让地较劲。从5万开始，竞拍增价涨到了举一次牌增5000元。不久，竞拍价格就蹿到了8万元。

这时，潘书柏的手心出汗了。就是停在8万元，他举一次号牌，那也意味着40万元的投入啊！他从疯狂的竞价中回归了理性，不再举牌参与竞拍。

坐镇竞拍会的一位市领导也觉得这样竞价偏离了原先设计的轨道，按照市政府的会办意见，预测一张营运证竞拍到5万元也就到顶了。

为了控制局面，那位市领导紧急暂停了竞拍，他严肃地对竞拍者讲："你们不要哄抬价格，这不是儿戏，竞拍成功是要付真金白银的。"随后，他将竞拍价从5000元一次举牌调降到1000元一次。

经过市领导的现场紧急干预，竞拍开始降温，但最终还是竞到了10.9万元方才落槌。溢价率达545%！

面对天价，潘书柏只能望标兴叹，他想迅速组建公司的梦想也暂时搁浅。

事实上，出租汽车营运证被炒到天价，不犯潘书柏无法圆梦，作为"开山鼻祖"的59辆出租汽车没有一辆获得营运证。

没证，生意还得做！

这59辆没有取得营运证的出租汽车，如果不予以"收编"，其散兵游勇式的抢客状况依然无法改变。并且，还会影响到新增的合法出租汽车，给他们带来极为不利的心理干扰和不平衡感。

为了稳定和收编这59辆出租汽车，市政府经过会办，决定由市三联公司收编这些社会车辆。

三联公司是由当时的盐城市计经委、机电公司、工商银行盐城分行三家单位合资成立的公司,公司的负责人由市计经委干部陈洪担任。在首次营运证竞拍中,该公司获得了30张营运证,并专门成立了下属一公司进行管理。针对收编社会车辆,公司又专设了二公司,打算收编这59辆社会车辆后由二公司统筹管理。

按理说,此举是借助于三联公司的实力,化解出租汽车个体运营者没有营运证的尴尬,且便于出租汽车的统一管理,规范运营。从长远看,这是一个公司收益、出租汽车收益、社会收益的"三赢"举措,可这也意味着,每个开出租汽车的司机,不仅要承担10.9万元的营运证费用,每个月还要增加一笔管理费。

对于这"凭空"多出来的支出成本,这些车主甩出两个字——"不干!"

三联公司先后多次召集这些个体车辆来公司开会,提出出租汽车一次性缴纳10.9万元的营运证费,另外每个月交500元的管理费。这些条件没一位个体车主能接受。每次开会双方均是剑拔弩张,会议中途不是车主们集体退场抗议,就是双方一言不合动手打起架来,没一次会能顺利地开到结束。

陈洪把这些难缠的车主视为"游击队",一时成为令公司头疼的烫手山芋,将近半年时间过去了,仍难以收编。头疼的陈洪找到市出租办主任邹苏洋商量对策,邹主任出计道:"要完成收编任务,就得在他们中间找一个有威信的人来帮助收编。"

"可找谁呢?"陈洪一筹莫展。

"就找潘书柏,他有三辆出租车和三辆自卸车,车子最多;而且他为人正派,有头脑有眼光,在这些车主中极有威信。"邹苏洋给陈洪推荐潘书柏。其时,潘书柏与邹书洋接触并不多,但那次由市出租办组织的出租车行业会议，潘书柏的发言引起了邹苏洋的关注，他觉得潘书柏与其他出租车司机不同，讲规矩、有想法、有干劲，因此，才主动向陈洪荐才。

陈洪一拍脑壳道："你提到潘书柏，我倒想起来了。在这些闹事的车主中，还真一次没见过他，几次开会他也没来参加。没有比他更合适的人了。"

两人主意商定后，决定由邹苏洋与潘书柏联系。但他与潘书柏通了几次电话，潘书柏正忙于生意，没有被"召之即来"。同时，潘书柏对邹主任找他的事已心知肚明，起初他并不想搅入这浑水，故而采取了"拖"字诀。

直到一周后，潘书柏推却不了邹苏洋一请再请的情面，只得同意去出租办"谈谈"。

那天，潘书柏刚一踏过出租办，一个陌生的中年人就从沙发中站起身来，和善地迎过来与他握手，自我介绍道："我叫陈洪，是市政府计经委的干部，现任三联公司经理。"

"你……找我有事？"潘书柏抱着不想蹚浑水的心态，明知故问。

陈洪倒是求贤心切，他掏出工作证对潘书柏说："我的工作证编号是市政府机关82号，我与邹主任商量后，想请你担任三联公司二公司的经理，你也成为机关工作人员，不用再去开车了。"

陈洪开出的条件一下子击中了潘书柏的心坎，这些年在外面风里雨里地开出租车，虽然能赚到不少钱，可冷暖自知。能捧上一个稳稳当当的铁饭碗，这也正是他心里所想。他没借机跟陈洪就待遇上的事讨价还价，而是自我"亮丑"道："陈经理，谢谢你这么看重我，我虽然开出租汽车多年，但在管理上还是没经验，我怕干不好这份工作。"

陈洪立即回应："我们公司是做期货、金融证券为主要业务的，现在我们介入出租车业务，就需要你这样的经验丰富的专业人才。"

话已说到了这个份上，潘书柏不好推辞，只得应允下来。

潘书柏走马担任三联公司二公司经理后，一下子增强了陈洪心中的底气。他再度召集那些车主开会。当车主们走进会场时，朝主席台一扫视，不由得心中暗自一惊：潘书柏怎么跟陈洪一块坐在主席台上了？

会议开始前，陈洪解开了大伙心中的疑惑："潘书柏同志现在是我们三联公司二分公司的经理。"话音刚落，会场下引发了一阵哗然和骚动。由于潘书柏在这些人中有威信，他们平时遇到难事，也请潘书柏出面拿主意，如今见潘书柏被"招安"，他们的心神也荡漾起来了，与三联公司的对立情绪明显降了温。

陈洪见潘书柏果然起到了稳定军心的作用，他抓住时机，重申营运证费和管理费一分都不能少，丝毫没有让步的迹象。

他的话点燃了导火索，车主们一听陈洪还是"老调重弹"，顿时炸开了锅，对抗的情绪被激发起来，有人开始往主席台上扔茶杯盖，会场秩序眼看就要大乱。

潘书柏"呼"地一下子站起身子，他冲众人道："这是会场，请大家遵守会场秩序，不要乱扔东西打人，有话好好说。"

潘书柏的声音不高，但透出了威严。众人看在潘书柏的面子上，会场得以暂时安定下来。

潘书柏在稳定了众人的情绪后，转而对陈洪说："陈经理，我也是一个开出租车的，我理解大家的心情，今天这个会议，我建议不要单向灌输，咱们把车主们的要求一一记下来，然后向上级请示，由政府来定夺。"

潘书柏采取的是变堵为疏的一招。此前，喜欢读点闲书的潘书柏曾看到过这样一则故事：春秋时期，郑国人闲时到乡校聚会，议论执政者施政措施的好坏。郑国大夫然明就对子产说："把乡校毁了，怎么样？"子产说："为什么毁掉？人们早晚干完活儿回来到这里聚一下，议论一下施政措施的好坏，他们喜欢的，我们就推行；他们讨厌的，我们就改正。这是我们的老师，为什么要毁掉它呢？我听说尽力做好事以减少怨恨，没听说过依权仗势来防止怨恨。反过来做就像堵塞河流一样，河水如果大决口，伤害的人必然很多；不如开个小口导流。"

潘书柏认为：大到一个国家，小到一家企业，任何一项政策的出台，都离不开众人的响应。而要得到众人的响应，就要善于倾听众人的呼声。潘书柏"化堵为疏"的道理说服了陈洪，陈洪也亲眼见证了潘书柏在这些车主中的威信。对于潘书柏的提议，他没有再表示反对。于是，一场原本定为"强制收编"主题的会议变成了"开门纳谏"会。陈洪抛开三联公司对车主们的要求不谈，转而记下车主们的诉求。

车主们的诉求虽然五花八门，归结起来大致为两点：一是营运证费用过高，他们负担不起；二是他们自由散漫惯了，给公司交管理费，他们想不通。

然而车主们的诉求提交给市政府有关领导研究时，却被一口否决。因为市政府领导要考虑到新增出租汽车的利益，不能随便地给这些老车主开方便之门，否则就难以推进管理。

市政府不能给予车主们正面的答复。这消息如巨石投水，瞬间在车主中间卷起了无边浪花，一场更大的冲突已箭在弦上，蓄势待发。

平风息浪

> 攻心战是不战而屈人之兵的上上策。要想达到某一目的，可以有很多种方法，最聪明的就是不费一兵一卒，从而取得胜利。

1996年7月的一天，正在北京开会的时任盐城市政府主要领导突然接到一个紧急电话："盐城有50多辆出租车开到省政府，将省政府大门给堵上了！"

这个消息让该主要领导坐立不安，他第一时间向大会会务组请了假，连夜飞赴南京处理这起突发事件。

原来，那些欲被三联公司收编的出租车因不满严苛的要求，组织人到市政府上访，但他们的诉求没有得到积极回应。他们一气之下，就私下串联起来，并约请了两名律师，几十个车主均将车直接开到南京，在江苏省人民政府大门外排开了"一字长蛇阵"，严重阻碍了省政府车辆的进出。

时任盐城市政府主要领导在省政府大门外与车主们对话，部分车主提出不交营运证费和管理费，与出租车市场改革的大势不符合。双方根本谈不拢。省政府大门之围一时难以解开，情急之下，执法部门采取强制措施，控制了两个带头闹事的车主，并处罚了两名随队的律师——其中一名律师被吊销律师证，另一名律师被司法局通报批评。至此，围堵省政府大门事件才得以平息。

这些车主在前往南京前，也曾争取潘书柏一块过去。潘书柏正确分析了形势道："营运证制度是国家制定的，不可能随便取消，再说，我们不拿营运证、不交管理费，对盐城新增的几百辆出租车也不公平。"可是，众人被愤怒的情绪左右着，没人能听得进潘书柏的话。

轰动全省的围堵事件发生后，潘书柏紧急与陈洪磋商，他请陈洪建议市政府对这些车主进行区别对待，不能一味坚守原来的要求，必须灵活机动地拿出一个双方都能接受的方案，才能阻止事态的蔓延。

经过潘书柏积极争取，三联公司在得到市政府有关领导及市出租办的同意后，对这些车主做出了让步：对于因营运证有 5 年的使用期，营运证费用可由车主们每年交 2 万元分期付款，对于部分经济困难暂时拿不出钱来的车主，三联公司组织资金帮助暂为垫支；对于管理费，则由原先定下来的 500 元／月降到了 200 元／月。

三联公司的让步，被大多数车主所接受。但还有少数车主仍然心有不甘，还想组织上访行动。潘书柏与他们在一个行业中摸爬滚打了多年，深知这几个人的脾性。那段时间，他主动找同行谈心交流，千方百计稳住他们的情绪，以免又要串联起来闹事。

与带着负面情绪的车主沟通交流可不是一件容易的事。遇上还算客气的，他刚道明来意，车主就借口有生意要做，刻意回避他。遇上不客气的车主，刚一照面，话聊不上几句，冷嘲热讽立即扑面而至："潘老板，你当国家干部了，我们是小老百姓，我们可不听你忽悠！"

坐冷板凳、吃闭门羹、受冷脸色，这些潘书柏都忍了下来。他一遍遍地讲述："公司化管理有利于城市发展，有利于市场稳定，有利于市民出行，这是现在和将来的刚性规定，如果不进行公司化管理，靠车吃车几乎不可能！"可固执的依然固执，不愿意听他的。

知我者谓我心忧，不知我者谓我何求。潘书柏狠下心、耐着性子，始终怀着一颗热心、抱着一腔真诚，与抗拒公司化管理的车主反复进行交流沟通。那段时间，他的嗓子说哑了，鞋跑破了几双，"敲门"的香烟发出去几十条，遭遇过若干次被拍桌子谩骂，但他就是坚持了下来。

功夫不负有心人。经过潘书柏不遗余力地做工作，闹事的出租车车主渐渐平息了下来，他们也看到，被公司化管理的出租车由于有信誉、讲诚信，生意比他们这些"黑车"好多了，正反账一算，虽然加入公司要承担一定的经营权费及管理费，但由于车子正规，客源也会增多，做生意赚的钱反而比不加入公司时赚得更多。经过努力，车主们陆续与三联公司签订了合同。

为防止部分人情绪反复，潘书柏排查出几个年轻气盛的车主，建议陈洪将他们收编到公司，任以实职。刚开始，陈洪对这一方案不接受，认为国有企业不能随随便便进人。况且，这些人本来就不是安定分子，如果招进公司，那简直就是"引祸进门"。

潘书柏却不这样认为，他据理力争道："攻心战是不战而屈人之兵的上上策。要想达到某一目的，可以有很多种方法，最聪明的就是不费一兵一卒，从而取得胜利。如果把他们招进公司委以实职，他们就不可能再带头闹事；只要他们不带头，这些车主的情绪就不会被点燃，只有这样才能起到真正的稳定作用。"

几经努力,潘书柏说服了陈洪。经过他的挑选,车主陈庭华、顾志松被聘为三联公司二分公司副经理,陈立群被聘为二分公司的会计。果然,这几位活跃分子一经收编,车主们的情绪就平复下来。这场前后近一年时间的收编行动至此才平稳着陆。

三联公司缺少专业的车辆管理人才,具有丰富实践经验的潘书柏虽然仅担任二分公司经理,实际上却承担了公司旗下94辆出租车的管理工作。事隔多年回味当年的往事,潘书柏坦言:"那个时候我没有实力办起自己的公司,但是借助于三联公司,我成为公司出租车业务的实际管理人,这是名副其实的借船出海。"

当时,盐城市出租车行业虽然做得风生水起,但在盐城市所辖的部分县城,出租车行业却还是一头没有被唤醒的"雄狮",发展缓慢。三联公司抓住契机,在盐城所辖的大丰县及射阳县均成立了出租汽车公司。

三联公司创立了大丰县通达出租汽车公司后,潘书柏帮助订方案、制措施,几十次往返大丰,无偿帮助该公司负责人对出租汽车进行规范化管理与运营,一举改变了大丰县城出租汽车在车站候客的现象。

继大丰通达公司成功运营后,三联公司又一鼓作气,在射阳县组织的出租汽车营运证竞拍中,一举中标60辆,并顺势成立了射阳县昌河汽车出租有限公司。公司成立了几个月,却因多种原因,一直不能正常运营。

这个难挑的重担,又落到了潘书柏的肩头上。1997年8月,潘书柏受命一头扎入射阳县城,为公司的正常运营扫清路障。到了射阳县,他立即展开实地调研,很快厘清了公司不能正常运营的原因。

那个年代，盐城为了扶持本地企业发展，强制要求各出租公司购置由悦达集团生产的小福星微型面包车，这款面包车完全由悦达集团自主研发生产，技术还不成熟，质量很差，新车一上路，就要修理。射阳公司的负责人愁眉苦脸地告诉潘书柏："每天车在上路前，首先就得进修理厂，否则随时会坏在路上。"

正因如此，承包昌河公司车辆的司机与公司闹起了矛盾，公司也是有苦难言，因为推广小福星微型面包车是强制性的，不购置小福星，就拿不到合法上路的手续。对此，一些司机形象地将"小福星"称为"小灾星"。

除了维修费用居高不下外，射阳县内居民还没有养成伸手打车的习惯，他们还是选择到固定停车点叫车，所叫的车辆大多是没有营运证的出租车。这导致了昌河公司的客源不足。

找准"病因"后，潘书柏对症下药，施展开了一套"组合拳"。首先，确定了汽车固定维修点，一改随意修车被漫天要价的现象，节省了汽车的维修成本；其次，他组织公司与射阳县建设局（其时为出租车主管单位）、县出租办联手，开展了数次声势浩大的打击"野鸡车"行动，以保证合法出租车的客源。

作为出租车主，潘书柏深知"的哥""的姐"们的烦恼，他主动开展了优质服务暖心行动，理顺与各有关部门的关系，为"的哥""的姐"们提供办证、养路费、保险费等方面的一条龙优质服务，并制定公司各项管理制度，定期组织出租车司机学习，提升了整个行业从业人员的素养。

一通"组合拳"打下来，立即盘活了全局。经过潘书柏驻点三个月的清理整顿，公司运营中面临的各个"疙瘩"均被一一解开，射阳县昌河出租车公司的60辆出租车终于得以正常上路营运。

三个月后，因昼夜工作极度疲劳的潘书柏，风尘仆仆地回到了盐城，他向三联公司交上了一份满意的答卷。整个公司班子成员对潘书柏口服心服。陈洪对潘书柏竖起大拇指，连声说："潘经理，你是个善谋大事、敢干大事、干成大事的能人。"

自那以后，射阳县境内的出租车行业走上了规范繁荣之路，一些老车主还记得潘书柏当年对射阳县出租车行业"开荒"的贡献，他们说："要不是潘书柏，我们射阳的出租车行业得推迟好几年才能走上正轨。"

第七章 天空下,闪亮的和谐之星

人生之路,能一帆风顺者少,历曲折坎坷者多。

成功往往是由无数次挫折构成的。在通向成功的路上,任何人都要付出汗水,还要勇敢地面对各种挫折。挫折是一个人的炼金石。有人在挫折中成长,也有人在挫折中跌倒,这之中的差别,就在于人们对挫折的不同看法。

在整合混乱的出租车行业过程中,潘书柏没少受挫折,但他认为:"挫折就像一块石头,对于弱者来说是绊脚石,让你却步不前;而对于强者来说则是垫脚石,使你站得更高。"

无疑,潘书柏将一次次挫折看成了"垫脚石",他善于从挫折中吸取教训和宝贵的经验,并从中找到新的发展机遇,将挫折变成一种转折,当成一种好的开始。面对挫折,他始终大踏步地向前冲、一往无前。

"逆市"与"顺势"

> 一个创业者的眼界有多宽,他的事业也就会有多大。眼界的作用,不仅表现在创业者的创业之初,它会一直贯穿于创业者的整个创业历程。

势,趋向也。

创业者的敏感,是对外界变化的敏感,尤其是对商业机会的快速反应。顺势而为,才能顺水行舟。

在三联公司任职期间,潘书柏没有做"温水中的青蛙",他没有被体制、机制暂时舒适的"温水"所淹没,他创业的梦想如不熄的火炬,始终燃烧着。

潘书柏准确把握住盐城市出租汽车行业增速迅猛的势头,与几位合伙人成立了盐城市华云出租车公司,通过审批,公司取得了 15 辆出租车的经营权。潘书柏为人处世的方法及工作能力得到了全体股东的认可,在股东大会上,潘书柏被推举为公司负责人,负责公司运行的全面工作。

然而,创业是一个在夹缝里求生存的活动。尤其处于社会转轨时期,各项制度、法律都不十分健全,这几名带着创业梦想的"中国合伙人"最终因观念的不同而分道扬镳。

华云公司成立不足一年,就土崩瓦解。残酷的现实让潘书柏认准了一条创业准则:以后无论做多大的事业,都不能轻易合伙。

用他的话说就是:"鸟儿系上了黄金,就再也难以飞高。"

虽然潘书柏"绝不合伙"的创业理念并非放之四海而皆准,但在矛盾重重的出租车及客运行业,确实鲜有合伙制企业能走得更远的!

合伙创业虽然不欢而散,却充盈了潘书柏创业的底气:弃舟上岸以来,潘书柏从开摩托三轮卡起步,到拥有自己的出租汽车,从一辆增加到两辆、三辆,再到上海闯荡的磨砺,而后进入三联公司收编整合、管理出租车,接着是合伙创业的试水,一路走来,不仅增强了潘书柏的管理能力,还积累了创业经验。

对于创业者来说,广博的见识,开阔的眼界,才能有效地拉近自己与成功的距离,使创业行动少走弯路。潘书柏,这位从底层一步步攀登上来的创业者,更以其身上特有的"地气",以及对车型、维护保养、车辆管理、市场运作及对全国各地的车辆价格等全面掌握,更加使他的创业风生水起、游刃有余。

万事俱备,只欠东风!

1998年3月,经过近半年的筹备,潘书柏终于梦想成真:拿到了他创业中的第一个法人企业执照,盐城市神龙运输有限公司在盐阜大地上挂牌成立。潘书柏将原华运(联达)公司的6辆车,以及挂靠在三联公司的5辆出租车,一并转入神龙运输公司,成为后来神龙出租车公司最原始的家底。

之所以将公司命名为

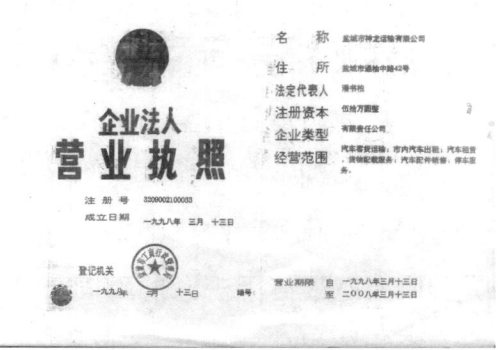

盐城市神龙运输有限公司
初创时领取的营业执照

"神龙"，潘书柏主要出于两个方面的考虑：其一，自古以来，中国以"龙"为图腾，龙崇拜是中国文化的重要特征，中国人也素以"龙的传人"而誉满天下。以"龙"命名公司，既有不忘中国文化传统之意，又有开创盛世龙腾的壮志和雄心。其二，是潘书柏深受抗美援朝志愿军神龙车队迅捷快速、坚不可摧精神的影响。

在 20 世纪 50 年代初期的抗美援朝期间，中国人民志愿军面对美军妄图切断我运输线的图谋，志愿军某部汽车连奉命向前线运送物资，途中数度穿

电影《神龙车队》海报

过死亡线，终于将物资成功运达前线，有力地打击了美军，击碎了美军切断我输送线的企图。这支创造战争奇迹的车队被人们称颂为"神龙车队"。1992 年，根据这一史实改编的电影《神龙车队》热映。这部为数不多的反映车队运输的影片，自然吸引了潘书柏的眼光，他连看几遍，几乎成了一个铁杆《神龙车队》影迷。而且，片中的生死较量，与他创业征途中的艰难险阻何等相似。因此，他以"神龙"命名自己的公司，也就不足为奇了。

在出租车发展的同时，潘书柏审时度势，创新性地推出了桑塔纳快客线路。2002 年 2 月，潘书柏基于客运业务发展的实际，注册了神龙出租车公司。如此一来，原先的神龙运输公司专营线路客运业务，出租车公司专营城市出租业务，形成了双轮齐转、协同发展的态势，并不断报批增加出租车数量。

而那段时间，盐城的出租汽车因为数量猛增，出租车营运跌入低谷，曾经热炒到 10.9 万元的出租车营运证，其有效时段从 5

年调高至 8 年，费用则降到 1 万元每年。一些公司甚至出现了出租汽车的"发包难"，不少同行公司都在保守地维持着运转，潘书柏的逆势而动颇让人不解。

曾有一位同行问潘书柏："出租车行业陷入了困境，你怎么还不断打报告增加车辆，包得出去吗？"

潘书柏底气十足地说："没有陷入困境的行业，只有陷入困境的观念。发展要有定位，思路一定要超前。短期来看，出租行业不景气；但着眼长远，出租车市场必将规范发展。都说船小好掉头，但我是行船出身，我更认同船大抗风浪。我始终觉得，政府终有一天要对出租汽车行业予以进一步的规范整顿，出租车公司如果规模达不到，必将被淘汰。"

船大抗风浪，几乎称得上是出租汽车行业的教旨。实践证明，潘书柏有一双善于看全盘、看大局、看趋势的慧眼，也正是这双慧眼，让他的创业谋划总能超前一拍、棋高一着。

当时在盐城，一辆出租车每月所交的管理费也就 500 元，如果数量少，所收的管理费几乎不够支付办公费用和人员工资。例如盐城太阳石出租车公司就有 5 辆出租车，收到的管理费有限，公司处于亏损状态，该公司准备出售这 5 辆出租车。他们谈了几家公司，对方都因担心车辆发包不出去，没人敢接手。他们找到潘书柏时，潘书柏仅问了一些简单的情况，就果断地接手托盘了。

"一个创业者的眼界有多宽，他的事业也就会有多大。"眼界的作用，不仅表现在创业者的创业之初，也会一直贯穿于创业者的整个创业历程。站在高处，潘书柏更为开阔，他短暂的"逆势"其实是长久的"顺势"。

2002 年，神龙出租公司的出租车增长到 50 辆。怎么解决发包难题？潘书柏认为："出租车与公司的关系，具有管理与合伙的双重属性，如果仅站在管理角度单向发包，显然不能调动驾驶员的积极性，唯有换位思考，才能打破僵局，实现共赢。"

基于这一理念，潘书柏站在驾驶员的立场不断调整发包方案，因市场波动异常，发包方案随行就市，甚至出现一年调整、修改发包方案两三次。比如，针对部分驾驶员资金困难的实际，潘书柏将营运证出借给驾驶员，由驾驶员分期返款，这种"按揭式"的方案，潘书柏早在三联公司任职时就应用得驾轻就熟，化解了部分驾驶员的资金投入压力。再比如，潘书柏不断给驾驶员灌输"工欲善其事，必先利其器"的观念，他出面到上海帮驾驶员购置物美价廉的桑塔纳轿车，并帮助上"吉号"牌照，一改盐城"黄面包"一统天下的局面，极大地提升了公司的社会形象。

潘书柏还在优质服务上下功夫，他是出租车驾驶员出身，更加理解驾驶员的心声，这也使神龙公司的服务更为贴心和暖心。他的付出得到了丰硕的回报，不仅破解了低谷中的出租车发包难题，而且，神龙公司清一色带有"吉号"车牌照的车一上路，就引来盐城市民的惊叹："神龙公司太牛了，车子的档次最高。"因此，在相同价格的基础上，神龙"的哥""的姐"们的出租车业务明显好于同行。

2004年12月，盐城首次面向全市出租汽车行业进行430辆出租汽车营运证的招投标工作。从严格意义上说，这是盐城市人民政府继1996年420辆出租汽车营运证招投标后的第二次竞标。但第一次是出租汽车的起步阶段，招投标面向全社会招标；而这次，是首次直接针对出租车公司招标，具有里程碑的意义。

按照市政府出台的招投标规定，只有出租汽车数量达到50辆以上的公司才有竞标资格。这时，神龙运输公司经过数年的扩张，已拥有60辆出租汽车。当年，盐城共有16家出租汽车公司，在招投标的首轮资格审查中，有7家公司被淘汰，有1家公司因资料延投被拒收。

  这次竞标，称得上是决定出租汽车公司能否快速发展的生死之战！潘书柏超前的发展观念与市政府后来的战略布局不谋而合，他早早就做好了增车规模的准备，因此成为顺应时势的幸运儿！

力挽狂澜

> 市场经济越是往前发展,越是讲究规矩,无理取闹与法制较量的结果,必然是惨败!无论做什么事,都不能偏离法制的轨道。

2004年12月,430辆出租汽车营运证招投标工作正式启动。430辆出租车被分为6个标段,除某一标段为80辆外,其余5个标段分别为70辆。按照设定的标段,16家公司只限有6家公司中标,竞争相当激烈。

竞标启动后,参与竞标的公司却傻了眼:这标书怎么做?有人去请教组织招投标的单位,单位负责人无奈地回复:"我们也是第一次面向出租车企业招标,没有先例可鉴,我们也不清楚标书怎么做。"

这些年,潘书柏创业的脚步一直走在民营同业者之前,作为领头人,既没有同业经验可借鉴,又没有业中高人来指导。但这难不倒潘书柏,他投入了大量的资金和人力资源,外出考察学习和自主研发。没做过标书,那就出去学。潘书柏拉着市交通局、市出租办的有关人员,前往苏州、无锡、常州、南京、上海等地,向同行学习取经。在准备标书时,潘书柏连续有4个晚上没合眼,带着标书制作团队夜以继日地攻关。身边的工作人员见潘书柏一脸倦容,劝他去休息一下,他却喝了一杯咖啡后，提了提神道："这次招投标，对我们神龙来说意义重大，我怎么睡得着啊！"

经过熬夜苦战，标书终于制作成功，在规定的时间内上报。标书报上去后，潘书柏这才安心地睡了一觉。到了开标的那一天，深冬的盐城降下了一场大雪。一些同行都坐卧不安，相互打听消息，唯独潘书柏却气定神闲，他谁也不打听，别人问他，他也只是说："命中有时终须有，命中无时莫强求，听天由命吧！"

因为竞争激烈，潘书柏已经做好了竞标失败的心理准备。没想到开标的那天深夜，就有人打电话向他报喜："潘老板，恭喜你中标了。"

潘书柏以为对方开玩笑，也调侃着说："我哪能中标啊，别拿我开玩笑了！"

对方急了："潘老板，别人早就来开会听开标结果了，你倒好，还稳得住。"

潘书柏笑道："虽然只有百分之一的希望，但我已经付出了百分之百的努力，至于结果，那也不是我所能左右的。所以与其杞人忧天，不如以平常心待之。此所谓失之泰然，得之淡然啊！"

那天晚上，潘书柏成为唯一缺席开标会议的中标者。不过，他的心血没有白费，他中得第二标70辆出租汽车的营运证。

这次中标，将神龙公司的发展规模猛地提升到了一个新高度。至此，神龙出租公司拥有了131辆出租汽车，成为同行中的领军"旗舰"。

改革，总是在摸着石头过河。经过几年的探索，全国不少大中城市开始对新增出租汽车经营权全部实行公司化经营，国务院办公厅也就出租车规范发展下发了"国办发（2004）81号文，自上而下地推行公司化经营。

与原先挂靠经营的车辆相比,公司化经营车辆具有明显的优势:其一,车辆产权晰晰;其二,在经营模式上企业自主经营,管理规范,营运收入与成本控制制度健全;其三,用工制度更加完善与合法;其四,公司能够以长远的战略眼光和发展思路,通过引进管理人才,加强内部管理,使企业的素质不断提升。

在向公司化经营迈进的征程中,城市也在不断发展,出租车的数量需要相应增加。2007年10月,盐城市人民政府第一次新增100辆公司化出租汽车经营权招投标,分设了两个标段,每个标段50辆。市政府的文件明确要求,出租汽车要逐步脱离挂靠制,转向公司化运营。也就是说,各出租汽车公司今后所中的标,所有车辆必须公司化经营管理,营运的车辆由各公司统一购置,驾驶员全部为公司的员工。

竞标企业要缴纳900万元的保证金。为筹措保证金,潘书柏将公司的资产、车辆、房产能抵押的全部抵押,能借的朋友都借遍了,总算足额筹措了保证金。

在这次招标中,还有一个有趣的插曲:在招投标开始前,潘书柏整日整夜无眠,带领骨干精心准备标书。然而,这时却有同行放出话来:"一共才两个标段,20多家公司竞标,中标率不到十分之一,别瞎折腾了。"还有业内权威人士直截了当地对潘书柏说:"你们是个民营公司,再准备也没用,肯定中不上标!"

传言并不是空穴来风,潘书柏经过打听,确实有国有的、集体的出租公司摩拳擦掌,志在必得;还有一些盐城市外的大出租车公司参与竞标。"哪怕只有百分之一的希望,我们也要付出百分之百的努力。"潘书柏还是那句话。他不为传言所动，从内部管理、安全管理等多个方面入手，力求将标书做到完美。在随后的政府部门资质审查中，20多家拟竞标公司只有神龙等8家公司入了围。

竞标那天，潘书柏带着6名骨干来到会场。让会场中的人们眼前一亮的是，潘书柏和他所带的人全部西装革履，打着领带，一色的标准而专业的商务打扮，每个人手上提着统一的密码箱，里面整整齐齐地码放着标书。来人精神抖擞、意气风发，这整齐的阵容，很显然，赢得了评委们良好的印象分。

在之前到来的盐阜集团下属的两个出租车公司，分别投两个标段，想一下子全中标。盐阜集团是国有股份制企业，资金实力雄厚，人际脉络广，他们确有独吞两个标段的底气。潘书柏不畏强手，他既来之则安之。在随后的答辩中，潘书柏和他的骨干们侃侃而谈，不时让那些表情严肃的评委们点头颔首、浮出微笑。等到开标时，参与竞标的另7家公司负责人都第一时间上楼听开标结果，潘书柏却没有跟风。有人跟他说："潘总，开标了，你怎么不上去听开标结果？"

潘书柏轻叹一口气道："我们是民营公司，就是来打酱油的，我们哪能中得了标！"然而，开标结果却显示：神龙公司在多家公司竞标的重重包围下，凭着过硬实力喜中一标，获得50辆出租汽车的营运证！

这结果，大出一些人的意料。事后，还有人专门到评委组申诉，评委组的专家们众口一词地答复："神龙出租公司标书清晰，应答得非常好，如此规范高效的公司，就应该中标。你们不要带着有色眼镜看待民营公司，有本事就回去整顿规范，争取下次中标。"申诉不成,还有人给市有关部门写控告信,但市领导自然尊重专家们的权威评分,控告拖了一段时间,最后也不了了之。

这一年,又是神龙出租车发展史上划时代的一年。

根据公司化运营的要求,神龙公司在同行中率先迈出了改革的步伐。在对原有挂靠车辆进行管理的同时,主要承担公司自有出租车辆的运营与管理,并迅速完成了车辆购置上牌、硬件设施安装、驾驶员招聘等一系列工作。

但正式上路时,却遇到了难题,公司化的"破冰之旅"异常艰难。首先是驾驶员提出质疑,因为要足额交纳车辆保险,公司实行定点维修,还有就是公司代为扣取社会养老保险金。他们觉得运营成本过大,对公司运营十分抵触。其次,当时使用的车辆成本高,燃料又为汽油,而原有挂靠的出租车都用天然气为燃料,每天的燃料成本就高出200多元。天然气的改装和供应,市区由新奥燃气独家经营,他们以天然气供应紧张为由,不给新增加的车辆改装。此外,驾驶员收入低,当时每月只有千余元,一些公车经营的驾驶员还亏损。

于是,一些驾驶员开始聚众闹事。潘书柏耐心地给他们细算了一笔账:车辆定点维修,可保证车况;公司代扣社会养老保险,可为职工解决养老的后顾之忧。足额缴纳保险,是为了降低运营风险。就以保险为例,一些社会挂靠的车辆,除了交强险外,只有少数保了第三者责任险,乘车人员险几乎都没交。一旦发生事故,不仅增加了公司的负担,也增加了驾驶员的风险。盐城曾有一家出租车公司,出了一起较大的交通事故,因为保险手续不全,前后经过七八年才赔偿完债务。对于驾驶员提出的承包金，潘书柏也对其构成做了细致的解释。

但因驾驶员的收入达不到他们的心理线，且向新奥燃气要求加装天然气设备未果，他们对潘书柏的解释和劝说根本听不进去。在几个驾驶员的煽动之下，2008年2月的一天，新中标的两家公司——神龙公司与新亚公司的100辆出租车驾驶员封堵了市政府大门，诉求市政府出面给两家公司施压，对他们仍采取社会挂靠车辆的做法，并要求新奥燃气公司对车辆立即进行改装，从而引发了轰动一时的聚众上访事件。

公司化运营是大势所趋，他们在市政府上访未果后，100辆出租车驾驶员又各回各自的公司聚众闹事。新亚公司的驾驶员在闹事中，曾将前来调处的亭湖区公安局民警打伤，事态一时难以控制。面对聚众闹事的压力，新亚公司负责人没能顶住压力，同意对部分车辆不执行公司化运营，定为挂靠关系。

消息传到神龙公司的部分驾驶员耳中，他们更如抓住了救命稻草般，对公司施加压力。处于风波漩涡中的潘书柏却丝毫不妥协，他放出话来："这50辆车，全部为公司化运营，一辆也不得转为挂靠关系。"在确立了原则的底线后，潘书柏考虑到驾驶员的实际困难，向驾驶员承诺，在天然气改装前，公司除将全部管理成本让出外，并对每车进行补贴，每车每月减收600元。

但潘书柏的适当让步，还是不能满足部分人的欲望，几个带头的驾驶员闹得更凶了。潘书柏审时度势，觉得不控制住这几个带头闹事的，事态难以平息。于是他采取先礼后兵的办法，将其中4名带头者请到了市区一家茶社，对他们说："你们不要带头闹，闹了也不可能改变。考虑到你们的实际情况，公司可以给你们每人6000元的补偿，但前提是不准再带头闹事。"

潘书柏当时也只想花钱消灾，只要这几个人不带头，其他人就闹不起来。但他怀柔的这一招只换来两个多月的暂时安宁，这年5月，这帮驾驶员又被部分人煽动起来闹事。他们在再度上访市政府无果后，"杀回"公司，封堵住其时神龙公司办公区通往外面的神龙桥，导致停在公司物流场上的物流车无法发货，为此公司不得不与业务单位暂时中断运输合同，公司损失了几十万元。

见这帮人来势汹汹，随时会冲进公司办公区内动武，考虑到办公人员的安全，潘书柏只得请来外援，让他们分散进各个办公室，充当临时"保镖"。他还担心一旦闹将起来，公司所属的驾驶员被"保镖"们误伤，要求进办公室的"保镖"一个也不许带工具。

可是请来这帮人坐镇后，一些冲进办公区的驾驶员见这些人眼生，顿时邪火上冲，掉头就奔到车上，从后备厢取出了千斤顶。失去理智的一帮人冲进办公区，见人就砸。除了那些手无寸铁的"保镖"被打得头破血流外，前来劝阻的神龙出租车公司总经理陈远勇、神龙物流公司总经理徐锋等人均被这群人打伤……

聚众闹事上升为聚众斗殴，事态扩大，盐都区公安局出动了防暴大队，现场抓获了10多名参与斗殴的人员。警察的出动，一时震住了聚众闹事的驾驶员，事态得以控制住。

但一波未平，一波又起。一些被警察强制带走的驾驶员刚走没多久，他们的妻子又组成了"娘子军"冲击神龙公司办公区，向神龙出租车公司总经理陈远勇讨要丈夫。陈远勇辩解道："他们聚众闹事、斗殴滋事，是被公安局抓走的，找我们要人没用。"可这些"娘子军"却不听辩解，她们耍起泼来与她们的丈夫相比，有过之而无不及，她们堵住陈远勇，限制了他的自由。

潘书柏见她们纠缠不清，影响了公司的正常办公秩序，他怒从心头起，立即打电话报警。随后，几名带头的"娘子军"也被警察强制带走。

无理取闹与法制较量的结果，必然是惨败！无论做什么事，都不能偏离法制的轨道。

聚众闹事的驾驶员被驱散后，几名被警察强制带走的驾驶员，他们的妻子想想后怕，经人指点，前来恳求潘书柏："潘总，只要你请求警察放人，你说咋办就咋办。"

潘书柏对她们正色道："公安局不是我开的，我没有那个权力叫他们放人。你们的丈夫知法犯法，这是咎由自取。"不过说归说，潘书柏看她们苦苦哀求，心一软，主动打电话向公安局领导求情，将几名被胁从的驾驶员放了出来。

这场聚众闹事，最终以行政拘留4人，3人被判处6个月至1年的有期徒刑而收尾。潘书柏在这场风波中，有智有勇，力挽狂澜，果敢处理，新增车辆的公司化运营没让一步，改革得以成功推进。

而且，经过不断努力和多方协调，这批公司运营的远舰出租车也于2008年国庆节前，将天然气燃料全部改换到位，驾驶员的收入提高进入正常化水平。

2009年，盐城市政府再次新增100辆公司化经营的出租汽车运营证，神龙公司又以第一名的成绩获取第一标段30辆出租汽车经营权，出租汽车公司的经营管理，得到了社会各界的肯定和认可。

击垮"炒证团"

> 没有争不了的市场,只有管不好的企业。一个企业,必须有一支心往一处想、劲往一处使的纯洁而坚强的团队,才能干大事,成大事。

千里江堤,溃于蚁穴。潘书柏深知,没有争不了的市场,只有管不好的企业。一个企业,必须有一支心往一处想、劲往一处使的纯洁而坚强的团队,才能干大事,成大事。

在出租车行业,人心就如滚滚流动的车轮,总有多元的不确定的因素混杂其中,随时可能爆发轰动城市的聚众事件。因此,有业内人士发出慨叹:"撼山易,管一个出租车公司难。"

"一严破万难!"这是潘书柏的治企信条。只有严格遵守规章制度,才能使企业上下秩序井然。中国有句俗语叫作"军令如山",即军令如大山一样威严、庄重、不可侵犯。也正是有了这样严格的纪律,军队才可以统一领导、统一指挥、统一号令,在战场上才能取得所向披靡的战绩。

2009年,盐城市人民政府又一次下发文件:要求出租车公司将挂靠车辆逐步收回,深入推进公司化经营。将挂靠车辆收归公司统一管理,无论从安全出行、风险承担、市场秩序等方面来说,均有百利而无一害。

但总有一些人从制度中"寻找商机",有禁必有可乘之机。

市政府的文件出台后，盐城来了一帮"河南炒证团"，他们置制度于不顾，私下与挂靠在出租车公司的社会车辆联系买卖。"炒证团"名义上买的是车，实际上是变相套取出租车的营运证，在倒买倒卖中，炒高价格，从中牟取暴利。以一辆旧"千里马"出租车为例，车辆自身顶多值一两万元，但配套了营运证的转让，价格可炒到四五十万元。最高峰时，盐城一辆出租车转让价格达到60万元的天价。

在倒买倒卖中，涉及营运证要经过出租车公司协同办理转让手续，按制度规定，这是不允许的。但少数公司被转让者交付的一两万元"手续费"所诱惑，不仅对这种私下转让行为睁一只眼闭一只眼，甚至还帮助"出点子"完成营运证的过户。

"河南炒证团"自然也"炒"到了神龙出租车公司。潘书柏了解情况后，火速出台了一项禁令：神龙公司的出租车一辆也不允许私下转让！

禁令出台时，有十几辆社会挂靠车辆已与"河南炒证团"达成了私下转让协议，但到公司办理手续时，却卡壳了，潘书柏坚决顶住不许办。"炒证团"许以高利，但潘书柏却不为所动。那帮人也急了，不解地说："潘老板，眼前的过手钱你都不想赚。我们所到之处还真没见过你这么固执的人。"

潘书柏坚定地回道："别的公司怎么样我不管，但我们神龙公司绝不容许任何一辆挂靠车辆私下转让。君子爱财，取之有道。你们给的钱再多，我也不稀罕。"

"河南炒证团"见软的不行，就来硬的，他们发动了一帮人围攻神龙出租车公司总经理陈远勇，逼他就范。但陈远勇坚决执行潘书柏定下来的规矩，顶住不办。"河南炒证团"在神龙公司一无所获，碰了一鼻子灰。他们也在自己的圈内传开："买哪儿的车也不能买神龙的车。"

当时，神龙出租车公司管理着 132 辆社会挂靠车辆，只要潘书柏松一松口，收取所谓的"手续费"，他就能不费吹灰之力获取近百万的"手续费"。在这非法利益面前，潘书柏就像早年不为骗子所忽悠，不为眼前的短利所诱惑一样，依然不为所动。"一个企业，只能赚取合法合理的钱，这种爆炒之风是泡沫经济，总有一天会化为泡影。要想维持正常的市场秩序，'炒证'之风绝不可长！"

可疑之利不可取，得之易时失之易。"炒证"的"泡沫"也正如潘书柏所预料的那样，"泡沫"最终成了"泡影"。到 2014 年年底，盐城出租车的"地下"转让价格回落稳定在 20 万元左右，一部分梦想一夜发财的最后接盘人为此蒙受了不少的经济损失。

2011 年元月，在"炒证团"的煽动下，挂靠出租车主借口打击非法营运车辆的请求，向市政府示威，要求"老车老办法"，挂靠车仍然挂靠经营。经过长达七天的信访，政府为缓解矛盾，同意"老车老办法，仍挂靠经营"。

出于稳定车辆管理的需要，潘书柏只好执行"老车老办法"，他对车辆的规范管理并没有因此而放松。潘书柏的另一手牌是打造一支纯洁的驾驶员队伍。神龙公司的几百号驾驶员中，难免会混进几匹"害群之马"，潘书柏对"害群之马"零容忍，发现一个就立即驱逐出神龙公司。

2013 年，最早实现公司化运营的一批出租汽车营运证到期。当公司与部分驾驶员协商续签承包合同时，有几个人态度恶劣，不仅表示不续签合同，还扬言要上访。他们心里还惦记着要把公司化运营的车辆转为挂靠的社会车辆。几个带头闹事的人中，就包括2007年公司化运营推进时收了潘书柏6000元钱的人。很显然，他们在上一次的闹事中尝到了"甜头"，这次还想再闹事尝"甜头"。

几个人嚣张的态度引爆了潘书柏的怒火，哪有动不动就靠闹事得好处的，如果公司妥协了，对其他驾驶员就是不公平的。神龙公司就要一碗水端平，带头闹事的人一定要驱逐出神龙公司。

潘书柏找来他们的承包合同，在合同未到期前先是按兵不动。等到合同期满的那一天，他立即调集公司应急处理小组的20辆车，以合同期满为由，扣回那几个带头闹事者的出租车辆。

车辆被扣，几个人急了。有人跑到潘书柏的办公室，他不敢面对潘书柏的责问，扔下两条香烟后，掉头就跑。潘书柏追出办公室，在门外冲那人高喊："香烟我不要，公司有公司的规定，该怎么处理就怎么处理。"

还有人通过在市里有关部门做领导的亲戚，打电话向潘书柏求情。潘书柏对找关系打招呼的驾驶员说："你一边找关系打招呼，一边又在公司带头闹事。你这样的人，我们神龙公司坚决不能要！"

在清理门户过程中，潘书柏顶住来自各方面的压力，坚决将"害群之马"驱逐出了神龙公司。

2015年6月28日，神龙出租车公司总经理陈远勇走进潘书柏的办公室报告一条信息：他掌握了一个线索，盐城有部分公司化运营的出租车司机要组织到市政府上访。上访的原因就是因为公司化运营在与时俱进的改革中，将原先单人承包改为双人承包，一辆车要扣缴两个人的养老保险。有部分驾驶员觉得负担重了，因此想讨说法。

潘书柏听取了陈远勇的汇报后，当即指示："我们神龙公司一直倡导有话好好说，坚决反对非法聚众上访。你先到他们聚会的场子去看看，看有没有我们神龙公司的驾驶员，如果有，就做好劝解工作，让他们不要参与。"

当晚，陈远勇到了出租汽车驾驶员聚众的地方，对看到的神龙公司驾驶员做了劝离工作。这些年，由于神龙公司管理工作扎实有效，驾驶员普遍对管理人员敬重有加。那些人听从了劝告，表示不参与非法聚众上访。

然而，到了7月1日，事情却发生了戏剧性的变化。某公司一名出租汽车驾驶员在盐城市区新四军纪念馆附近载客时，与在纪念馆附近为一辆黑车拉客的人发生了冲突，那名驾驶员被几名黑车司机围殴受伤。他不甘心，立即将这一消息通过出租车驾驶员自行组建的微信群发出去，10多分钟后，群里的出租车闻风而动，新四军纪念馆附近一下聚集了100多辆出租车，他们竟然代执法部门干活，组织了一场声势浩大的"打黑车"行动。

这还不算完。此后连续几天，这100多辆出租车以微信群为联系平台，先后聚集在招商场、五星客运站"打黑车"，所到之处，出租汽车排成了长龙，几乎封堵了路道。事件越闹越大，盐城市交通部门及交警支队紧急出动，经过耐心细致的劝解工作，总算叫停了这场民间的"打黑车"行动。

事件表面上风平浪静了，内里却暗流奔涌。一些驾驶员串联起来约定7月10日再去市政府聚众上访。好在事先有人通风报信，执法部门对散发传单的驾驶员采取了强制措施后，这场聚众上访事件才被平息在萌芽状态。

在这起风波中，潘书柏不断调兵遣将，安排公司几十名管理人员，分头到神龙公司的驾驶员中做思想工作，使得神龙公司的驾驶员在这起事件的自始至终，都没有人带头闹事。

事后，潘书柏调查出那个微信群的群主是神龙出租车公司的两名驾驶员，他果断地将这两人清理出神龙公司。有人觉得潘书柏处理过严，潘书柏说，作为管理者，在管理中应该做到三严：法令严。在管理中如果没有严格的规章制度作为约束，那么企业就没有了规矩，纪律必然松散。赏罚严。在管理中如果没有明确而严格的赏与罚，那么就会缺乏激励和制约，其法令必然难以贯彻执行。律己严。作为管理者，更要严于律己，令行必畅，有诺必践，在大是大非、原则问题面前，创业者要能顶住压力、站稳脚跟。

一严百实，一松百空。唯有严格遵守并执行规章制度，才能使企业上下井然有序，促使企业员工规矩做人、努力工作，不做对企业、对社会不利之事。

冉冉升起的和谐之星

> 一个优秀的将军必然会带出一支铁打的部队，同样，一个优秀的企业家必然会带出一支出色的团队。

2014年，捷报再传——

在盐城市区新增出租车经营权招标中，盐城市神龙汽车出租有限公司再次力拔头筹，以第一名的成绩获得了60辆出租车经营权。至此，神龙出租车公司已拥有出租车277辆。

规模越大，责任越大。在出租车经营权的二次承包中，针对无本地户籍、无资产抵押、无信用担保的外地经营人，公司创新机制，建立风险连带责任体系，要求所有外地户籍经营人员必须实行责任联盟，在签订经营协议前，必须有3辆以上出租车经营人与公司签订《经营风险连带责任承诺书》，并且要求每一辆出租车的经营人与委托车辆管理人同时签订。进一步都明确了主体责任，把经营和安全风险降到了最低。

出租车是城市的立体名片，更是城市文明的流动窗口。神龙出租车公司成立伊始，即把"讲诚信、创品牌"作为永恒的追求，积极推行"经营公司化、管理智能化、诚信品牌化、教育常态化"的管理模式，构建了一整套科学严谨的管理制度，引导出租车驾驶员讲正气、树新风、比贡献。并引进专业人才融入公司管理,先后引进各类管理人员16名,其中拥有高级职称的人才2人,每个人都签订了上岗责任状。同时公司与驾驶员签订了《集体合同》《劳动安全卫生专项协议》《女职工特殊保护专项协议》等协议,明确了出租车行业劳动报酬、工资标准、工时工休等事项,在保证全市出租车行业的有效运转和行业的和谐稳定中发挥了积极作用。

"一切为了驾驶员,为了一切驾驶员",这是潘书柏掷地有声的承诺。潘书柏推行了办公OA系统,实行"叩门办公"制,每一个审批手续,都要有相应的负责人签字确认。这种责任倒追体系,既便于垂直化管理,又便于扁平化管理,公司迈上了程序规范、责任包保、管理科学之路。

其后的几年,随着市场环境影响和形势变化,《集体合同》部分条款需作适当修改、补充和完善。潘书柏审时度势,在制定规章制度和重大事项决定实施过程中,由集团工会提出意见后,通过友好协商,双方达成共识,补充修改形成了《集体合同》草案,并以书面的形式由劳资双方进行了续签。

神龙出租车公司的规范管理引起业界的赞叹,许多管理制度被同行争相借鉴学习。神龙出租车公司的驾驶员对公司管理的评价则是"公司会多,办事流程多",最后由衷地发出感叹:"神龙公司办事最上规矩!"

公司还建起了具备投影、电影播放等功能齐全的大会议室,为全体驾驶员集中开会、学习、培训提供场所,切实加强对驾驶员的安全教育管理,规定每月8日、18日、28日为驾驶员学习日,并定期、不定期举办"双违"驾驶人员学习培训班。

公司组建了车辆稽查队伍,每日上路稽查。检查中,不留死角，对心存麻痹和侥幸的驾驶员，进行严肃的批评教育，并跟踪督查整改；公司给所有驾驶员发放劳动保护用品，同时，公司明确规定，出租车驾驶员精神不振、体力不佳的不得接班上岗。并利用年终企业年会、"三八""五四"庆祝会、诗歌散文朗诵会、"安康杯"主题演讲和知识竞赛，以及墙报板报、企业QQ群、微信群、企信通等宣传阵地，营造上进、和谐、安全、健康的人文环境。

出色的管理能力、丰富的企业文化、良好的社会声誉，神龙出租车公司无形资产不断升值。而这不断升值的无形资产，又为公司带来了看得见、摸得着的收益。公司成功收购盐城市鸿雁出租车公司，即为一例。

鸿雁出租车公司是中国邮政集团盐城分公司的下属企业，根据上级部门要求，2016年3月，该公司向盐城市运管处提请公司股权整体转让，经运管处同意后，当年10月启动了股权转让程序。

消息一经传出，盐城市各出租车企业跃跃欲试，谁都想分享股权转让的"蛋糕"，借此迅速扩张企业规模。面对这个大"蛋糕"，潘书柏也很动心，他冷静地分析了出租车企业的竞争行情后，提出了一个"共享"建议，即有意参与竞争的企业共同合作，待股权转让成功后，再对鸿雁旗下的出租车资源进行均分。

潘书柏提出的共享建议，绝不是担心神龙竞争不过别的公司，凭借神龙出租车公司的实力，已在盐城市出租车行业中执其牛耳。他是不希望因各家企业恶性竞争，搅乱了市场秩序。

出于这样的想法，潘书柏首先与新亚出租车公司负责人沟通,在得到其赞成后,潘书柏牵头召集了包括新亚在内的另几家出租车公司负责人会商,但因某家公司想一口吞下一半的鸿雁公司股权,会商的另几方难以接受,共同合作方案失败。尽管会商不成,潘书柏还是与新亚公司负责人交流后达成协议:两家公司各自参与竞标,无论哪个公司成功,都共同参股。

在首轮竞争中,邮政公司共通知了6家公司提交收购意向和收购价。随后,邮政公司对各公司经营管理、信誉度、报价进行了综合分析后,从中选择了神龙、新亚、悦达三家公司进入二轮竞争。邮政公司再度对3家公司的管理能力、股权转让方案进行深研细判,最终确定了神龙为转让合作方。

2016年11月26日,神龙公司与邮政公司签订了股权转让协议书。12月1日,鸿雁出租车公司整体经营转让给神龙公司。潘书柏信守承诺,与新亚公司各出资一半,共同经营鸿雁公司,日常经营管理由神龙公司负责。

成功收购了鸿雁出租车公司的股权后,神龙公司经营管理的出租车达到了409辆,占据了盐城市区20%左右的行业份额,神龙出租车公司由此成为盐城最大的出租车企业。

在神龙汽车出租公司这个新生的"母体"中,同步孕育着一个以"服务市民、奉献社会"为宗旨的爱心平台——神龙出租车公司"和谐之星车队"。

公司依据《和谐之星车队实施细则》,采取自荐和推荐相结合的办法,严格择优评选出思想觉悟高、社会责任强、服务意识好,无重大交通事故、无违章、无有责投诉,乐于助人、奉公守法、无不良社会记录的车辆,组成"和谐之星"车队。

2011年9月23日,神龙汽车出租公司举行"和谐之星"

车队发车仪式。

上午 9 时 38 分，随着潘书柏的一声令下，12 辆张贴着以蓝天绿地为背景、心形红飘带和"和谐"字样与神龙拼音字母组成的"和谐之星"车队队徽的出租车，在

神龙汽车出租公司"和谐之星"发车仪式

缤纷的礼花和喜庆的礼炮声中缓缓驶出集团总部大门。集团的出租车标准化作业示范——"和谐之星"车队从此诞生了。

从此，神龙又多了一张靓丽的名片，神龙精神文明的星空上，又增添了一颗璀璨、耀眼的新星。传递爱心的神龙故事也得以不断演绎。

——"神龙好人"传美名：2009 年 12 月，神龙"的哥"秦立新驾驶苏 JB0051 出租车，途经市第一人民院。得知射阳经济开发区中心村七组李其领家七岁的儿子，因患先天性心脏病急亟须转院治疗，无力支付急救车费用后，秦立新主动将李其领夫妇和他儿子送到南京市儿童医院，帮助挂号、办理住院手续，联系专家教授，不但没有收取分文车费，还将身边仅有的现金塞到老李的手上。做完这一切，他悄悄离开医院，名字也没留下。

小孩出院后，李其领到处打听，甚至通过电台寻找这位做好事不留姓名的好人。终于通过交通管理部门的帮助，调阅高速公路路口录像后，才找到了秦立新师傅。在市客管处，李其领一家三口当面跪谢秦师傅，口称"恩人"，激动不已。

打开出租公司好人好事登记簿,秦立新师傅的好人好事一个接着一个:市民刘玲送来锦旗,感谢秦师傅送她和生病的孩子去南京儿童医院,并垫付医药费2000元;市民田勇打来电话,感谢秦师傅在深夜凌晨一点多,将其患脑出血的岳父,及时地送到了上海华山医院,联系丁教授抢救治疗,挽回生命……

——"拾金不昧"好"的哥":一天下午,重庆市民罗政哥俩乘坐出租车,不慎在车上遗落了一件重要物品。这可不是一件普通的物品,它对罗政先生来说,有着非同寻常的意义。这是他哥俩在盐城工作一年,准备回家孝敬老人的过年礼物——一件价值1.7万元的貂皮大衣。

罗政哥俩坐的是神龙"的姐"薛连琴的车,薛连琴夫妻两人共同经营苏JB1851出租车,她丈夫周海是神龙出租公司多年的老"先进"。那天,薛连琴见到遗落在车上的貂皮大衣,想都没想,就把捡到的失物交到了公司。感动的罗政哥俩给公司送来"拾金不昧,品德高尚"的锦旗。

——"见义勇为"扬正气:2012年1月4日凌晨,在盐城市文港路和育才路附近,一辆飞驰而过的摩托车撞倒了一位行人后逃逸。这一幕被神龙"的哥"苏JB1873驾驶员徐泽山看到,他一边报警一边开车追赶肇事者,一直追到建军东路新四军纪念馆附近,终于将肇事者追上,把摩托车逼停,并将肇事者交给赶来的交巡警察。事故处理后,被撞市民沈旭旺将一面绣有"正义卫士、社会良知、新时代的活雷锋"的锦旗送到了神龙公司办公室。

2016年6月,江苏省交通运输厅、江苏省总工会联合对全省交通运输系统的"爱岗敬业"驾驶员进行表彰,徐泽山成为盐城出租车行业中唯一获得"江苏省爱岗敬业驾驶员"表彰的的哥。

以上仅是从神龙众多爱心故事中撷取的几朵浪花。在神龙汽车出租公司,几乎每天都有感人的故事在盐阜大地上演绎,一段段文明佳话传遍盐城的大街小巷。

据不完全统计,神龙出租车公司"和谐之星"车队成立后至 2017 年 12 月期间,公司登记在册的好人好事 1250 余件,归还失主现金及各类物品折价 280.96 万元,受到乘客表扬 1400 多次,收到感谢锦旗 40 多面,报纸、电视台等媒体刊(播)专题报道 30 多次。"神龙好人"的先进事迹在江苏电视台播出后,社会反响热烈。

"和谐之星"车队荣获盐城市交通运输系统服务品牌称号。神龙汽车出租公司还被表彰为全国"安康杯"竞赛优胜班组,被盐城市运管处表彰为综合先进单位、经营管理先进单位,被市总工会表彰为模范职工之家,被区总工会表彰为工人先锋号。

一个优秀的将军必然会带出一支铁打的部队,同样,一个优秀的企业家必然会带出一支出色的团队。神龙"的哥""的

神龙公司办公大厅锦旗墙

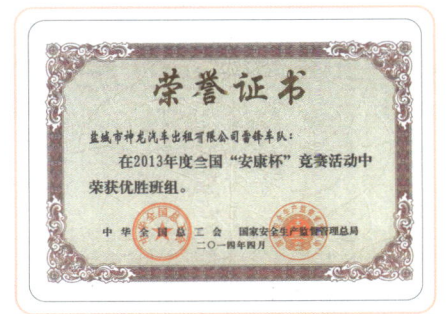

全国"安康杯"优胜班组

姐"们所演绎的爱心故事，与当年仗义的潘书柏何等相似，他的精神已嵌入了神龙的发展史，通过一支素质优良的团队向外界传递着更多的正能量。

第八章 闯过去,前方是片天

　　人世多舛,世事艰难。不同的人有不一样的机遇和不一样的磨炼。

　　那些成功者,并不一定都拥有好运气。但有一点是相同的,成功者无不是从逆境中拼搏奋起,精心走好人生的每一步。只有这样,才能跨越重重逆境,在人生的阶梯中步步升高,通向人生的巅峰。

　　对于潘书柏而言,如果说整合混乱的出租车市场是一场常规性的局部战役,那么整合全市个体客运车市场,则无疑是一场旷日持久、影响巨大的"核战争"。

　　格局决定成败。如果没有超强的毅力,就不会有胸襟的广阔;如果没有胸襟的广阔,就不会有更高的战略眼光。最终能打赢这场"核战争",潘书柏凭借的就是高远的眼光、雄伟的志向、宽阔的胸襟和宏大的气度。

"快客"的破冰之旅

> 方向不对，越做越累。方向一对，事半功倍。作为创业者，要将勤奋建立在敏锐洞察力的基础上，才能抓住机遇，发挥特长，为创业的成功扬帆导航。

1997年，发生了一件举世瞩目的盛事——被英国租借的香港回归到中国的怀抱。

同一年，潘书柏的创业生涯迎来了一件大事——挺进客运市场。

总拣别人看不到的地方去，这是潘书柏的创业信条之一。这样的超前意识可以说是那些商业巨子们共同的特征，凡事"快半拍"，企业总能够赶在时代的前面，带动市场获得预期的发展。

企业家能否引领企业胜利远航，关键在于其是否能够把握市场发展趋势，看清前进方向，超前对市场变化的走势、进程和结果做出正确的判断，从而趋利避害，抢抓商机，掌握市场的主动权。

一次偶然的机会，让潘书柏看到了一个崭新的市场。一天晚上，神龙出租车公司的一个司机跟潘书柏讲起了他当天的"奇遇"："有一个客人打了我的车，要去建湖，我报价100块，他觉得太贵。我说出租车就这价格，最低给80块，要不然你就坐10块的中巴车。那个客人说等中巴车要耗时间，而且中巴车开得慢。他有急事，但又舍不得花钱。就在我跟他讲价时，又有一个客人来打车，也是去建湖，我给他们一合计,送一个也是送,送两个也是送,干脆一人给40块,结果两个客人都很满意,还要了我的电话号码,说是以后用车还找我。"

两个人"拼"了一辆出租车,司机得意的是做了这笔业务。但说者无心,听者有意,潘书柏头脑中灵光一闪,此前他在送客时,也有乘客问他能不能"拼车",但常常时有不巧,临时性的"拼车"总找不到合适的客源。这次听这位出租车司机一说,潘书柏立马有了个新主意:要是在一个固定的停靠点,做出租车快客短途业务,把去同一目的地的乘客"拼"起来,准会有业务送上门。

一个人若想成功,勤奋无疑是必备的素质,然而世上勤奋者成千上万,成功者却寥寥无几。潘书柏的成功告诉我们,方向不对,越做越累;方向一对,事半功倍。作为创业者,要将勤奋建立在敏锐洞察力的基础上,才能抓住机遇,发挥特长,为创业的成功扬帆导航。

说干就干。第二天,潘书柏就到市交通局运管处打听办理短途线路的事。一位接待他的负责人说:"用轿车做快客,在盐城还是头一回听说。"由于是新鲜事,审批手续烦琐了些,但最终还是批给了潘书柏几条线路,分别为:盐城—建湖、盐城—射阳、盐城—阜宁。

线路批下来后,潘书柏果断投资,从上海购置部分桑塔纳,又对外招进几辆桑塔纳,专跑短途客运,并租赁了停车场。

说起租赁停车场,虽然只是一个很小的投入,但从中却可管窥出潘书柏无处不在的规范管理的细节。

当年,个体出租、客运车辆不断增加,除了国有企业外,个体车主从来没有建立停车场的理念,车子停到哪儿,哪儿就是"停车场"。潘书柏极不认同这个理念，从早先他进城开摩托三轮卡时起，他就有了停车场的情结，认为无论是做企业还是搞个体，有了停车场，才是运输行业规范运营的象征。

正因如此，潘书柏在出租车有了一定的规模，且短途客运跑起来后，立即着手寻租停车场。2000年8月，潘书柏与盐城市悦泰和蔬菜副食品公司达成协议，整体租赁了该公司院内1000平方米的场地和部分办公室，租期为5年，并按规定办理了工商执照，通过了市运管处、市交警支队的验收后，正式对外开放。

如果把潘书柏创业的起步历程，比作飞机加速起飞的历程，这个停车场无疑是起飞前的跑道。

有了停车场后，潘书柏对短途快客进行规范管理。其中发往建湖、射阳的班车，每15分钟就有一班。对于这种新式的客运类型，当时还没有明确的定义，最终市运管处给取了个名字——合乘班车。

在审批盐城—大丰线路时，遇到了点波折，时任大丰运管处负责人不同意审批，理由是：当地的中巴车都吃不饱，不能再批线路。此事一搁就是半年多，但别的几条线路跑得风生水起，旅客享受出租车的待遇，费用只比中巴车贵一点，赢得一片点赞声。大丰的旅客坐不住了，在市场强烈的呼唤下，盐城—大丰的快客线路还是给审批了下来。

短途快客的试水成功给了潘书柏极大的鼓舞。第二年，潘书柏顺势而为，将短途客运拓展到中长途客运，他自购了三辆依维柯，跑起了盐城—徐州、盐城—宿迁的中长途客运线路。

潘书柏是个善于梳理总结和规范提升的创业者。在中长途客运车辆上路后，潘书柏意识到客运市场巨大的发展潜力。为做大这块"蛋糕",潘书柏想进一步发展运输公司,以符合交通局"客运要有5条线路"的最基本的运营要求,而神龙运输公司名下只有3条线路,条件不够。就在潘书柏犯愁时,出现了向好的转机,两位分别跑盐城—南京、盐城—盘湾的个体客运车主,主动提出将他们的车辆挂靠进神龙公司。有了这两条客运线路的加盟,运输公司的条件成熟了,站稳了脚跟,吹响了神龙全面冲向客运市场的进军号角。

创业的道路上,总是布满艰辛和坎坷。神龙运输公司才平稳运作了一年多时间,一场暴风骤雨的大盘整突然降临——

2000年5月,一份交通部发出的《道路旅客运输企业经营资质管理规定(试行)》的文件摆在了潘书柏办公桌上。这个文件编号为"交公路发〔2000〕225号"的文件,潘书柏看了又看,在一些重点地方,他还用钢笔进行了标注。该规定将道路客运企业的经营资质等级分为一、二、三、四、五级,个体运输户不评经营资质等级。

出台该通知的目的就是将所有的客运车辆都要归并入运输公司进行扎口管理,那就意味着个体运输户将失去经营资质,曾经在客运市场上奔跑甚欢的个体客运车辆将结束"单打独斗"的时代,不挂靠进有资质的运输公司,就再难上路。

交通部设置的运输公司准入门槛非常高。仅以"二级企业"为例,该规定就设置了6道门槛:(一)资历:企业经营高速客运或一类班线客运5年以上;企业在近5年内年均完成客运量230万人或客运周转量23000万人公里以上。(二)人员素质:企业经理有从事本行业经营(或管理)工作5年以上或经济管理工作10年以上的经历;企业管理人员中有专业技术职称的人员不少于40%；企业营运客车驾驶员中，安全行车30万公里以上的不少于40%。（三）资产规模：企业净资产5000万元以上，其中客运净资产3000万元以上。（四）车辆和设施：企业自有营运客车150辆以上、客位4500个以上且高级客车在50辆以上、客位1500个以上，或拥有高级营运客车60辆以上、客位1800个以上；车辆平均新度系数在0.7以上；至少自有一个二类以上的汽车维修厂；至少自有一个一级或两个二级汽车客运站。（五）企业管理：企业有健全的经营、财务、统计、安全、技术、劳动等管理机构和与之相适应的管理制度。（六）经营效益：企业年完成总营业收入5000万元，其中客运收入3000万元以上；资产负债率不高于60%。

这么高的"门槛"，让潘书柏望而生畏。放眼盐城，除了国有的盐阜公路运输集团符合这一条件外，还没有第二家公司能跨过这道"门槛"。

如果对当年盐城的客运市场进行剖析，用一个词概括就是"三国纷争"。盐阜公路运输集团作为国有企业，稳坐龙头老大位置。盐城所属各县（市）交通局也设有集体性质的交通运输企业，他们如同割据一方的各路"诸侯"。

除此而外，就是迅速崛起的个体户车辆了。据统计，盐城当时登记在案的个体客运线路约有120条，车辆分散在盐城市区及各县（市）。这些车辆有的是一个人名下两三辆客车，也有两三个人甚至十多个人合股一辆客车的，人员素质参差不齐，车辆构成纷繁复杂，线路运营矛盾重重，他们被视为"散兵游勇"。因此，在这轮整合中，盐阜公路运输集团态度明确：坚决不收编一辆个体客运车。

由于盐城各县（市）集体交通运输企业的单个实力也不够格，经过多轮协商，各县（市）集体交通运输企业组建了联合舰队——江苏星宇公路运输公司，原盐城市阜宁县一汽公司总经理胡为中，因其丰富的从业经历及管理经验，被聘任为江苏星宇公司的总经理，法人代表由原射阳县客运公司总经理戴启楼担任。

星宇公路运输公司组建后，采取等同于盐阜公路运输集团的闭环方式，即不接受个体客运户的挂靠。

如此一来，原先跑得风生水起的个体客运立马成了没人敢接手、愿意接手的"弃子"，包括潘书柏在内的数百名个体客运老板将面临被淘汰出局的风险。

被架上去的"挂帅"出征

> 人生的快乐有一大半要建筑在人与人的关系上面。只要人与人的关系调处得好,生活没有不快乐的。许多人感觉生活苦恼,原因大半是没有把人与人的关系调处适宜。

跨过千禧年,中国进入了崭新的发展里程。但2001年的春天,对盐城的个体客运车主来说,却是坐卧不宁的季节。尽管刚刚过去的春运,蜂拥的人潮客流,让他们赚了个盆满钵溢;但前途未卜的整合,却依然像阴冷的寒风一样,吹荡在他们的心中。

那一年,以往一进会场就坐不住的车老板们却异乎寻常地热衷于"开会"。这轮大统合,个体客运车辆怎么整?未来的路何去何从?几个月的时间,由市运管处召集的会议,前后开了几十次。除了业务主管部门召集的会议而外,阜宁、滨海的车老板们还三天两头赶往盐城,自发地开"研讨会"。

几十场会议开下来,大伙儿你一言我一语,倒是各抒己见,讨论热烈。可一牵涉到统合的大议题,却一个个没有主张,犹如刚刚堆好的沙塔,被风一吹,立马松散了下来。

潘书柏尽管对自身客运市场如何发展忧心忡忡,但相对于那些就靠客运车辆维持收入的车主,他没像他们热锅上的蚂蚁急得团团转,倒是保持着冷静和理性的姿态。他参加了早期的几次会议后，发觉这样人多嘴杂的会议解决不了任何问题，只能徒耗时间，他索性不再参会了。可他不参会，那些从县城来到盐城的车主没有忽视他，无论是在出租行业还是在客运行业，潘书柏都是一个响当当的人物，他的人品和实力，在业内有口皆碑。因此，那些车主每次到盐城开会，都会集中到潘书柏的办公室来转转。

自古有句话：同行是冤家。这句话放在潘书柏的待人接物上毫不适用，他非但没把这些同行当成冤家，反而当成了朋友。他认为，人生的快乐有一大半要建筑在人与人的关系上面。只要人与人的关系调处得好，生活没有不快乐的。许多人感觉生活苦恼，原因大半是没有把人与人的关系调处适宜。

只要那些车主登门，他每次都热情接待，留他们喝酒吃饭。尤其是滨海和阜宁的一帮车主，来了盐城几十次，也就吃了潘书柏几十顿饭。

有人吃得不好意思了，就跟潘书柏说："我们每次来盐城，都要扰你一顿饭，要不我们给饭钱吧！"潘书柏断然拒绝："都是同行朋友，就别说客套话，只要你们愿意赏光，到我这儿酒尽喝、饭尽饱。"

有些车主原先与潘书柏不熟，几顿饭吃下来后，就把潘书柏当成了知心朋友。一次，借着酒酣耳热，阜宁的一位车主提议："潘老板的人品没得说，又是我们这个行业的大佬，咱们干脆并到神龙运输公司得了。"

他的提议得到一部分人的响应。但滨海有几位车主提出："我们滨海的亚龙运输公司规模也大，诸位也可以考虑并入亚龙公司。"

并入亚龙的提议也得到了一些人的响应。"反正不是神龙就是亚龙，咱们就这么定了。"没想到，他们开了几十次会议都没议出名堂，一顿饭局却找到了方向，真可谓山重水复疑无路，柳暗花明又一村。

有了方向，接下来的事情就相对好办多了。时任市运管处主任徐国炎再次召集大伙开会时，大伙儿把并入神龙或亚龙的两套方案都提了出来。亚龙运输公司挂靠的车辆有60辆之多，规模超过神龙。据此，大家商议出一套方案，即公司名称就打亚龙的招牌，法人代表由神龙公司的潘书柏出任，总经理就由亚龙运输公司的法人代表出任。

说心里话，潘书柏对牵这个头并不热心，主要出于两个方面的考虑：一方面，在整合收编出租车时，他已经吃够了苦，如今再让他收编鱼龙混杂的个体客运车，他真不想再遭一回罪；另一方面，担任法人代表，就得承担责任，对于一盘散沙的个体客运车，存在着许多风险和隐患，那也就意味着，这些风险和隐患他都要不讲任何条件地承担起来。因此，当众人力推潘书柏当法人代表时，潘书柏几次推辞不接受。

此外，潘书柏早期与人合伙创办华云出租公司不到一年就散伙的阴云还笼罩在他的心中。他原先也发过誓，"有多大的口袋就装多少米"，自己闷头做事，不想再与人合伙做生意。

僵持不下时，徐国炎一锤定了音："潘总，大伙儿都信任你，这副担子不轻，也只有你能挑这个头。"市运管处领导发了话，潘书柏不好再推辞，盛情难却，只得硬着头皮应承了下来。

至于潘书柏早期定下的"不与人合伙做生意"的原则，他也感觉到时过境迁，环境已经发生了深刻变化，人就要因时因势而进行转变。"人"字的结构就是相互支撑，作为社会人，不可能不与方方面面的人打交道，固步自封不可取。这个认识上的飞跃，也是他的创业思想逐步走向成熟的印记之一。

万事开头难。进入实际运作阶段时，又一个意想不到的情况发生了——

在讨论方案时，亚龙运输公司的法人代表表示公司成立时，只有两位股东。而在变更工商登记手续时，突然又冒出了一个股东。原来，亚龙公司实际上有三位股东，第三位股东与法人代表不合拍，两人工作中存有严重的分歧与矛盾，直接导致了只要法人赞成的事，那位股东就坚决反对。同样，那位股东想做的事，该法人代表也是一口否决。矛盾发展到一定程度，出现了亚龙运输公司有两个公章，该法人代表与那位股东一人一个公章的怪现象。在工商登记手续变更时，因那位股东的坚决反对，工商手续没法领到手。

此路不通，只能另想他法。

经过再次开会讨论，决定就以神龙运输公司为"母公司"，法人代表还是潘书柏出任。神龙运输公司在重组前，股东为潘书

经过艰难整组后，神龙运输公司成立时有关人员合影

盐城运管处有关道路客运经营线路公示

柏夫妻二人。在神龙运输公司升级重组中，潘书柏的爱人退出了股东行列，股东变更为潘书柏等5人。公司共统合客运车辆160辆。下设滨海分公司、射阳分公司、阜宁一分公司、阜宁二分公司等。以100股为配发股，包括潘书柏在内各配发20%的股份。此股配比下去后，再由各分公司按照自身的实际情况，在20%的一轮配比股中再进行二轮配股。

经过前后数月的紧张磨合、筹备，重组的盐城市神龙运输有限公司于2002年6月16日正式挂牌成立，并在盐城宾馆举行了盛大的揭牌仪式，盐城市有关领导亲临现场，参与揭牌仪式，在致辞中给予了重组后的神龙公司最热烈、最美好的祝愿。

在公司揭牌的喜庆时刻，潘书柏没有因公司挂牌而喜气洋洋。相反，他内心里却悬着一块巨大的石头。他知道，公司成立后，虽然翻开了盐城历史上民营客运的崭新篇章，但前路漫漫，不知道还有多少道激流险滩在等着他呢！

内讧的合伙人

> 当我没有后路时,我就只有前进!有时,退一步未必是海阔天空,也有可能是万丈悬崖;而前进一步未必是山重水复,也有可能是柳暗花明。

中国式合伙人往往是最能吃苦的合伙人,也常是极容易滋生内讧的合伙人。当利益一致时,合伙人能够上下同心,可谓风雨同舟;当利益发生冲突时,又往往是趋利避害,翻脸不认人。

神龙运输公司重组挂牌之初,亦没有逃出这个"魔咒"。如果说合伙创办的华云公司解散时,大家还是"好聚好散";那么新整组成立的神龙运输公司中的内讧,却让潘书柏走向了步步惊心的"迷宫"。

重组的神龙运输公司正式挂牌运营,担任董事长的潘书柏如坐针毡。那些刺痛他的"针"来自公司没有统一的规章制度,没有签订安全合同,部分车辆保险手续不全……用他的话说就是:"公司就像临时拉起来的杂牌军,到处都是隐患,运营初期,我简直就坐上了火药桶。"

挂牌运营的次日,公司就开了一次股东会,对 5 名股东的当前要务做了分工。身为董事长的潘书柏负责到南京跑资质手续。

分工后，潘书柏依法履行法人代表、董事长的职责，他提出了三条工作思路：一是所有挂靠在神龙运输公司旗下的客运车辆都要签订安全管理责任合同；二是所有客运车辆全部由公司统一代缴保险；三是向挂靠车辆收取管理费以支付公司的房租、管理人员费用，维持公司的正常运营。

岂料，他的这三条工作思路一经提出，就遭到了激烈反对。有股东提出："交钱我们不同意，我原来的公司挂靠了那么多个体车辆，都没收过钱。"还有股东提出："安全管理责任合同可以签，但不能一刀切，保险由各车辆自行、自觉、自愿缴纳。"

事前，潘书柏就对当这个法人代表深有担忧，现在问题果然来了。他较真地对几名股东说："现在我是法人代表，安全和保险无小事，要是出了问题，我潘书柏就得担责，既然担当这个责任，就必须按照规范化运营的思路来操作！"

然而，人多嘴杂。董事会上，各唱各的调，各拉各的弦。几乎没人会设身处地为潘书柏肩上所扛的责任着想。

本来很明朗的议题，很短的会议就可以落实。但那天的会议前后开了几个小时，大家的意见还是难以统一。潘书柏怎么说这几名股东都无动于衷，形不成统一的意见。潘书柏见久攻不下，他也冒火了："要是不按我这个方案去执行，公司不如散伙算了！"

潘书柏动真格发的一通火，这才让股东们有所妥协。最终，董事会通过了向客运车辆每辆车每月收取200元管理费的决议，安全管理责任合同与统一缴纳保险由公司副董事长吴万亚负责贯彻落实。

这次股东会，潘书柏只是暂时占了上风。在事后的落实上，却完全没有按照股东会的决议去执行，给公司埋下了极大的安全隐患。此后遭遇的两次突如其来的车祸，也让潘书柏躺着中了枪，替人背了黑锅。当然这是后话。

按照股东会的分工，潘书柏成立了一套班子，申报客运资质。并聘请了射阳县运输公司总工刘训台，招聘了专业从事交通运输业的陈其勇、丁怀锁、黄秋江、吴友芳等人，同时负责收集各公司的线路客运车辆资料，然后跑南京办理整合手续，这是一项极其烦琐的工作，也是申报资质的最基本的工作。公司所属的每一辆客运车都要进行身份确认，160多辆大客车，车老板常年奔波在外，都不会主动送手续到公司。潘书柏只得一个县城一个县城地跑，找到那些车老板，将手续复印过来。个人辛苦点也就罢了，少数车主还不能理解支持，潘书柏上门去复印手续时，有的只顾忙业务，还有的对潘书柏说"风凉话"。潘书柏一切以大局为重，对怠慢他的车主都没往心里去，听在耳朵里的"风凉话"也是一笑置之。

还有一些客运车辆有几位甚至十几位"股东"，内部意见不一致，潘书柏只得一辆车一辆车地进行摸底，一个股东一个股东地做思想工作。历经千辛万苦，总算把各类手续复印了过来。

要通过资质验收，神龙运输公司还得有自己的汽车修理厂。潘书柏四处出击，采取紧密联合的方式，并入了汽修厂。几个月时间，潘书柏数十次往返于盐城与南京之间，经过一番努力，神龙运输公司终于通过了交通部的二级资质验收，公司也由此获得了上路的"身份证"。

潘书柏负责的工作不断取得进展，称得上捷报频传，别的董事所负责的工作却成了一团乱麻。按公司章程，董事长对公司应负全责。刚开始，潘书柏出于对其他董事的信任，再加上自己手头工作的烦琐，他对由另几位董事负责的工作没有过多过问。没想到却出了问题——

获得授权与客运车辆签挂靠合同的副董事长一味当"老好人"，把关不严，在没有签订安全管理责任合同和统一缴纳保险的前提条件下，给挂靠车主盖章办理道路证及车辆年审手续，管理费也收不上来，导致神龙运输公司成了一个只有资质没有实质管理权的"空壳公司"。

潘书柏得知这一情况后，火冒三丈，立即组织召开股东会。在会上他单刀直入，问擅自盖章的副董事长：收不上管理费，公司的房租、工资谁来支付？没有统一的安全管理责任合同，出了事故谁来担责？保险费不统一缴纳，有些车辆只缴基本的保险费，他们遇事故抗不了风险，谁来帮他们扛这个风险？

一番连环炮式的发问，让几名股东哑口无言。直接对此事负有责任的副董事长脸上挂不住了，他突然拍桌子吼道："我们组建这个公司，就是做个形式而已。你那么严格，难道是你的家族企业不成！"

潘书柏也不甘示弱，他回击道："要做就做实事，公司既然依法组建了，就得按规矩办事。要是不按规范化运作的路子来，明天我们就去工商局注销手续，公司不办了！"几名股东看潘书柏又要撂挑子，他们劝道："潘总，你别发脾气，公司好不容易才组建起来，资质验收也通过了，哪能说不办就不办呢？"

"那好，既然要办，我现在还是公司法人代表，对公章有绝对管理权，我现在要求副董事长把公章交出来，由我来管理！"

潘书柏提出的这个要求一点也不过分。

公章，象征着一个单位的权力，也是体现一个单位的尊严所在。如若把公章当成"橡皮泥"，很不严肃地四处乱盖，轻则有损单位的权力和尊严，重则会引来不必要的麻烦和灾祸。

为不让权力失控，潘书柏要收缴公章。但在那位副董事长看来，此举却是在夺他的权，他立即反弹起来："潘书柏，你别欺人太甚，想让我把公章交出来，门都没有！"

潘书柏针锋相对："你搞清楚了，到底谁在欺负谁？我作为公司的法人代表，对公司就要负全盘责任。你把公章四处瞎盖，简直就是把我架到了火上烤。"

两个人你来我往，从下午一直争吵到后半夜，事情还是没有得到彻底解决。

在这次较量中，潘书柏的倔劲也上来了。他放言："明天不把公章送到我办公室，我就以法人代表的权利声明原公章作废，新刻公章到工商局注销公司。"

双方僵持不下，再这样下去，神龙运输公司真有可能散了。当然，这也不是潘书柏愿意看到的结果，尽管他将解散公司经常挂在嘴上，但那也是不得已而为之。与这几名股东"斗法"，他并没有多少"武器"可以利用。

潘书柏心里清楚，与他针锋相对的这帮人，对利益看得很重。如果真的把公司注销，对他们来说，就相当于断了他们赚钱的生路。他们没了公司、线路，客运车辆就没有挂靠的地方，也就无法经营了。因此，公司才是他们的唯一饭碗。

而潘书柏则不同，除了客运公司，他的出租车公司越做越大，往神龙运输公司投的钱，也来源于出租车公司的滋养，假使真的把神龙运输公司注销了，潘书柏还有出租车公司做他的后援支撑。从这个角度来说，潘书柏可谓"进可攻、退可守"。非常时期不得不用非常之道，因此，唯有以注销神龙运输公司、打碎他们的饭碗来"要挟"，才能降服这些不想规范化管理的股东，公司也才能真正步入正轨。

"当我没有后路时，我就只有前进！有时，退一步未必是海阔天空，也有可能是万丈悬崖；而前进一步未必是山重水复，也有可能是柳暗花明。"这是潘书柏的为人风格，遇有困难无法后退时，就必须勇猛向前。这种风格和电视剧《亮剑》里的主人公李云龙极其相像。既然公司不能散伙，那潘书柏就无论如何必须打赢这场战役！

情急之中，潘书柏将公司的困境向业务主管部门市运管处提出，徐国炎主任也不愿意看到经过一年多时间的磨合才组建起来的公司就这样散伙。第二天，他专程来到神龙运输公司，主持公司的股东会。有了徐主任的支持和坐镇，几名股东当着他的面表态，完全同意潘书柏规范化管理的方案。在让那名副董事长交出公章时，徐主任也顾及他的面子，采取迂回侧击的办法，他提出：公章可以不当面交，但要送到公司的办公室，由办公室主任代管。

可这个苦心搭好的"台阶"还是没能让那位副董事长自己走下来。约定交公章的那天，副董事长干脆就没去办公室。潘书柏立即安排总经理："你到副董事长办公室把公章取出来给我，我要用公章。"

那位总经理为难地说："副董事长不在办公室。"

"那就撬锁，把公章拿过来。"潘书柏的破釜沉舟，终于使他赢得了"夺公章"这场战役，也为公司的规范化管理扫除了一道障碍。

　　而这，仅仅是开始。就在此事解决后不久，一场突如其来的重大车祸，一下子将潘书柏推向了人生的又一个风口浪尖……

触目惊心的特大交通事故

> 无论前方风多大、雨多急,闯过去就是一片海阔天空,创业者的魅力,不在于事业成功时绽放的美丽,而在于坚强走过坎坷后的从容。

通过强制手段,潘书柏收缴了神龙运输公司的公章,这意味着公司分散的权力走向集中。

神龙运输公司"大本营"内部的矛盾告一段落后,当务之急就是敦促各车辆统一缴纳保险。对于这项建议,保险意识不强的车主们大多持反对态度,原因就是由公司统一缴纳保险,保额就高不就低,车辆就得多交保险。那些目光短浅的车主大多怀有安全侥幸心理,在他们看来,能少交一分钱就是"赚"了一分钱。

为提升车主们的保险意识,潘书柏几乎成了一个保险推销员。在2003年年初启动的春运时段,他借着检查春运的机会,对车辆的保险做了一次调研,不查不知道,一查吓一跳。大多数车主保"三责险"是就低不就高,只保了20万元责任保险,抗风险能力非常弱,要是出事,保额根本不够赔付。当时保险公司的最高保额也就是50万,潘书柏经过与保险公司多轮谈判,将"三责险"的保额提到了100万;而且,他积极为车主树立榜样,他自己的车辆全部按100万元保额来投"三责险"。他又到滨海、阜宁、响水分公司给车主们开会宣传、动员,可是,他无论怎么晓之以理，动之以情，大多车主就是不听他的。

潘书柏有点儿心灰意冷，还在谋划着怎样才能强化车主的保险意识，没想到一场特大车祸突如其来——

2003年2月11日，农历正月十一。当天晚上九时许，劳累了一天的潘书柏正在浴室洗澡，突然接到滨海分公司经理打来的电话："潘总，出大事了！"

"出什么事了？"潘书柏的神经一下子绷紧了，他预感到，这么晚打来的电话一定事关重大。

分公司经理惊慌地说："滨海开苏州的一辆客车，在盐宁高速兴化与盐城的交界处，追尾了前面的车子，死了三个人。"

果然是大事故！潘书柏头脑"嗡"了一下，一激动从躺椅上弹起了身子。真是怕啥来啥，他三下五除二穿上衣服，出门开车就往事故现场赶。

室外，大雪纷飞，这是盐城历史上罕见的特大风雪天气。雪落在地上，在阴冷的空气下结成了冰。潘书柏上车起动后，雪花碎片状扑打在车玻璃上，能见度只有两三米远。稍一刹车，轮胎就在结冰的地面上打滑。潘书柏小心翼翼地拐进了盐宁高速入口，但收费站当班人员告知：因天气恶劣，高速公路暂时封闭。

事故重大，潘书柏必须赶到现场。他向工作人员解释："我是神龙运输公司的负责人，我们公司的大客车在高速上出事了，我得去现场处理。"工作人员见潘书柏焦急万分的样子，同时他们也得知前方发生了较大的交通事故，最终通融放行。放行时还不忘关照一句："天气不好，路面滑，小心驾驶。"

刚驶离收费站，潘书柏的手机又响，拿起一接，还是滨海分公司的经理，他沮丧地汇报："潘总，听说现在死了六个人……"

死亡人数由当初报的三个人一下子增到六个人，潘书柏的心又被猛烈地一拽，几乎沉到了冰窖的底层。

上了宁靖盐高速安丰段时，就模模糊糊地看到一百多米远的前方，汽车停成了长龙，几辆警车的顶灯触目惊心地闪烁着。潘书柏放松了油门，缓缓地轻踩刹车，汽车向前滑行了几十米后，方才停稳。

下车后，现场的惨状让潘书柏浑身的汗毛都竖了起来：一辆滨海的大客车追尾了前面的一辆面包车，面包车的车厢被挤缩得只有原来的三分之一大小，足见撞击力是多么的巨大！十几米范围内的路段，遍地鲜血……

救护人员正在从车里拖人出来，潘书柏赶到现场时看到拖出的一些人已经被挤扁，失去了人形。当场拖出来的就有七个人现场死亡，另有多人重伤。事故发生后，大客车的驾驶员已被警方控制。

据初步了解，滨海的这辆大客车由北向南行驶时，因前方路段发生了几起大小不等的事故，被堵的汽车一字排开。由于能见度低，开车的司机快到近前时才发现堵车现象。这时，路边有路政工作人员亮着灯示意大客车停车，因路面结冰，司机猛踩刹车时，车身剧烈摆动，结果当场将一位示意停车的路政工作人员撞死。

尽管踩下了紧急刹车，大客车在左右摇晃时，还是快速地撞向前方的一辆面包车，结果将面包车挤扁，由此酿成了"2·11特大交通事故"。面包车核定座位是11个，在事后查实，该车严重超载，车内乘客为14人。面包车里的乘客都是刚过完年外出打工的民工，没想到，这次出门竟然一脚踏上了黄泉路……

潘书柏以公司负责人的身份在现场处理事故，他一夜未眠。直到天色放亮，现场总算清理完毕。随后，潘书柏先是赶到医院了解入院抢救人员的情况，在抢救的途中，又先后有几人死亡，现场死亡的人员和抢救中途死亡的重伤员都被拉进了兴化市殡仪馆。当天下午，潘书柏赶到了殡仪馆。也就是在这时，他才得到了最确切的死亡数字：事故共造成10人死亡！

其时，县级市的兴化市还处于扬州市管辖。事故发生后，扬州市政府分管副市长、公安局长亲临现场处置。在殡仪馆，时任扬州市公安局长得知潘书柏是肇事车辆所在公司的负责人后，他默算了一笔账，按当时交通事故死亡1人需要7万元的赔偿额计算，然后寒着脸对潘书柏说："我给你三天时间，回去准备一百万赔偿款，否则会对你采取强制措施。"

三天，一百万！犹如一记重棒，打得潘书柏晕头转向。尽管一夜未眠，一身疲累，他还得强打精神处理事故的善后事宜。肇事车辆挂靠在滨海分公司名下，车老板有三辆大客车，虽说客运业务做得不错，可买车时欠了不少钱，外债还没有还完。出事后，他愁眉苦脸地对潘书柏说："我四处筹借顶多只有二三十万，一百万我肯定拿不出。"

潘书柏苦恼不堪，这一百万他也拿不出。对于创业者来说，资金几乎都投放在固定资产上，一时半会能拿出超百万元流动资金的企业还真不多。时间急迫，如果一百万不如期拿出，搞不好自己真的会被公安部门采取强制措施。潘书柏只得四处筹借，公司的那几名股东听说潘书柏要筹钱，都声称自己资金紧张，拿不出钱，就是直接从滨海出来的副董事长也仅捧出了两万元。除潘书柏外，另四名股东凑起来的钱不到五万元。缺口巨大，潘书柏四处借钱时，还有一些人在背后兴风作浪，有人说："潘书柏是公司的法人代表，这钱就应该他去想办法。"

潘书柏听后更是怒从心起：签安全管理责任合同，没人积极响应；提高保额由公司统一交保险，处处被抵制。神龙运输公司重组以来，净往里面投精力、烧钱，自己还没拿到一分钱，结果却代人受过，背上了巨债。

尽管心里委屈，潘书柏还是从顾全大局出发，将委屈压进心底，他四处找朋友借钱，总算在规定的时间筹到了一百万元，又几经周折，才将这起重特大交通事故彻底善后。

可还没容潘书柏喘口气，事隔仅仅三个月。当年5月，神龙运输公司阜宁分公司名下的一辆开上海的客车，又在高速公路上出了一起交通事故，造成两人死亡。真是祸不单行！事故发生后，潘书柏又硬着头皮帮助处理事故。赔偿额高达几十万，而那辆车也就值十多万元，并且还有人给车主"出谋划策"：你把车子卖掉也不够赔的，干脆就把车子扔给潘书柏，让他去处理，要钱一分也没有！

任何事物都有两面性，这是因为事物的发展变化是由矛盾运动造成的，矛盾是指事物自身所包含的既相互排斥又相互依存，既对立又统一的关系。有些事，从一个角度看是有利或者有害的，但从另一个角度看就截然相反。就这两起交通事故而言，就是两把"双刃剑"，一刃给公司和潘书柏造成重大损失，另一刃却以血淋淋的事故唤醒了公司旗下众多车主的保险意识。当潘书柏再度推行统一保险时，他遇到的不再是阻力，而是众多车主们叹息的声音："出事的客车要是当初听了你的话，保险费就够赔偿了。"

两起交通事故，让潘书柏痛定思痛。他明白，企业只有规范管理才能赢得生存的空间。但管理企业没有现成的模式去套用，只能靠自己去摸索探路。他经过一番思考，花了两个多月的时间，终于自行设计了一套科学严谨的工作体系，层层签字落实责任，建立了从车主到分公司、从分公司到公司各科室，横向到边、纵向到底的责任包保体系，并严格督查执行，从而使公司逐步迈上规范化的管理轨道。此后，神龙运输公司旗下 100 多辆客运车全部统一缴纳了保险，而且保额均达到了当时交通事故所需赔偿的金额，足以抵抗风险。

2003 年，对潘书柏来说，注定是极不平稳的一年。先是上半年操心费力地处理两起交通事故，还被市安监局挂牌整顿一年。下半年，百余名车主又开始闹事……

然而，潘书柏坚信：无论前方风多大、雨多急，闯过去就是一片海阔天空。创业者的魅力，不在于事业成功时绽放的美丽，而在于坚强地走过坎坷后的自信从容。

第九章　坚守底线，应对挑战

　　人生不可避免会遭遇无数的逆境，每一个逆境中都蕴藏着某种危机。

　　"危机"二字在中国传统文化思想里却有着双重解释："危"是危险，"机"是机会。顾名思义，"危机'即"危险之中的机会"。所以，危机对信念不坚定者来说，它是厄运的开始；对于信念执着的人来说，却是好运的转机。

　　机会只敲一次门，成功者往往善于抓住每次机会，充分施展才能，最终获得成功，得到命运之神的垂青。回望个体客运市场前后历经十年多的整合之旅，可谓危机四伏，一度甚至四面楚歌。但潘书柏都一一挺了过来，用他的话说就是："没有汗水与泪水的交融，没有刻骨铭心的记忆与砥砺前行的拼搏，你就不能体会到创业的精彩和人生的意义。"

"影子股东"

> 在化解和克服各种困难的过程中，创业者无疑最受煎熬，如果意志稍不坚定或企业的发展方向误入歧途，企业立马就会被时代的洪流所淹没。

先上马，再规范。这是许多中国创业者在社会主义市场经济初级阶段最为常见的一种运作模式。这种"摸着石头过河"的模式，在当时可谓利大于弊，毕竟成熟的市场经济究竟往何处去，不要说创业者心中没底，就是顶层设计者也不能做到胸有成竹，只能走一步看一步。

在市场经济迅速推进的过程中，带来了许多稍纵即逝的机会，也带来了许多不可预见的风险。如今，在社会主义市场经济逐渐成熟后，再回顾当初的运作模式，大多会得出弊大于利的结论。然而，在历史车轮滚滚前行中，尽管会遇到一些曲折坎坷，甚至走过一段弯路，但总体的运行路径毕竟是向前向上的，这一点不可否认。

剖析了时代潮流的大势，再回放神龙运输公司前行的轨迹，尽管在初创期就遭遇了各种各样的矛盾，但这些坎坷是无法绕行的，从不规范到规范，注定要历经九九八十一难。

当然，在化解和克服这些困难的过程中，创业者无疑最受煎熬，如果意志稍不坚定或企业的发展方向误入歧途，企业立马就会被时代的洪流所淹没。事实上，许多企业在创业的路上被淘汰出局，尽管原因有千条万条，但最为重要的一条就是未能把握机遇，顺势而为。

企业的发展机遇，离不开企业领导者努力地工作，更离不开企业领导者敏锐的市场洞察力、长远的眼光和抓住机遇当机立断的能力。潘书柏，既是顺应时代趋势的"弄潮儿"，也是善于把握商机的"好猎手"。

神龙运输公司组建之初的两场车祸，给神龙运输公司带来了重大损失，也使潘书柏背上了债务。但这没有给潘书柏致命一击，交通事故给全公司敲响了安全警钟，最终给神龙运输公司带来了规范化管理的契机。

潘书柏巧妙抓住这一契机，在公司强势推进统一保险和统一管理；原先对此极度抗拒的人员，在血淋淋的交通事故面前，也无话可说，统一保险和统一管理终于成功推进。

但矛盾并未就此结束，潘书柏刚刚解决了一个棘手的矛盾，新的矛盾就接踵而至：那些原先抗拒由公司统一缴纳保险的人员，明里不能就此事抗议，他们内心却不肯罢休，拿起"放大镜"，处处找潘书柏和神龙公司的麻烦。

转眼间，神龙运输公司跌跌撞撞地走过了一年。这一年，尽管股东内讧、突发交通事故，各种磕磕碰碰不断……但从大局来看，公司的发展方向并没有走偏，总体上还在驶往规范之路。

潘书柏经与股东商量，准备在公司成立一周年时，组织一个庆典仪式，洗刷一下"晦气"，重新上路。然而，神龙运输公司的一周年庆典活动刚开始紧锣密鼓地筹备，不料一场突如其来的群访事件，使庆典活动最终"流产"。

2003年6月，神龙运输公司组建一周年的庆典进入倒计时，不想滨海分公司70多人却分乘两辆大客车赴省城上访，将江苏省交通厅的大门给堵上。他们上访的事由是：他们的客车被统并进神龙运输公司，但他们并没有成为公司的股东。

前文已经交代过，神龙运输公司在组建前，就按《公司法》和公司章程，对股份进行了合理分配。但各分公司在股份的二次分配中，一些分公司工作并没有做到位，造成了一批"影子股东"。所谓"影子股东"就是指有车辆挂靠在神龙运输公司的车主，没有成为公司的股东。而带头上访的就是那些极力反对统一缴纳保险和统一管理的车主。之所以滨海分公司起了头，最深层的原因还是他们过去挂靠在滨海亚龙运输公司，亚龙公司没收过费，名义上他们的车辆在亚龙公司旗下，实际上没有具体管理，跟个体客运车辆毫无区别；进入神龙公司后，公司不断给他们念"紧箍咒"，引起他们的不满，对抗情绪的累积成为他们上访的最大动因。

几十人上访事件引起了江苏省交通厅的重视，省交通厅专门派员与盐城市交通局组成联合工作组进驻神龙运输公司，指导处理此事。在外人看来，联合工作组的进驻，犹如"捆仙绳"会束缚住潘书柏。但潘书柏却以真心欢迎的态度迎接着联合工作组的进驻，他辩证地认识到，神龙运输公司当下只有借助工作组的力量才能进一步予以规范。

潘书柏规范管理的理念与工作组的进驻使命不谋而合。工作组进驻后，潘书柏全力配合工作组的工作。针对"影子股东"的上访诉求，潘书柏组织人员深入各分公司，一家一家地与车主见面深谈、调查摸底。

按照《公司法》要求，正式股东必须注入公司注册资本，神龙运输公司当初进行工商注册登记时，几名股东交付了100万元注册资本，现在部分"影子股东"要求做正式股东，这从法理上讲也说得过去。

接下来，潘书柏在股东结构的调整中，请专家规划设定了成为股东的基本准则：改革放开后，客运企业特殊的经营机制——承包经营或挂靠经营，不具备车辆入股的条件。因此，神龙运输公司通过线路为纽带，转换为股东，以1.0班线（同一条线路，2台车首末站同时对开）为一个股东，以货币出资，原代表全体业户的自然人分别将持有的股份分配给原线路人。这道门槛让部分"影子股东"自愿主动放弃了成为股东的诉求，最终经过细细梳理，20多人增补进神龙运输公司的股东序列，再加上初创时期的数名股东，股东总人数达31人。

股东多了，新问题又来了。股本的配权引起了新的纷争。在增加股东前，潘书柏已持有神龙运输公司19.5%的股权，系第一大股东。为平息纷争，调动大家的积极性，齐心协力把公司做大做强，他主动转让了2%的股权给了一个叫吴强（化名，下同）的股东,潘书柏的股权减持至17.2%,仍是神龙运输公司最大的股东。

可潘书柏的主动示好，吴强并不领情，在股本重新确权时，死活不签股权确认书。如果这一关过不了,新增的股东就无法"进门"。情急之下，潘书柏与公司的法律顾问商量出一条合法的对策，即以吴强所持有的股权为确权基准，然后再按此进行扩股，增加注册资本。如此一来，不再需要经过吴强的签字确权，从而保证了绝大部分股东的权益。这一方案，经过股东大会股权确认，公司的注册资本从 100 万元扩股增至 291.84 万元。股权分配关终于闯了过去。

这笔股权，就是神龙运输公司的注册资本。

诚心请出"赛诸葛"

> 企业家怎样选好人、用好人,最大限度地调动人的积极性、创造性和主观能动性,使企业的骨干力量形成一个团结合作、奋发向上的优秀团队,这是一个企业是否能够在市场经济的汪洋大海中乘风破浪、胜利前进的关键。

古人云:"智莫大乎知人。"人才是事业成功最重要的资本和基础。潘书柏深谙此道。

神龙运输公司组建以来,潘书柏经历了这么多事,虽说他对业务的驾驭得心应手,但身处矛盾的漩涡之中,他四处"扑火",身心俱疲,也使他无法抽出时间思考公司的发展愿景和发展战略,再加上他也深感自己缺乏大公司的管理经验,身边迫切地需要一位懂业务、善管理的人才,做他的得力助手。

企业家怎样选好人、用好人,最大限度地调动人的积极性、创造性和主观能动性,使企业的骨干力量形成一个团结合作、奋发向上的优秀团队,这是一个企业是否能够在市场经济的汪洋大海中乘风破浪、胜利前进的关键。

在处理运输公司的矛盾时,一位人才进入了潘书柏的视野,他就是盐城市星宇运输公司总经理胡为中。星宇公司是由盐城各县(市)集体交通运输企业联合组建的公司。胡为中原为阜宁县一汽运输公司总经理,在客运市场深耕多年,对业务、管理熟稔于心。胡为中的人品也极佳，深得员工的支持与信任，员工们送给他一个美誉——赛诸葛。

在神龙运输公司参与的由省、市交通管理部门召开的座谈会中，胡为中汇报星宇公司的管理、业务工作井井有条、侃侃而谈，与会领导对他大加赞赏。潘书柏也在多次接触中，被胡为中的人品与才华所折服，他一心想将胡为中挖进神龙运输公司，当他的总经理。

潘书柏为邀得胡为中的加盟，历尽"峰回路转"到"柳暗花明"的曲折历程。潘书柏先请出一位与胡为中相交多年的朋友从中牵线搭桥，专门赶往阜宁拜会胡为中，当他说出自己请将出山的意愿时，胡为中皱着眉头说："潘总，你的诚意我心领了，但我不能去就职。再等些日子，我就退休了。干了几十年，身心全扑在工作上，对家人的关照也很少。退休了，我就想陪陪家人，过过安稳日子。"

胡为中婉拒了潘书柏伸过来的"橄榄枝"，求贤若渴的潘书柏并没有死心。想当年，刘备为请诸葛亮出山而三顾茅庐，

潘书柏与胡为中合影

只要能请出胡为中，他就是十顾茅庐也在所不惜！

潘书柏的诚心求贤，让胡为中感动不已。当潘书柏又一次风尘仆仆地敲开他的家门时，他说了一番推心置腹的话："潘总，神龙运输公司的情况我知道不少，大多是些跑个体客运的车主凑在一起，这些人都是翻江倒海的猴子，与他们打交道，费心费神

不说，搞不好，还惹得一身腥。"

胡为中说的是实话，潘书柏自然不会隐瞒，他将神龙运输公司面临的现状和难题一一道来。对于他提出的一些问题，胡为中很快就给出了化解的办法，这让潘书柏更对他刮目相看。胡为中见潘书柏对他不加隐瞒，为人诚实，再加上潘书柏将自己的创业经历简略地一说，他优秀的人品也深深地打动了胡为中。那天，两人惺惺相惜，从下午一直聊到了掌灯时分。

临分别时，胡为中送潘书柏离开。潘书柏紧紧地握着胡为中的手说："胡总，神龙运输公司现在确实是困难重重，举步维艰，但沧海横流方显英雄本色，只要你愿意，神龙运输公司一定会虚席以待，以最大的热忱欢迎你的到来！"

胡为中沉吟片刻后，终于给潘书柏吃了一颗"定心丸"，说道："潘总，就冲着你这个人，我答应你！"而他在下这个决定之前，他已经答应了自己在南京工作的儿女，退休后立马到南京去养老。对于父亲的爽约，胡为中的儿女自然不开心，可他们也极为理解和尊重父亲的决定。

胡为中后来在神龙运输公司、神龙控股集团副总经理的岗位上，一干就是十多年，与神龙结下了不解之缘，成为公司的"元老"之一。他协助潘书柏完成了运输公司的重组和改造升级，在公司数次重大"战役"中，均立下了汗马功劳。潘书柏曾说："得到老胡的相助，真可谓如鱼得水，如虎添翼。"

2015年12月，年事已长的胡为中辞去在神龙控股集团所担任的职务。潘书柏尽管心有不舍，他多么希望胡为中还能继续"辅佐"于他，可人总归抗不过自然的法则，他心里清楚，让胡为中安度晚年，是对他最好的交代。在胡辞职的那天，潘书柏举办了隆重的欢送仪式，他情真意切地说："胡总，你虽然不在公司任职了，神龙任何时候都是你的家，随时欢迎你回家看看。"

时光再往回拉10年，话说胡为中初到神龙运输公司正式上班时，时任总经理的王春（化名，下同）并没有"退位让贤"的意思。本来，他这个总经理也是潘书柏给选聘的，但对于这个人，潘书柏却看走了眼，他不仅不真心配合潘书柏推动公司发展，反而与部分反对潘书柏的人站到了一队，给公司的规范化管理设置了重重障碍。2004年，他甚至发起了"改选董事会、改选董事长"的闹剧，他自己想取潘书柏的董事长位置而代之，因为没法在股东大会上得到认同，他就组织人跑到省交通厅上访。

在省交通厅，神龙运输公司是挂上号的"上访钉子户"，大大小小的上访事件闹了十多次。对于王春等人的上访，一位负责接访的省交通厅领导哭笑不得地说："你们去年闹着当股东、当董事，今年又闹着当董事长，还有完没完？"

为妥善处理此事，省交通厅专门指派交管局的一位局长亲赴盐城调处，为息事宁人，市主管部门一些同志也被神龙的问题缠得头大，有人甚至给潘书柏打电话，要求把神龙运输公司解散了事。想解散神龙运输公司，与当时客运车辆的二次规范大背景也密切相关。时间再倒回至2002年，江苏省交通厅发出《关于清理整顿高速旅客运输秩序的通知》，该文件的核心内容有两条：一是加强资质管理，清理超类别经营线路。在规定时间内不能调整完毕的，停发客运线路标志牌附卡，收回线路标志牌。二是清理挂靠、承包经营调整公路客运线路，必须按照交通部《调整公路旅客运输管理办法》和有关规定实行公司化经营，严禁任何形式的挂靠和承包经营。对挂靠在企业名下，产权仍属个人的客运车辆，在2003年6月30日前解除承包合同，实行公司化经营；拒不执行的，收回其高速公路线路经营权。

对于当年的神龙运输公司而言，大多客运车辆都是挂靠经营的，这意味着，当神龙运输公司实行公司化经营时，他们将不再是我行我素的"车老板"，而是经过洗牌成为神龙公司的"员工"，而这，这自然触动了他们的"奶酪"。因此，潘书柏一心想推行的公司化经营与业户们的抵触，成了那几年上访闹事的总导火线。

胡为中到神龙运输公司上任的那一年，正赶上公司化经营与抵触情绪对决的关键期。他的加盟，给潘书柏带来了化解新问题的信心。矛盾重重中，胡为中未能顺利就位总经理，先担任了公司的副总经理。潘书柏深感歉意地说："胡总，一来就让你坐上火山口，委屈你了，实在抱歉。"

胡为中淡淡地说："开弓没有回头箭，既来之则安之。神龙的今天阴云笼罩，但神龙的明天一定阳光明媚。"他与潘书柏两只有力的大手紧紧地握在了一起。随后，胡为中与潘书柏并肩而战，他们兵来将挡，水来土掩，终为挽神龙于一颓，为神龙运输公司的健康发展铺开了一条阳光大道。

"一线天"中觅生机

> 时代的变局不可逆转,但变局之中又充盈着政策柔性所带来的生机。生机犹如崇山峻岭中的"一线天",把握准了,就是一条生路。

任何一个政策的出台,都不外乎两个目的,即促进规范与推动发展。这也赋予了政策的两面性,即刚性和柔性。

就拿江苏省交通厅出台的《关于清理整顿高速旅客运输秩序的通知》来说,该文件2002年就下发了,如果不顾实情,雷厉风行地强制推行,不仅对于刚以社会挂靠车辆为主体建立起来的神龙运输公司是一个灭顶之灾,全省类似的运输企业也都无法生存。

时代的变局不可逆转,但变局之中又充盈着政策柔性所带来的生机。生机犹如崇山峻岭中的"一线天",把握准了,就是一条生路。《关于清理整顿高速旅客运输秩序的通知》下发后,并没有像推土机一样强制性的推进,直到2006年8月江苏省交通厅下发33号文件后才真正开始贯彻执行。而这几年的"真空期",成为难得的"一线天",给神龙运输公司带来了公司化经营的休养生息期。

考虑到公司创建初期,由企业收购挂靠车辆条件不成熟,经济实力也达不到,潘书柏与玥为中商量后,采取了一个变通的办法,即公司按照省里的文件要求,重新签订了经营权使用合同或补充合同，将挂靠车辆的发票入账，记入公司的固定资产和负债。

由于神龙运输公司及下属的各分公司没有车站，经营的车辆又大部分在乡镇发车，乘客上下车随意性很大，没有统一的持票乘车机制；公司便按照规范管理的要求，在盐城市区紧邻宁靖盐高速马沟出口处设立了售票处，推行统一站点、统一排班、统一售票、统一标志、统一结算的"五统一"管理，并对公司经营高速的客运车辆全部统一"神龙快运"的标志，对相关站点的票款，由公司统一结算。

"五统一"的举措，保证了所有经营人的正常经营，得到了省、市交通运管部门的认可。

然而，潘书柏领导神龙运输公司按照政策要求，一步步走向规范之路时，绊脚石也相伴而至。一些人在没有弄懂弄透政策要求的前提下，出于延续旧有"我的车辆我做主"的私利保护观念，有的想另立山头，撇开神龙运输公司另行成立联合股份公司；有的想浑水摸鱼，制造事端不服从公司的统一管理。他们或主观臆断，猜测潘书柏要借此机会将公司据为己有；或捕风捉影，捏造诸如公司逃税、搞假公司、上下勾结等谣言，不停地给市交通局、省交通主管部门写信，还不停地上访，有一种不把神龙运输公司搞散、不把潘书柏拉下马誓不罢休的态势！

其中,还有人向税务部门举报神龙运输公司偷逃税款。偷逃税款，放在任何时期，都不是件小事。往大处说，偷逃税款的责任人，将承担一定的刑事责任；往小处说，如经查实，除了补交税款外，还要承担数额不菲的经济处罚。此外，企业的形象将会因此而严重受损，企业在申报项目、申请贷款、各类评先评优中都会因此而"一票否决"。直接责任人还会上失信的黑名单，会给以后的工作、生活带来极大的不便。

当税务部门接到举报,到神龙运输公司调查了解情况时,一开始,潘书柏还很茫然。创业这么多年来,他还从来没有因税款而被有关部门调查,这是头一次。税务部门工作人员语气很严肃地说:"有人举报神龙运输公司偷逃税款,我们来稽查,请你们全力配合。"

查就查呗!潘书柏没做亏心事,当然身正不怕影子歪。但是,事情既出乎他的意料,而且比他想象的后果要严重许多:经稽查,神龙运输公司存在偷逃税款情况,而且数额巨大!

潘书柏一下子蒙了,这到底是咋回事?稽查人员告诉潘书柏:"客运车辆按税法规定,每辆车每月要交1510元的营业税。经查,公司的车辆都没有交过营业税。"仅盐都区税务部门稽查出的"逃税"就高达60多万元,再加上滨海、响水、阜宁的挂靠大客车,"逃税额"巨大!

弄清原委后,潘书柏反而平静了下来,因为他有底气:公司每个月只收200元管理费,却要承担1510元的营业税,这笔账,谁都可以看得出来,他是在替人"背黑锅"!潘书柏向稽查的税务干部表白:"公司记的全是明白账,我没贪逃一分钱税款,要补交税款的是挂靠在公司的客运车主!"

事实上,在当时的个体客运车辆中,普遍存在不交营业税的现象,还有不少车主不知道有这个税种。税务部门经过深入调查,证实了潘书柏所言不虚。怎么处理这一特殊的"偷逃税"问题,成了摆在税务部门面前的一道难题。由于一时找不到妥当的办法,此事暂且被搁置了下来。

树欲静而风不止。举报人却"等不得",举报信一封封寄到了盐都区、盐城市、江苏省的三级税务部门，甚至还寄到了中纪委。据潘书柏后来回忆，当年，就有税务部门的负责人跟他讲："如果把案子移交给检察机关，你立马会被控制起来。"这绝对不是危言耸听！

不久，省税务局派人与盐城市税务局组成了联合工作组，再次就神龙运输公司"逃税"一事进行调查。潘书柏重申："公司只收了每月200元管理费，没有道理要承担每车1510元的营业税。"同时他还明确表态：税法有一个重要的原则，那就是"谁收益、谁纳税"，这笔税款自然应由挂靠车辆的车主来承担。

有理有据的辩解，一清二楚的账目。经过一番交锋，税务部门端出了解决问题的办法：一是税款必须由公司补交；二是公司可向挂靠车辆代收营业税。

为了确保公司的运行，潘书柏先从自有资金中拿出了60多万元，预垫了欠盐都税务部门的税，后来又逐步清还了滨海、阜宁、响水等税务部门的欠税。

随后，潘书柏开始了全面反击：逐个向法院起诉挂靠车辆车主，清收客车车辆所欠的营业税。最终，潘书柏打赢了所有涉税官司。包括那些举报人在内的挂靠车辆车主，不得不按照法院的判决，向公司补交了欠税。

"逃税风波"到此暂告一段落。那些举报人本想借此搞垮潘书柏，未料搬起石头却砸了自己的脚，他们举报公司逃税，到头来，恰似自己举报自己，一个个不得不捧出钱来补税。

类似这样的闹剧一直绵延数年。不过，闹剧再热闹，也挡不住神龙运输公司沿着正确道路前行的脚步。2005年10月27日，时任江苏省运输管理局局长的梅正荣在南京约见盐城市运管处领导和潘书柏等人,就公司少数经营人员反映的公司组建、经营权、产权等问题听取汇报后,梅局长铿锵有力地说:"神龙运输公司的组建是根据交通部 2000 年 225 号文件精神组建的,当时必须这样做,说神龙公司组建是错误的人是站不住脚的。成立神龙公司是保护大家的利益,不成立就不能经营。"

孙子兵法云:天时、地利、人和,是打赢战争的三要素。同样,在公司的发展历程中,这三要素也是缺一不可的。对于初创的神龙运输公司而言,顺天时、接地利,均已具备,却在"人和"上时不时引发些纷争和矛盾。

上访仍在持续,各种非议怪论满天飞,神龙运输公司一直处于山雨欲来风满楼的动荡时期。一些上访者见数次上访皆无功而返,他们甚至走起了"曲线上访"之路,即利用老乡、熟人、朋友等多种关系,整合社会各方力量,"联合"给潘书柏施加压力。

一天深夜,潘书柏接到某位业务主管部门领导的电话。那人在电话接通后,根本不给潘书柏缓冲的机会,劈头盖脸地责问:"你们神龙公司什么情况,天天上访,明天你就到工商局把公司给注销掉。"

该领导是交通管理系统的一位"老兵",平素与潘书柏打交道并不多,但潘书柏对他一直怀有敬重之心。但这次,这位领导不分青红皂白,开口就要关闭公司,潘书柏一听也火了起来。潘书柏的性格就这样:你敬我一尺,我敬你一丈。但你不问情由地对我颐指气使,对不起,那也别怪我对你不客气!

潘书柏反问对方:"公司的执照是工商部门核发的,车辆牌照是公安部门核发的。我们一直依法纳税,并遵守一切国家法律法规。交通仅是主管部门之一,凭什么你一句话,就叫我把公司注销？"

对方被潘书柏"将"了一军，支吾了好一会儿才找出说辞："安全责任是我们交通部门负起来的，我们当然有权利要求你注销公司。"

潘书柏一听这话，更是气不打一处来，他毫不相让地反击道："当年神龙公司发生特大车祸，你说承担安全责任，请问我处理这起特大交通事故时，你在哪儿？"

那人顿时无言以对。潘书柏情知对方理屈词穷，他也不给对方留面子，趁着占据上风反击："赴汤蹈火时，不见你来抢救。现在让我散了，公司欠下的这么多债务怎么办？公司亏损，我都是拿出租公司的钱发放职工工资。我是按公司法组建的公司，所有手续合法，税收一分不差，行业的收费也一样不少。现在凭什么叫我散！"

最终，那人"啪"地挂断了电话，此后再也没有提这件事。后来，潘书柏才知道，为神龙运输公司到底是继续办下去还是注销解散，市交通局运管处曾专门开过几次会进行讨论。时任运管处主任陈红旗力排众议，对神龙运输公司继续办下去给予了有力的支持。

在多次会议上，陈红旗反复强调："在盐城把个体客运车整合起来不容易，这在全省都是少见的。而且事实证明，神龙公司办起来后，对客运市场的规范管理起到了积极的作用，我们要严格按照225号文件精神支持把公司办下去。"除此而外，陈红旗对神龙运输公司的发展给予了多方支持。事隔多年，潘书柏回顾往事，仍感激地说："当年要不是红旗主任帮我们力挺，我们还不知道要遭遇多大的压力。"

在上访闹得最凶时，神龙运输公司频频出现"窝里反"，不仅董事会有人到处煽风点火，公司的总账会计还把账册偷出去，以期从中找出漏洞，给潘书柏致命一击。但让他们遗憾的是，账册上查不出任何问题。那些人还不甘心，将东拼西凑的材料大量印制，向股东散发，策动股东共同来"对付"潘书柏。

但公道自在人心。众多明白事理的股东并没跟风搅浑水，他们不仅拒绝策反，还有人劝说潘书柏："这帮人闹得太不像话了，潘总，我们支持你采取任何反击措施。"潘书柏明白"反击措施"的含义，他坦然一笑道："他们闹，他们不讲道理，我不能不讲道理！"他本着身正不怕影子歪的坦诚心态，反而让那些上访闹事者屡屡一拳打在软棉花上，就是使不上力。闹了一阵后，他们的诉求没达到，最终也只能不了了之。

压力的巨石虽大，公司化经营的潮流却势不可挡。2006年9月，神龙运输公司按照江苏省交通厅苏交运〔2006〕33号《关于加快江苏道路客运行业结构调整的意见》的文件精神，经过董事会研究决定，实行省际班线的公司化改造，面向试点的阜宁分公司及阜宁至上海班线各经营人发出了公司化改造的通知，旗帜鲜明地提出了公司化改造的四条基本原则：1. 车辆产权仍属于运输企业所有；2. 司乘人员是企业按照《劳动法》管理的职工或是按《公司法》产生的股东；单车营收全部上交企业，司乘人员不参加单车利润分配；3. 运输企业统一经营管理车辆，并承担全部风险和安全管理责任；4. 不以挂靠、承包、租赁等任何方式转让或者变相转让经营权，客运班线实行规范经营、优质服务。对于部分业户提出的联合经营模式，因不符合公司化经营的标准和文件的要求，神龙运输公司董事会予以断然否决。

这一通知下发后,顿时一石激起千层浪。原先所有的挂靠车辆业户,要么做股东,要么做神龙运输公司的职工,这引起了不满者的极大反弹,赴省、市交管部门的上访者络绎不绝,各种上访信满天飞。

2008年9月23日,时任盐城市分管副市长接待了神龙运输公司的又一上访户,该分管副市长在认真听取了各方的情况汇报后,明确表示:省政府要求公路客运线路进行"公司化升级",是加快我省道路客运业健康发展的必然趋势;2004年7月1日开始实施的《道路管理条例》明确规定,客运线路属于公共资源,经营权是有期限的,而不是终生享有,当前线路经营权归神龙公司。

让那些上访者沮丧的是,他们无论是联名写信,还是聚众上访;无论是找市局、市领导,还是找省局、省厅,他们长期的上访并未影响到神龙运输公司的公司化经营改造。

几年间,潘书柏借着公司化经营的变局,筹资购买了80多辆客运车辆,投入班线运营。时至今日,神龙运输公司共有100多条班线车辆,成为江苏省最大的民营客运企业。

黎明前的破晓之战

> 做一个优秀的企业家,就不能有暴风骤雨的情绪,任何时候都应该神定气闲,心情保持天朗气清。当别人犯错时,如果自己怒气冲天,那就是拿别人的错误在惩罚自己。

创业的路上,难免会出现不和谐的音符。少数创业者以自我为中心,不顾整个大局的形势和要求,仅从自己出发,最终给自己和整个局面带来不利的影响。

2009年3月16日,神龙运输公司就掀起了一场"董事长"之争,当日上午8时许,盐城市神龙运输有限公司的董事陆加生(化名,下同)带着两名董事和一名监事来到公司,以代办协议盖章为名,从时任公司副总经理、公司公章保管人陈其勇处取出公章,拒不交回。公章一到手,陆加生立即通知公司董事长潘书柏到会议室开会。潘书柏纳闷地反问:"为什么开会,开什么会?"

陆加生在电话中说:"来了你就知道。"

一头雾水的潘书柏临时改变工作行程,匆匆返回公司会议室。在路上,他也猜测着会议的内容,以为又是股权、产权方面的纠纷约他谈判,但没想到情况更为糟糕!

15分钟后,潘书柏赶到会议室。陆加生向他通报:"你的董事长被免了!我被选举担任董事长。"

潘书柏心往下一沉，条件反射地问："为什么？"

陆加生指了一下会议室的另外三人道："我们三名董事及一名监事刚开了会，达成一致，罢免你的董事长职务，你要少数服从多数。"

事情发生得太突然，潘书柏措手不及。他当时也很生气，与陆加生争论了几句。但面对咄咄逼人的陆加生等股东及监事，他必须争取有效的时间空间，才能不打无准备之仗，妥善解决问题。而且，自从新的神龙运输公司整组以来，公司非但没有任何盈利，还要倒贴钱去弥补。由于各种内讧不断，使潘书柏在奔波中已经身心俱疲，精神状态很差。即使再精力充沛的超人，也经不起这接连不断的折腾啊！

面对着花样不断的各种折腾，潘书柏已经心灰意冷。他当时已经萌生出退意，他在较为消极的情绪下，在《董事会决议》上签了字。但签明必须2个月后办理法人代表变更手续。

签字后，潘书柏突然有了放松的感觉，他已经开始做着不再担任神龙运输公司董事长的新工作计划。

那么股东为什么要争当董事长呢？事隔多年后，据直接参与该事件的一名董事回忆，当时有一名董事因不满公司给他调整办公室，再加上他对潘书柏平时的话断章取义，就向另几名董事散布出"潘书柏要把我们董事全部换掉"的谣言。陆加生等人出于恐慌心理，于是凑在一处商量对策。陆加生提出他手头有600多万元资金，除留100万元养老外，其余的500万元都可以拿出来投进公司。

那名散发谣言的董事一听，眼前一亮，他劝陆加生："500万元投进来都能做董事长了。"几个人商量妥当后，遂在董事长潘书柏不在场的情况下，召开了"董事会"。

上午在《董事会决议》上签了字后，潘书柏回过神来想想有点儿不对劲，这样做是否符合法律规定的《公司章程》？是否有利于稳定公司大局？是否能维持正常的生产经营秩序？带着一系列问号，他于当天下午召开了法律咨询会。

公司法律顾问黄清律师提出，按照《公司法》和《公司章程》，三名董事和一名监事形成的《董事会决议》不具法律效力。诚如黄清律师所言，陆加生事后也拿着这份"董事会决议"诉请盐城市盐都区人民法院判决确认，但盐都区人民法院未予立案。

潘书柏是个度量极大的人。他常记起哲学家康德的一句话："生气，是拿别人的错误惩罚自己。"一个企业家的素养与格局决定了企业的结局，潘书柏始终认为，做一个优秀的企业家，就不能有暴风骤雨的情绪，任何时候都应该神定气闲，心情保持天朗气清。当别人犯错时，如果自己怒气冲天，那就是拿别人的错误在惩罚自己。正是带着这样为人及处世的原则，潘书柏心想：不再担任神龙运输公司的董事长，还能腾出精力抓其他项目呢！

三天后的一个下午，潘书柏正在办公室里考虑着工作计划，电话突然响起来，他一接，一个熟悉且急切的声音传来："潘总，怎么回事？我不在家，你们运输公司就把董事长给换了？"

电话是时任盐城市交通运管处的主任陈红旗打来的。作为业务主管部门领导，神龙运输公司更换董事长，他当然得了解清楚。

潘书柏略带消极情绪地说："感谢陈主任关心，新整合成立的神龙运输公司矛盾太多，我已经被搞得身心疲惫。既然他们要当董事长，那就由他们去当，我也乐得清闲。"

"这哪像你的行事作风，他们一闹你就顶不住了？"陈红旗更加着急了,他用斩钉截铁的口吻对潘书柏说,"你现在就到我的办公室,更换董事长这么大的事,绝不能这么随随便便就给定了!"

放下电话后,潘书柏迟疑起来:去还是不去?尽管退意已生,但想想这几年为神龙运输公司所付出的心血,以及所遭受的各种委屈,他还真的要找机会跟陈红旗诉说一番。想到这儿,他拿起公文包,匆忙地赶到了陈红旗的办公室。潘书柏赶到时,陈红旗已经约上时任运管处副主任的张本进在办公室里等他。

通过这几年打交道,陈红旗与张本进对潘书柏可谓知根知底。因此,潘书柏与他们一见面,省去了客套的寒暄,直奔主题。陈红旗招呼潘书柏坐下后,就开腔道:"潘总,陆加生这个人我比较了解,并不是我对他有什么成见,而是他缺少雷厉风行的管理方式;也因年纪大了,没有创新意识,他做董事长肯定不合格,也难以服众。"

潘书柏消极地回答:"陈主任,地球离开哪一个人都可以转,这个董事长也不是非我潘书柏担任不可。他们闹着要当,就由他们去当好了。"

"不行,作为业务主管部门,我们不能眼睁睁地看着神龙运输公司散掉。"张本进接过话题说道。陈红旗随后也果断地说:"你的能力大家有目共睹,董事长就是公司的灵魂人物,神龙运输公司你做董事长才有希望,你不做,必是死路一条。在创业过程中,难免会有这样那样的困难,如果稍遇困难就打退堂鼓,这也不是你潘书柏的做人风格,难道你潘书柏是个极易认输的人吗?"

接着,陈红旗又耐心地分析道,运输市场的改革,是交通部规范化、集约化经营的要求,在改革中难免会有阵痛,肯定会有人因个人利益站出来阻挠改革,而改革势在必行。从长远看,改革最终会带来更大的社会利益。神龙运输公司又是全省第一家整合组建起来的民营客运公司,它的身上寄托着省交通运输厅以及市交通局殷切的期望。如果公司因内部矛盾而解散掉,那些好不容易整合起来的个体客运车主怎么办?市交通运管处又怎么向全市人民和省交通运输厅领导交代?

陈红旗连珠炮似的发问,让潘书柏变得冷静下来。他明白,神龙运输公司已经不是更换董事长那么简单的事了。董事长的这个担子,不仅仅是个人权力的象征,更是对上百名个体客运车主承担责任的担子,还是全市交通运输行业甚至全省交通运输行业全盘大棋中的一枚重要棋子。他端起茶杯,喝了一口茶水,那有点烫口的茶水,激活了潘书柏的思绪,当他倾诉了这几年公司所走过的艰辛历程时,陈红旗与张本进静静地听着,并不时插话,给潘书柏加以点拨。

三个人一直从当天下午聊到了次日凌晨一点。潘书柏心中的苦水也倾吐了个遍,陈红旗与张本进也代表市运管处给了他明确而坚决的表态:为了公司的发展大计,董事长之位绝不能拱手相让!

室外的天空繁星闪烁,城市的万家灯火已经渐次熄灭。但潘书柏心中的明灯,却再一次被拨亮。他知道,挺过眼前的这个黑夜,破晓的黎明即将来临!

与陈红旗、张本进告别时,潘书柏说:"感谢你们二位领导的一番苦心,你们的话我会认真考虑。"看着潘书柏的思想基本被做通了,陈红旗与张本进对视后,脸上露出满意且期待的笑容。

再说陆加生等人拿着潘书柏签过字的《董事会决议》,却没对股东送达，而是拿着"决议"一次又一次地到神龙运输公司各县分公司做股东的工作，要求股东认可《董事会决议》，并要求股东签字同意罢免潘书柏、变更公司法人代表，但没有做出召开股东大会的动议。

得知"董事长"在大多股东不知情的情况下被"变更"，这些股东愤怒了，他们清醒地意识到：如果再这样任由陆加生等人闹下去，好不容易走上正轨的神龙运输公司必将走向歧途，必会开上历史"倒车"，受损失的也必将是他们这些股东和全体个体客运车主。

股东们坐不住了，市区的股东、滨海的股东、阜宁的股东……纷纷行动起来。

有些股东给潘书柏打电话："我们就认你做董事长，换了你，谁做董事长我们都不承认。"

有些股东直接找到潘书柏，当面坦承："董事长变更要经过股东大会的确认，陆加生就这么变更了董事长，是非法的举动。潘总，你召开股东大会，我们这些人绝对投你的票！"

交通主管部门的期许，大多股东的支持，潘书柏怎能不被打动？

态度决定人生的走向。潘书柏在上下都一致支持的情况下，决心翻盘，哪怕前面是刀山火海，他也要硬闯过去。

为慎重和妥善处理好这一重大异议的"决议案"，潘书柏召集了法律顾问团队研究对策。黄清律师表示，按照《公司法》《公司章程》的有关规定，董事长无权辞职。黄清律师建议由十分之一以上有表决权的股东，于2009年4月22日提议召开临时股东大会，会期定在2009年5月9日。会议的主要内容就是将陆加生等人形成的《董事会决议》是否生效交由股东大会审议。

当临时股东大会通知发出后，陆加生等人也开始了忙碌：利用掌管的公章，发出通知：潘书柏已于 2009 年 3 月 16 日辞去董事长职务，只是一名董事，他个人无权召集临时股东会；潘书柏、王理东有权提议召开临时股东会，但是否开、何时召开，应由公司董事会决定，由董事长主持和召集。

从通知上可以看出，陆加生已开始行使神龙运输公司"董事长"的权力了……

哪枚公章代表公司

> 建立股权清晰、职责明确的合作关系,为企业铺平的是一条坦途,一个企业如果在乱局乱象中诞生,再指望乱中治乱几乎不可能,稍有不慎就可能遭到灭顶之灾。

公章,象征着权力。对于陆加生采用非正常手段夺走的公章,潘书柏代表公司多次向陆加生追讨,陆加生拒不交还。无奈之下,2009年4月30日,陈其勇代表神龙运输公司向盐都区公安局新区派出所报案,派出所找陆加生谈话后,陆加生仍拒绝交出公章。

5月9日,神龙运输公司临时股东会议如期召开。股东大会邀请了律师及公证人员,并且对会议的召开进行了全程摄像,以示临时股东会的合法性和公正性。临时股东会议否决了陆加生等人的《董事会决议》,并做出了表决:

1. 限陆加生三日内交出公章;
2. 在陆加生非法保管期间,擅自乱盖公章,损害公司利益的行为,由陆加生个人承担责任;
3. 如三日不交出公章,公司将启用新公章;
4. 停止陆加生一切职务,并视陆加生态度做出进一步处理,情节严重将依法追究其法律责任。

此决定送达陆加生后，陆加生仍然拒绝执行。令人大跌眼镜的是，针对潘书柏、王理东等股东提议召开的股东大会，陆加生不甘示弱，也召开了"股东大会"。然而，对于这次"股东大会"，股东王大成、射阳县汽车运输有限公司董事长黄建新、刘其兆、张爱祥、曹恒龙等股东签字确认没有接到股东大会通知。多位股东缺席的"股东大会"自然没有产生任何法律效力。

根据2009年5月9日临时股东大会决议，5月11日，公司法律顾问黄清律师向陆加生发出律师函，限陆加生在接到律师函三日内交出公章，但陆加生仍不予理睬。

为遏制陆加生非法滥用公章，盐城市神龙运输公司于2009年5月19日在《盐阜大众报》刊登声明：

盐城市神龙运输有限公司原公章因故作废，从声明见报之日起启用新公章，原公章直径为40毫米，新公章直径为42毫米。新公章中间的五角星为双边。

特此声明！

然而，声明刊出后，陆加生于2009年6月16日，持盖有盐城市神龙运输有限公司登报声明作废公章的介绍信以及个人身份证到盐阜大众报社广告部，刊登出与盐城市神龙运输有限公司声明相抵触的公告：

现发现有人盗用盐城市神龙运输有限公司名义，擅自刊刻我司行政章印，其章印有明显区别标志，即章印中间五角星为双边，现特声明该章印无效。

落款人也是盐城市神龙运输有限公司。

新公告刊出后,潘书柏立即予以反击。他安排人持相关资料到盐阜大众报社说明情况,报社在认真审核后,确认了新公告的把关失误,盐阜大众报社分类广告部向神龙运输公司发来声明:

盐城市神龙运输有限公司于2009年5月19日在我报刊登原公章作废启用新公章的声明,审查手续完备。2009年6月16日,原盐城市神龙运输有限公司员工陆加生持盖有该公司已作废公章的介绍信和个人身份证,要求刊登:"现发现有人盗用盐城市神龙运输有限公司名义,擅自刊刻我司行政章印,其章印有明显鉴别标志,即章印中间五角星为双边,故特登报声明该章无效。"由于我部业务员审查不严谨,刊登了此公告,现经审查确认:盐城市神龙运输有限公司2009年6月16日公告无效。

特此声明!

2009年7月14日,《盐阜大众报》刊登了发给盐城市神龙运输有限公司的同样声明。

在声明与公告"打架"发生的期间,还衍生了一段小插曲:2009年6月24日,陆加生发出《致全体股东和车辆经营者的公开信》,声称"潘某人"将两名发起人逐出董事层,赶出股东队伍,将他们的股权收归己有。将新当选的一名股东赶出股东队伍以及公司亏损104万元。

声明

盐城市神龙运输有限公司原公章因故声明作废，从声明见报之日起启用新公章。原公章直径为40毫米，新公章直径为42毫米。新公章中间的五角星图案为双边。

特此声明！

盐城市神龙运输有限公司
2009年5月19日

公告

现发现有人盗用盐城市神龙运输有限公司名义，擅自刊刻我司行政章印，其章印有明显鉴别标志，即章印中间五角星为双边，故特登报声明该章无效。

盐城市神龙运输有限公司
2009年6月16日

声明

盐城市神龙运输有限公司于2009年5月19日在我报刊登原公章作废启用新公章的声明，审查手续完备。2009年6月16日，原盐城市神龙运输有限公司员工陆□持盖有该公司已作废公章的介绍信和个人身份证，要求刊登"现发现有人盗用盐城市神龙运输有限公司名义，擅自刊刻我司行政章印，其章印有明显鉴别标志，即章印中间五角星为双边，故特登报声明该章无效。"由于我部业务员审查不严谨，刊登了此公告。现经审查确认：盐城市神龙运输有限公司2009年6月16日公告无效。

特此声明。

本报分类广告部
2009年7月14日

左上图 2009年5月19日公司刊发的启用新公章的声明

左下图 2009年6月16日陆加生盗用公司名义刊发声明，称公司启用的新公章无效

右图 经核实，报社广告部于2009年7月14日刊发声明，承认该部工作人员审查不严，确认陆加生2009年6月16日盗用公司所作的声明无效。

公开信声称：为维护公司和股东利益，不能让其为所欲为，董事会愤然而起，于2009年3月16日，对公司行政章印进行监管，召开董事会，3名董事及1名监事到会，一致同意陆加生出任董事长一职，潘书柏不再担任董事长职务。选举陆加生为董事长、法定代表人。

公开信显然违背了股东大会的决议。为避免遗患，2009年7月20日，盐城市神龙运输有限公司也写出声明致函各相关单位：

目前，陆加生仍在继续使用已作废的公章从事一系列违法经营活动，损害公司利益，对公司的生产经营秩序和社会形象造成一定的负面影响。公司在继续追究陆加生的违法行为责任的同时，特向贵单位，澄清事实，凡是陆加生使用已作废的公章对外开展的一切经营活动均为无效，请贵单位予以理解和支持。

为表示慎重，该声明致函经由盐城市盐都区公安局新区派出所加盖公章予以确认：该单位反映的情况属实。

在"公章"的拉锯战中，潘书柏及神龙运输公司用无可辩驳的事实，使新刊刻的"盐城市神龙运输有限公司"新公章具有唯一的合法权。

股权转让"连环案"

> 创业的路上步步玄机,稍有不慎就有覆辙之险。但优秀的创业者坚信无欲则刚,只要不走歪门邪道,即使遭遇暂时的委屈,也总有天道与正义会还以公平!

树欲静而风不止。

细细分析《盐阜大众报》所发的两个声明和一个公告,只不过是公司内部股权之争的一个"表面文章"。公司法律顾问黄清律师作为这起股权之争的全程参与者、见证者,他一针见血地指出:"股权的分量,与公司的控制力成正比。争抢'董事长'如果没有更多的股权作支撑,即使抢到'董事长'也只是空架子。"正如黄清律师所言,在"表面文章"较量过后,潘书柏与陆加生旋即进入了真刀实枪的股权之争。

神龙运输公司原有一位名叫魏福(化名,下同)的股东,其时已年逾八旬,因年事已高,他于 2008 年 10 月 30 日,自愿与潘书柏签订了《股权转让协议书》。协议签订后,魏福从潘书柏处领取了转让金,而且已办好了股权内部转让手续。2009 年 7 月 16 日,神龙公司委托徐佩生到盐都工商局申请办理股权变更登记,并提供了相关材料。盐都工商局于 7 月 17 日做出(2009)第 07160002 号准予变更登记通知书。

可是，这起合法的股权转让却又一次掀起波澜：2009年4月29日，魏福给公司发来郑重声明，要求解除该转让协议。他的出尔反尔，当然遭到了潘书柏的拒绝。

但神龙运输公司在去盐都区工商局办理股权变更事宜时被告知，他们收到了一份律师函及其他材料，称董事长潘书柏擅自修改公司章程、伪造董事会决议、非法经营同类营业、采用不正当手段收购其他小股东等行为存在，特别提出："在争议处理过程中，其他股东采取了控制公司印鉴等方式，潘书柏扬言通过私刻印章到贵局变更登记。现函告你局，请注意审核材料、相关人员签字及公司印章的真实性。"

虽然盐都工商局接到了律师函，但经过严格审核把关，确认材料及签字、印章等无误，且是股东之间的股权转让，转让双方已经签订了股权转让合同。在此基础上，盐都工商局于2009年7月17日核准登记了股权变更。

没料到，这起简单的股权变更登记，却引发了长达三年多的一系列官司——

第一场官司始于2009年10月。陆加生以"股权转让"为由将魏福告上了盐城市亭湖区人民法院。陆加生诉称：2008年10月26日，陆加生与魏福签订了一份《股权转让协议书》，双方约定，魏福所持神龙运输公司10.24万元即3.5%的股权转让给陆加生，陆加生于2009年4月26日一次性将转让款付给魏福。就在陆加生按约定打款时，魏福以增加转让款为由拒收。后经协调，陆加生于2009年4月26日、4月27日付款，但魏福不协助陆加生办理股权转让登记，因此诉请法院确认他与魏福之间的股权转让协议有效。

该案看似只是陆加生与魏福两人之间的纠纷，但其中却暗藏玄机：其一，从诉状上看，魏福已确认与陆加生签订了《股权转让协议》，而且签订时间"恰好"比魏福与潘书柏签订的《股权转让协议》提前了4天；其二，陆加生诉称"魏福不协助他办理股权转让变更手续"，其潜台词则是盐都工商局为潘书柏所办理的股权变更手续是"非法的"；其三，该起官司如果陆加生打赢，那么就意味着他将顺理成章地取得魏福转让的股权。

警觉的潘书柏立刻悟出这起官司背后的玄机，他心里比任何人都清楚，他与魏福签订《股权转让协议》时，魏福根本没与陆加生签订所谓的《股权转让协议》，这种"一女二嫁"的现象绝不可能发生！

在亭湖区人民法院对该案做出确认陆加生与魏福所签订的《股权转让协议》有效的判决后，潘书柏立即向亭湖区人民法院提起申诉。潘书柏取得魏与陆所签的《股权转让协议书》的原笔迹，想通过笔迹鉴定的方法来印证魏、陆所签的协议是在魏与自己签下协议后故意将日期提前补签的，很可惜的是，在亭湖区人民法院派出两名法官陪同下，经过南京、北京等多地鉴定专家的鉴定，魏、陆双方的签字均出自他们各自的手笔，目前的技术尚不能鉴定两份《股权转让协议》签订时间的前后顺序。

潘书柏花了一大笔鉴定费，但此路不通，验证不成，亭湖区人民法院仍然维持原判决。接下来，果然顺着潘书柏所担心的情况向前发展。陆加生一纸诉状将盐都工商局作为被告人告上盐城市盐都区人民法院，魏福、潘书柏作为第三人参与应诉。陆加生凭借亭湖区人民法院的判决，诉求盐都区人民法院做出撤销"盐都工商局2009年核准的魏福所持股权转让给第三人潘书柏的股权变更登记"。

在这起官司中，魏福显然是关键人物。他在法院合议庭上明确提出："亭湖区人民法院已就股权转让作出判决，要求法庭将与潘书柏所订的《股权转让协议》视为违法，请求法院撤销。"

原告陆加生持有亭湖区人民法院的有利判决，再加上魏福的现场助力，对于打赢这场官司，陆加生显得成竹在胸。但盐都区人民法院经过审理查明，盐都工商局在变更股权登记中，并无不当之处。2010年12月15日，盐都区人民法院做出（2010）都行初字第0003号《行政判决书》：原告陆加生要撤销被告盐都工商局于2009年7月17日核准的关于第三人魏福所持有的神龙运输有限公司股权转让给潘书柏的股东变更登记事实清楚、程序合法、运用法律正确，故驳回原告陆加生的诉讼请求。

两场官司下来，正面对决的潘书柏与陆加生，可谓一胜一负。潘书柏胜在终点。

但这起涉及股权转让的第二场官司并没有宣告此事画上句号，陆加生不服盐都区人民法院判决，向盐城市中级人民法院提起了上诉。对于亭湖区人民法院与盐都区人民法院相互之间有冲突的判决结果，盐城市中级人民法院以盐都区人民法院原审主体遗漏等为由裁决：撤销盐都区人民法院的此案判决，发回重审。

情况再次发生了大逆转，对于潘书柏来说，是从"柳暗花明"，再度走进"山重水复"。

如果把陆加生诉至盐城市中级人民法院的上诉视为第三场官司，那么盐都区人民法院的2011年5月17日的重审就是此案的第四场官司了。

在重审中，魏福坚称：我与陆加生签订的股权转让协议已履行完毕，且经亭湖区人民法院判决股权转让协议有效，与潘书柏所签股权转让协议是在其蛊惑下签订的。

对此，潘书柏与被告盐都工商局的律师团进行了有理有据的辩护。基于事实清楚、证据确凿，2011年10月8日，盐都区人民法院下发（2011）都行初字第0035号《行政判决书》，依然是驳回原告陆加生的诉讼请求。

但此事并没有到此完结。陆加生不服盐都区人民法院作出的重审判决，再度上诉至盐城市中级人民法院。

在这一系列官司中，潘书柏与陆加生就像竞技场上的运动员，都在争取最后的胜利。前四局，双方以2∶2战平。

第五局是终审局，谁胜谁负，最后一局见分晓。

前四局没有出场的潘书柏，这一局，终于出场了。

在合议庭的答辩中，面对咄咄逼人的陆加生与魏福，被告一方的律师团已经束手无策，无从辩论。潘书柏清醒地意识到，这场官司只能赢，不能输！如果这场官司打输了，给神龙运输公司带来的将是不可预测的灾难！

人的潜力往往在绝境之中才能发挥到最大。行船出身的潘书柏曾经面对过多起江河风险，每一次都以机智而化险为夷，就在被告辩护律师团陷入困境而无力答辩时，潘书柏突然头脑中灵光一闪，他将临危不乱、精明机智发挥到了极致，他发声道："我作为第三人，也是这场官司的直接关系人，我有话要说。"

合议庭顿时安静了下来。所有人的目光都集聚到潘书柏的身上。潘书柏理了理思路后，不疾不徐地说："我想询问本案的第三人魏福，既然你称与本案的原告陆加生在与我之前的几天就签订了《股权转让协议》，那么你为什么要发声明给我，称要取消《股权转让协议》？你的这纸声明，恰恰说明了你与我之间签订的《股权转让协议》是有效的，如果你真的将一个股权分别转让给不同的两个人，假设我承认你与陆加生签订的股权协议在前，那么你在与我签订《股权转让协议》之时，有没有发类似的声明给陆加生？"

潘书柏的突然发问，让魏福乱了阵脚。他摇了摇头道："没有。"得到这句回复后，潘书柏又对合议庭上的法官大声道："魏福给我发来了取消《股权转让协议》的声明，恰恰是反证了我与他所签订的《股权转让协议》在前。如果魏福与陆加生的说法成立，魏福在与我签协议之时，应该发取消声明给陆加生，而他没有这么做，那么就反证了魏福与陆加生签《股权转让协议》在我之后，正因如此，魏福才发声明给我。"

潘书柏的辩论让被告律师团长舒一口气，这些久经法庭诉讼的律师明白，他的辩论如被合议庭接受，原先快要落败的官司立马就有转败为胜的机会。

结果合议庭采纳了潘书柏的辩论，审判长追问声明在何处时，潘书柏轻松地说："声明就在提交给合议庭的案卷材料里。"

同时，被告的代理律师乘胜追击，提出本案被告盐都工商局所接到的提请对神龙运输公司股权变更进行严格审查的律师函中，并没有提及股权转让存在矛盾，而且在审查中一切均严格合法，并无不当之处的辩论。

当天，合议庭没有当庭宣判。走出法庭时，被告律师团有人朝潘书柏一竖大拇指道："潘总，你的辩才能做大律师了，这个案子我们胜定了。"

事实果然如此，2012年3月1日，盐城市中级人民法院终于下发（2012）盐行终字第0003号《行政判决书》：驳回上诉，维持原判。并标明"本判决为终审判决"。

至此，历时三年，历经五场官司，虽说潘书柏最终赢得了官司，但他的心情并不轻松。自从2000年合并重组以来，神龙运输公司就几乎没有消停过，这也给他上了重要一课：建立股权清晰、职责明确的合作关系，为企业铺平的是一条坦途。一个企业如果在乱局乱象中诞生，再指望乱中治乱几乎不可能，稍有不慎就可能遭到灭顶之灾。前事不忘，后事之师，也正因如此，潘书柏除了神龙运输公司外，他组建的别的经济实体，都独自持股或者持有绝对的权重股，法人代表全由他一肩挑，虽说这有绝对权力的倾向，但在当前的社会经济发展形势之下，这也许是唯一的明智之举！

为排除干扰和杂音，集中精力、一门心思谋发展，潘书柏按照江苏省交通运输厅2012年彻底取消挂靠经营的文件精神，自2012年始，加大了筹资收购班线的力度，按照市际线路23万／条、省际班线30万／条的收购价，先后投入近2000万元收购线路及股份。经过盘整，神龙运输公司的股东人数由当初的31人降至16人，潘书柏所占股比提高至39.6%，成为神龙运输公司占有绝对优势的第一大股东。

在整合中，也碰上一位异常固执的"钉子户"，该人不停上访，甚至"以死威胁"，就是不同意取消挂靠关系，而且一闹就是五六年，虽经省、市主管部门多次调解，仍然无济于事。"在交通改革的年代，落实交通部客运市场规范化、集约化整顿是大势所趋，任何个人想抗拒国家的法律法规，想推历史的倒车，这是很不现实的。我相信，解决这件事只是时间问题，最终的结果还是回归到公司化管理的路上来。"潘书柏自信地说。

这个"钉子户"的存在，也进一步说明客运市场整合的不易，这不仅仅是一场突击战，更是一场历经10多年的持久战！

神龙客运从散乱到整合，再从治乱到变强，这么长的历程，个中的甘苦都点点滴滴地储蓄在潘书柏的心里。虽然情绪是人性的弱点，在面对周遭的环境及人和物时，情绪会影响着决策；但潘书柏却认为，人的精神和意志力才是重要的主宰，甚至可以强大到主宰人的心境，让不利的现实逐步改观。

潘书柏在重重困境中，一次次成功突围，他的成功没有半点侥幸，都是以钢铁般的意志和无尽的血汗换来的。诚如宋代大文豪苏轼所言："古之成大事者，不惟有超世之才，亦必有坚韧不拔之志。"

回望神龙运输公司一路走来的艰难历程，几乎是我国市场经济从摸着石头过河到摸准石头过河的一个缩影。改革开放后，全国上下出现了一段一哄而上、大跃进式的发展时期，特别是客运行业，主管部门几乎来者不拒，买了车的都能得到审批。但当市场过热时，各种社会矛盾也不断呈现。国家站在利国利民的高度，逐步推进规范化、集约化管理，而管理部门出台的文件，对于运输企业来说却是一个烫手山芋。一方面，企业要严格执行各项改革及规范的政策；另一方面，向下推进又面临重重矛盾。因为每一次改革，就会产生一次阵痛，会让一部分人从中受益，也会伤及另一部分人的利益。被伤及利益的，自然会成为改革的"绊脚石"，也正因为这些改革"绊脚石"的存在，给神龙运输公司出了一道又一道难题。用潘书柏的话说就是："神龙运输公司是在为时代背书，但只要有利于规范发展，这背书就值得！"

2016年3月16日，神龙运输公司召开第六届第一次股东大会。会上，潘书柏受第五届董事会的委托，向大会作工作报告。报告回顾了三年来董事会的工作，本届董事会在上级有关部门的领导关怀下，在全体股东的信任支持下，依靠经营班子，团结广大员工，积极应对国家宏观经济下行和铁路、航空对道路客运带来的不利影响，充分发挥董事会的决策作用，以敢为人先的胆略和气魄，解放思想、不断创新、抢抓机遇、攻坚克难，取得了显著成绩。

盐城市神龙运输有限公司第六届股东大会第一次会议会场

董事会上，潘书柏再度当选为董事长。在就职讲话中，潘书柏深刻分析当前客运面临的新常态、新形势，在盐城机场航线不断增加，机票价格不断下降，再加上盐城高铁即将全面建成、私家车不断增加的重重压力之下，客运市场萎缩已是不争的事实。对此，要创新思维、调整思路、主动应对，以百折不挠的精神，克服一切困难，努力开创公司发展的崭新局面。

同时，潘书柏还描述了神龙运输公司未来的新蓝图，即适应资本化运营的规律，将公司由资产运作型转至资本运作型，也就是未来的运输公司将是一个带有投资性质的资本公司,跳出线路、跳出行业、跳出盐城,谋求更大的发展空间。

蓝图在前,新的征程上,神龙运输公司吹响了转型发展的新号角。

第十章　拓荒：物流产业的崛起

世界上的路有千条万条，最难找到的是适合自己走的那一条。确定创业成败的因素也有千种万种，不要埋怨环境与条件的种种不利，努力寻找，总会找到适合发展的有利条件。

神龙挺进物流行业之初，面对没有市场、没有车辆、没有客户的重重困境，潘书柏没有畏难不前，他认为，堵住企业生存和发展之路的并不是各种客观因素，而是创业者自身狭隘的眼光和封闭的心界。

基于此，他大胆"试错"，善于"吃亏"，将"试错"看作给市场交学费，将"吃亏"看成益智补能，不断激活创业的思路和视野，携领神龙物流启动"脑筋急转弯"，化不利条件为有利条件，于无路处闯出了一条新路。

这条新路，不仅带出了神龙一个重要的主导产业，还成为全国整车物流行业领军者之一。

借出来的"联合舰队"

中国的企业大都是由小向大渐变的,很少有一诞生就是"巨无霸"的企业。对于一个想变大的企业而言,在实力不够时,"借船出海"自然是最佳的发展策略之一。

在创业的路上,潘书柏永远是一个不安分的人。

他的身上,与更多的成功创业者有一个共同的特征,那就是敢为人先,视别人不可能的事为可能;那就是特立独行,勇于走自己的路让别人去说吧;那就是目光高远,认定目标不拘泥于烦琐!当我们走近潘书柏时,他的脾性、他的性格、他的追求,凝聚成一股强烈的气场令人震憾,这股气场让每一个走近他的人都能感应得到!

企业家能否引领企业胜利远航,关键在于其是否能够把握市场发展趋势,看清前进方向,超前对市场变化的走势、进程和结果做出正确的判断,从而趋利避害,抢抓商机,掌握竞争的主动权。而要做到这一点,创业者就要经常思考未来,练就战略眼光,善于高瞻远瞩,审时度势,从而"运筹帷幄之中,决胜千里之外"。潘书柏正是由于经常思考未来,才在创业中如有神助,屡创奇迹。

在出租车、大客车收编整合的同时,潘书柏又大手笔决策了一个主攻方向——创办神龙物流公司。

潘书柏特别欣赏胡雪岩的一句话：生意越难做越有机会，关键是你的眼光。潘书柏认为，你的眼光看到一个省，你做一个省的生意；你的眼光看到全中国，你做的是全中国的生意；你的眼光看到今天，你做今天的生意；你的眼光看到 10 年以后，你做的是 10 年后的生意。

"创办物流公司的想法并不是一时拍了脑袋，冲动之下冒出来的。"潘书柏回忆道，转战物流有一个重要的时代背景不可绕过。2003 年之初，一场突然而至的"非典"袭击了神州大地。"非典"期间，人人自危，那种恐慌是中国几十年所没有遇到过的。

防治"非典"期间，旅客出行量明显下降。神龙运输公司的客运业务受到了很大的冲击，一些车主不仅赚不到钱，还得亏本养车子、养驾驶员。包括潘书柏自己拥有的客运车辆也处于微亏状态。同时神龙运输公司正因内讧而闹得不可开交。两年多时间，潘书柏往神龙运输公司里投了不少钱，却因内斗几乎"颗粒无收"。在创办神龙物流时，他想找到一个清净的"世外桃源"，岂料，这条路依然是风霜雨雪满征途。

其实，潘书柏一开始并没有将物流视为神龙的重要支柱型产业，他坦言："运输公司经历了许多事，搞得我精疲力尽，一想到那么多棘手的麻烦，就多多少少有点儿心灰意冷。而且，'非典'对客运业务的冲击也让我产生了危机感，一个创业者如果仅仅抱着一个产业，万一出现行业性的雪崩，连条退路都没有。"

那时，潘书柏将一辆"盐城—徐州"线路的班车转让掉，将这笔转让费，作为神龙物流产业的启动资金。起初，神龙物流的定位也仅仅是货运。其实，说货运还不准确，更准确的说法应该是"货运中介"。就是组织到需要运送的货源后，再调度社会挂靠的车辆帮助货运，微薄的中介费就是公司的盈利点。而类似于这样的"货运中介"，当时的盐城大大小小开了几百家，沿着纵贯盐城市区南北的开放大道，每隔几十米，就能看到做"货运中介"的简陋门面。

"货运中介"是互联网还未普及、信息不对称时代衍生的行业，如今，随着互联网时代尤其是移动互联网时代的到来，曾经风靡一时的"货运中介"早就偃旗息鼓了。话说神龙刚开始进军"货运中介"时，潘书柏发现，盐城是一个传统的农业大市，需要长途输出的工业物资品少得可怜。当时，出货最多的就是盐城纺织厂，但他们有自己的车队，很少动用社会车辆。神龙的"货运中介"诞生伊始，可谓水土不服。尽管潘书柏从某国有车队高薪聘请了一位退休的管理人员，可干了一年多，依然是原地踏步，公司并没有什么起色。

再这样干下去，也只有关门大吉一条路了！不甘心的潘书柏为冲破创业瓶颈，动起了脑筋，亲自出马进行市场调查，发现除了纺织厂外，还有一家企业需要往外送货。这家企业就是后来成为盐城工业"擎天柱"的悦达集团，他们生产的东风悦达起亚小轿车需要运往分散于大江南北的经销处、4S店。如果能从中分到一杯羹，公司也就能得以盘活了。

运送轿车需要专门的轿运货车，神龙物流当时一辆也没有，去购买的话，一辆车就得60多万元，这可是一笔不小的投资，潘书柏当时不具备这样的实力。巧的是，潘书柏的这个想法刚刚冒出来，就有机遇来敲门。2004年的春节刚过，一位叫董立波的人主动找到潘书柏。董立波曾有客车挂靠在神龙运输公司，他与潘书柏自然是老熟人。他告诉潘书柏，他有一辆轿运货车想挂靠进公司。"打瞌睡时正好有人送来了枕头"，潘书柏自然是举双手赞成。

在董立波之后，又有三辆轿运货车的车主挂靠进来。手中一下子有了四辆轿运货车，也就增强了潘书柏挺进物流行业的底气。有了轿运货车后，遂与武汉中原公司（东风悦达起亚汽车物流服务商之一）签订了货运协议，拿回来的业务却来不及做。必须扩充车辆，直接买车没有那个实力，于是潘书柏就想到了"借船出海"。经过一番调研，潘书柏与神龙运输公司客运业务的合作单位重庆渝运集团联系，该集团正好有50辆闲置的轿运货车，潘书柏立即向他们提出租用。一经租用，闲置资产就能重新赚钱了，重庆渝运集团自然很爽快地就答应了。而且，经重庆渝运集团批准，专门成立了重庆市第一运输有限公司盐城快捷运输公司，潘书柏担任该公司负责人。

中国的企业大多是由小向大渐变的，很少有一诞生就是"巨无霸"的企业。对于一个想变大的企业而言，在实力不够时，"借船出海"自然是最佳的发展策略之一。从没有一辆轿运货车，到调到50多辆轿运货车的"联合舰队"，潘书柏这个"借"字经念对了！

无奈的扣车逼债

> 市场不相信眼泪，只相信强者。如果遇到困难都绕道而行，那么就永远无法抵达成功的彼岸。

轿运货车的数量急剧增加了，原先与武汉中原公司签订的货运业务开始跟不上了，潘书柏就安排表弟徐锋去悦达接洽货运业务。之所以启用徐锋来负责这件事，潘书柏看中的是他头脑灵活、会处朋交友。徐锋在"落户"神龙之前，曾经被朋友骗到深圳做传销，其父母闻讯后，立即赶往深圳去劝说他回头。也真是无巧不成书，徐锋的父母刚出了深圳火车站，竟然在茫茫人海一头撞上了正在车站接人的徐锋。两位老人二话不说，就地"押"着徐锋返回盐城。

徐锋的母亲是潘书柏的三姑妈，因此，一回到盐城，他们担心徐锋"看不住"，就把他送到了潘书柏这儿，并叮嘱潘书柏："徐锋虽是你表弟，但国有国法，家有家规，在工作中，你该怎么管就怎么管，我们绝不干涉。"

潘书柏收下徐锋后，送他参加大客车驾驶员培训，取得A照后，安排他做了一名大客车驾驶员。在神龙公司的几年时间，徐锋几乎"脱胎换骨"，他除安心地做好本职工作，平时还跟着潘书柏学到了不少职场常识。潘书柏看在眼里，记在心上，因此当有机会能让徐锋大显身手的时候，他毫不犹豫地给徐锋搭建起一个尽情展现的舞台。

舞台虽说搭好了，但潘书柏也知道，想要唱好这出"戏"并非易事。因为悦达轿车物流的一手订单早就被股东们瓜分一空，持有悦达货运一手订单的只有上海安富公司、上海嘉顿公司、东风车城物流等九家公司，除此之外的物流公司只能从他们手中取得二手甚至三手订单，尽管经过层层抽利，但是不要说二手，就是三手、四手甚至五手订单都有人抢着去做。因此，徐锋前去洽接业务，潘书柏只能用"钻空子"来形容，意即有空子就钻；若实在没空子可钻，那也只能作罢。

没想到，徐锋出马不久，就兴冲冲地向潘书柏报喜："承接悦达二手货运订单的百川公司愿意与我们合作，价格也谈妥了，就等着签合同。"潘书柏欣喜之余，却有几分担忧："这个百川公司是什么背景？"

徐锋对此给出了肯定的答复：百川公司的吴总原先在东风车城物流公司工作，后来跳出来单干。吴总与东风车城物流的负责人私交甚好，他拿到手的订单也是东风物流公司给的。

有了徐锋的答复后，潘书柏心里有了底。东风汽车是悦达汽车的三大股东之一，东风汽车持股的汽车份额，其订单均从东风汽车旗下的东风物流走，如果傍上这棵大树，神龙物流就不愁没有业务做了。虽说刚接到手的只是经过东风车城物流转手、百川公司再度转手后的三手订单，潘书柏算了算账，利润空间极小，但他坚信，只要诚信当先，先把业务做起来，拿到"入场券"，也许将来能拿到二手甚至一手订单。

合同签订，东风俱备。2005年1月，潘书柏从重庆渝运集团调度来数十辆轿运货车，在盐城生产基地装货后，一路奔向全国各地。

车轮一滚动，就得烧钱。本来，按照合同，百川公司与神龙物流是一个月一结账。第一个月，吴波倒是守信地付了30万元运费。但后面的两个月，到了结账日与百川公司的吴总联系时，他不是说出差在外，就是说东风车城物流暂时没付款，款一到就打给神龙公司。吴波还在电话中说："我给你们做这么大的业务，你还怕不给你钱？"一席话，倒让潘书柏这个要债的变得不好意思了。

两个月就是60多万元运费，不光潘书柏着急，重庆渝运集团也着急了：油费要付，工资要开，过路费要给，这么多的成本压在上面，能不急吗？渝运集团一次次打电话向潘书柏催要运输费，刚开始，潘书柏说尽好话，对方因跟潘书柏打交道多年，也没相逼太急。潘书柏本以为渝运集团好说话，哪想到生意场上，哪有那么好说话的人！渝运集团竟然使出了"扣车逼债"的大招——他们在组织装车后，将四板车总计32辆的东风悦达起亚小轿车扣下！

发出的轿车迟迟不到4S店，这笔业务正是东风车城物流下的运货单，这对东风车城物流来说自然是一次重大事故。东风车城物流追查下来，才发现被渝运集团扣了。由于运货业务签约的主体是潘书柏，东风车城物流自然就找潘书柏交涉要车。而这时，潘书柏也急得如热锅上的蚂蚁，在此之前，他安排徐锋去百川公司所在的武汉追债，徐锋去了后却回复了一条不妙的消息：百川公司其实只是租了一间小办公室的"皮包公司"，法人代表吴波早已失踪。徐锋摸到公司时，该公司早已"铁将军把门"，吴波不知去向。经过打听，百川公司不只欠神龙物流的货运款，还欠着另外几家物流公司的货运款。

得知受骗后，潘书柏心急如焚，他提醒徐锋到东风车城物流讨款。尽管潘书柏心知欠款的不是东风车城物流，但百川公司的订单是从他们手中拿的，追本溯源，百川公司关门了，向东风车城物流讨债虽不符合法理，但从情理上讲，也具有一定的合理性。然而徐锋去了后，对方冷冷地回复："吴波欠你们的钱，与我们无关！"一句话就回绝了。徐锋后来打听得知，货运款早就被吴波从东风车城物流取走，那些钱都被吴波消费掉了，最终，还不上债的吴波来了个脚底抹油——跑了！

徐锋一无所获地回到盐城，潘书柏还没想好怎么应对被骗的对策，就发生了渝运集团"扣车逼债"的风波。东风车城物流追查下来，当潘书柏端出被骗的经历后，并没有引起对方的同情，对方只生硬地回复："我们不可能给钱！"

考虑到企业的诚信度，同时也顾忌到恼怒之中的渝运集团会拿神龙公司的客运车辆"开刀"，潘书柏就与当时共同参与合作租赁渝运集团车辆的董立波商量，建议两人共同拿钱来解决眼前的问题。董立波一分也不肯拿，在这节骨眼上，他还跳出来单干。无奈之下，潘书柏只得咬牙从自己独资的出租公司挤出 60 多万元还清了渝运集团的欠款，化解了这场风波。

事后，潘书柏想通过法律途径解决与百川公司的债务纠纷，可是吴波失联了，找不到被告，官司也就没办法打。难道眼睁睁地就吃这个"哑巴亏"？潘书柏备感委屈,再者挤出来的钱也得还上，潘书柏被逼上了"梁山"，他也决定铤而走险！

办企业，最怕的就是资金链断裂。正所谓兵马未动，粮草先行。两军对垒，如果截断粮道，那就会不战而乱。三国时期，曹操与袁绍在官渡集兵一战，当时曹操只有区区 5 万兵马，而袁绍集结的大军号称 80 万。当时的许多人，包括曹操帐下的谋士都认为曹操此战必败无疑，他们甚至与袁绍暗通书信，做好了另谋生路的打算。然而，曹操巧妙地轻兵取乌巢，截断了袁绍的粮道，导致袁军大乱，兵败官渡。

时过境迁，神龙的物流业最怕的也是现金流断裂。眼看着运输款被一天天拖着，潘书柏的心越来越急躁。处理好渝运集团的欠款后，潘书柏依样画葫芦，抓住继续履行轿运合同的机会，一下子将 50 多辆轿车扣下来，直接送进了预先租好的张庄某货场。不过，他没有等东风车城物流追查，而是直截了当地致电他们："你们的车子被我扣了，我们讲诚信，但欠的钱快要压垮了我们，我这也是被逼的！"

市场不相信眼泪，只相信强者。如果遇到困难都绕道而行，那么就永远抵达不了成功的彼岸。潘书柏的强硬态度，一下子让东风车城物流愣住了。他们发现，他们遇上了强劲的对手，同时，他们也许出于对潘书柏上当被骗的同情心理，这回，他们不再"高高在上"，而是客气地表示，东风车城物流组织专门的班子来盐城，与潘书柏商量解决这件事。

放下电话后，潘书柏略松了口气。只要对方口风松动，那么这起风波总会有向好的一面走的希望。不过他也知道，未来的路上还会荆棘密布，还会有更大的战役在前方等待着他。

化干戈为玉帛

> 任何一个企业都不可能做到天下无双,最好的途径就是合作,这种合作既包括朋友,也可能包括竞争对手。

对于潘书柏而言,与东风车城物流谈判,无疑是碰上了一个强劲的对手。

50多辆轿车被扣,潘书柏牢牢地把握了"主动权"。第一次被渝运集团扣车时,东风车城物流采取了强硬的态度;但这次,东风车城物流也感觉到两次扣车的性质不可同日而语,潘书柏呈现给他们的是一种破釜沉舟、背水一战的勇气。

很明显,他们的强硬态度被潘书柏更为强硬的态度所震慑住了。因此,东风车城物流安排到盐城处理扣车事件的专门班子,也失去了强硬的底气,态度明显和缓了许多。

潘书柏认为:"一切矛盾和问题,只有放到发展中去解决,才是真正的解决。"坐到谈判桌上,潘书柏并没有意气用事,他有礼有节地与对方交涉:神龙物流帮助贵公司运送车辆,60多万元的运输费分文未收到。神龙物流作为一个民营企业,资金压力很大,也许这笔债务就能压垮掉刚刚起步的神龙物流。而且在第一次渝运集团扣车时,为了企业的诚信,自己垫资还了款,可谓仁至义尽。此次扣车虽是下策,但也是走投无路,不得已而为之。

还有一个幕后问题，潘书柏没好在桌面上挑明：因为拖欠货运费的事，渝运集团已经与潘书柏彻底闹掰了，双方不再进行货运合作。

潘书柏有礼有节的"开场白"，抢占了道义的制高点，让对方的谈判人员做出了妥协。他们提出："这笔欠款，我们也是躺着中枪，两家都是受害者，能不能各自承担一部分。"

潘书柏一听这话，感觉有戏。"要做到天下无敌，要么有超世的武功，要么就有化敌为友的广阔胸怀。"潘书柏认为，任何一个企业都不可能做到天下无双，最好的途径就是"合作"，这种合作包括朋友，也包括对手。

既然对方已经抛出了"橄榄枝"，潘书柏哪有不接的道理？潘书柏也做出了让步。经过几轮谈判，东风车城物流做出表态：一是立即与百川公司中止货运协议，与神龙物流直接签约合作；二是百川公司拖欠的货运费，由东风车城物流在今后的业务中给予补偿。

这个方案，对潘书柏极为有利。这次"扣车"带给潘书柏最大的欣喜不是那笔欠款的解决，而是让他傍上了东风车城物流这个大主顾，这意味着，神龙物流过去做的是三手订单，如今一下子变更为二手订单了！

而且，带队前来谈判的负责人与潘书柏由交手到熟悉，潘书柏的有礼有节，以及他颇有思想见地的谈吐，还有他身上强烈的气场，使这位负责人对潘书柏的好感不断升温。双方达成协议后，他立即站起身来握着潘书柏的手说："通过这件事，我们看到潘总你是一个不错的人，很讲诚信，我们可以多合作。"

冲着潘书柏的为人，他们送上了一个"大礼包"：东风物流有10辆淘汰下来的轿运货车，可以划给潘书柏营运。协议初步达成后，潘书柏当即放出全部被扣押的车辆，安排送至相关的4S店。随后，潘书柏又专程去了东风物流总部所在地深圳。这次接触，因他们已上升为战略合作伙伴，他受到了高规格的热情接待，东风物流的三位副总亲自出面接待他，由此可见他们对潘书柏的重视和优待。在深圳，双方顺利签订了合作协议，10辆轿运货车也很快从东风物流划拨到神龙物流。

从不打不相识到成为很好的战略合作伙伴，潘书柏坦言，东风车城物流对神龙的扶持，是促进神龙物流快速发展的强大动力。神龙物流的成长与发展，离不开东风车城物流的倾力扶持。而神龙物流也成为东风车城物流最为信赖的合作伙伴之一。这种双赢式的合作，是经济社会中商业合作的一个典范。

话说潘书柏那次从深圳回到盐城后，经过东风车城物流的业务补偿，60多万元的货运费还剩7.5万元没归还到位。恰好原百川公司的吴总有一辆长城轿车，由东风车城物流拉给了潘书柏抵欠款。这辆车后被卖了6万元。最终，在被百川公司欺骗的这笔业务中，由于潘书柏的巧妙周旋，神龙物流实际仅损失了1.5万元。

实际损失1.5万元就换一个大主顾，这明显赚了。这种"赚"，有人归结为潘书柏的运气好。仅仅是运气好吗？我们不妨回过头来梳理一下，从一辆轿运货车没有，到货运费被拖欠，再到化干戈为玉帛，处理这一系列的棘手问题，哪会一直被幸运之神所眷顾？如果不是潘书柏处事的智慧、胆略与战术使用得当，也许，一切都会被改写。也许，后来业绩斐然的神龙物流也早就在摇篮时期夭折了！

市委书记的来访

> 资金就是企业的大动脉血管,没有这根"血管",任你有多大的本事也无法施展。没有一个企业的成功不从疏通"血管"做起。

与东风车城物流的不打不相识,开启了神龙物流迅猛发展的引擎,双方的合作渐入佳境。2005年8月,潘书柏在渝运集团合作告吹后,又找到了新的合作伙伴——黑龙江顺顺发公司。

与此同时,潘书柏抓住时机,多方筹资新上了一批自有的轿运货车。其中,"开渠引流"是潘书柏解决轿运货车数量的得意之笔,所谓"开渠引流"就是欢迎社会上的资金和个人前来投资挂靠轿运业务。对于那些有投入想法但资金不足的人,潘书柏主动借资。写到这里,有人也许提出疑问:潘书柏不是一直资金短缺吗,怎么有那么多钱借出去?

这个问题的答案看似简单,就一条:有银行做他的资金支撑。如果非要给这个答案加以剖析,潘书柏的创业智慧和超前的眼光无疑是重要因素。这么多年在创业路上摸爬滚打下来,潘书柏深知资金就是企业的大动脉血管,没有这根"血管",任你有多大的本事也无法施展。因此,走上创业路以来,潘书柏一直重视这根"血管"的疏通。多年前,盐城农村信用合作社改制为黄海农商银行(现为盐城农商银行),面向社会招股,很多人不愿意去投股，因为投股容易出股难，潘书柏却果断拿出手中的几百万元自有资金，果断投股，他也由此当选为理事（后理事改为董事）。正因为自己是股东又是理事（董事），他与

原盐城黄海农商银行董事会成员合影

银行打交道也方便多了。而且，他从事的又是看得出盈利的"朝阳行业"，银行哪有不支持之理？有了这根大动脉"血管"的不停输血，给潘书柏的产业扩张之路带来了极大的便利。

在吸纳社会挂靠车辆的同时，恰逢汽车产销"井喷"式增长的黄金期，为了调动车主货运的积极性，潘书柏采取大胆举措：将货运费用由原来的"合同结算"改为"现金结算"，后来又改为"一单一结"，甚至还"约定预付"，车主随时拿到钱，自然积极性高涨。2005—2008年间，是神龙物流的平稳发展期。轿运车辆一直稳定在40多辆。

进入2008年后，神龙物流进入了高速增长期。当年，东风车城物流将在悦达所占20%份额的车辆全部委托给神龙物流。潘书柏抓住这一机遇，大力招引大学生人才，加强物流公司的管理，并在全国各汽车生产基地设立办事处，第一个办事处设在青岛，其后又在北京、深圳、广州、福州、烟台、西安、武汉、成都等地陆续设立了10多个办事处。办事处拉来了广州本田、东风日产、北京现代、五菱汽车、深圳比亚迪等物流订单。如此一来，从盐城东风悦达起亚汽车生产基地送货出去的轿运货车，在回程时都能拉到货，极大地降低了返程的空车率，提高了轿运货车的运

输效益。

自 2005 年起，神龙物流分期陆续自购了 70 多辆轿运货车，再加上社会挂靠的车辆，神龙物流拥有了 150 多辆轿运货车的规模。短短几年时间，神龙物流就成为江苏最大的轿运物流企业。神龙物流的年产值迅速飙升到超亿元。

在神龙物流的规模逐步壮大的同时，潘书柏清醒地意识到规范的重要性，就如同他当年规范出租车管理、规范客运车管理一样，潘书柏同样将"规范"的这把尺子带进了神龙物流。"物流产业发展得太快了，国家的相关政策措施并没有跟上，物流处于混乱发展期，更加考验一个企业决策者的决策能力。"潘书柏回望神龙物流所走过的历程，感慨地说，"物流产业起步发展的十多年，国家没有明文规定轿运货车的台位，我们只能按照市场的规律，对台位进行升级调整，比如从当初的 8 个装车台位升级到 12 个台位，又从 12 个台位升级到 18 个台位，再到 21 个台位，每升级一次台位，车辆就得淘汰更新一次。"事实上，在装车台位的升级中，巨资投入常让一般的业内企业不敢冒险，潘书柏在这一点上却很决断，因为你不升级装车台位，一趟货只能拉少量的车，平均运费肯定增加，无形中就挤压了盈利空间。

2016 年，交通部相继出台了车辆治理工作方案和新版强制性国家标准《汽车、挂车及汽车列车外廓尺寸、轴荷及质量限值》(GB1589-2016)，轿运车由原来的双排飞机车改为单排车，将台位固定为 8 个台位。考虑到各物流公司的规范升级有一个过程，轿运车治理工作进行了分步实施：首先取缔双排轿运车，从 2016 年 9 月 21 日起将双排运输改为单排运输，之后再分阶段，按比例淘汰现有超标车辆，直至 2018 年 6 月 30 日轿运车全部达到标准化。对于国家规范物流产业的规定,潘书柏是打心眼里响应的,因为不规范,必然带来混乱。比如神龙物流的车子,在升级装车台位后,因为各省各地的管理标准不一样,在一些地方常因"超载"而被处罚,神龙物流公司的车辆平均每辆车每年的超载罚款就有3~8万元,一年就是上百万元的罚款;真正规范后,这上百万元的罚款自然就省下来了。

在国家规定出台之前,潘书柏就超前对物流进行自我规范,狠抓物流企业文化建设。他深知,企业只有做大做强了影响力平台,才能拉动盈利平台,两个平台是相辅相成的,不可偏颇。

因此,只要得知哪儿有物流方面的交流会、培训会,潘书柏都派人参加,很多会议他都亲自参加。渐渐地,神龙物流开始跳出盐城,走出江苏,辐射全国,在业内的知名度、影响力不断扩大。

2009年12月,中国物流业年会在北京召开。这年,神龙公司经过严格的评审,一举拿到3A级物流企业的牌子。物流的A级牌子最高等级为5A,而神龙物流拿3A之前,盐城还没有一家物流企业拿过哪怕是1A的牌子!

正是这次年会,还引发了一段具有传奇色彩的佳话——

那次会议快结束时,潘书柏来到中国物流协会张会长的工作间汇报工作。刚进门闲聊了几句,两个操着盐城口音的中年人礼貌地敲门而入。打头的人自我介绍是盐城市发改委主任,他态度恭谦地说:"张会长,A级的牌子我们盐城还没有,能不能请张会长照顾一下,给我们发块牌子。"

张会长听明来意后,认真地说:"A级牌子不是谁想要就能拿到的,必须经过严格的评审环节,根据各个单位的软硬件条件,对照标准才能颁发相应的牌子。"

接着,张会长又微微一笑,指着坐在沙发上的潘书柏说:"谁说盐城没有 A 级物流企业的牌子,潘总就是你们盐城的,他的神龙公司已经拿到 3A

整装待发的神龙物流公司车队

了。"发改委主任惊讶地打量了潘书柏一阵后,吃惊地说:"我还以为我们盐城没有A级以上的物流企业,没想到你们都拿到3A了。这说明我们平时工作做得不够,我们回去后,一定要多多交流。"

果然,2010年3月的一天,潘书柏接到了盐都区委办公室的通知:"你们赶紧准备一下,市委赵鹏书记要到你们公司视察。"

2010年3月,时任中共盐城市委书记赵鹏同志视察神龙公司

市委书记怎么会到自己的公司来视察？潘书柏觉得挺纳闷。与他一块纳闷的还有时任盐都区委负责同志，他给潘书柏打电话询问："赵书记要到你们公司视察，想看什么啊？"潘书柏如实汇报："我也是刚刚接到通知，赵书记此次来，是突然袭击，我也不知道情况。"放下电话后，潘书柏头脑中开始"放电影"，经过一番前思后想，他猜测可能就是北京的那次年会遇上发改委的主任，也许这位主任回盐城后就向赵书记汇报，引起了赵书记浓厚的兴趣，这才决定来视察一番。而当时，潘书柏还不知道，盐城市委、市政府已将物流产业作为重要产业来加以推进，在此时代背景下，赵鹏书记来盐城物流产业的龙头企业视察也就顺理成章了。

那天下午，赵鹏书记来到神龙公司视察了一个小时，潘书柏汇报了企业的发展历程。赵鹏书记表态："你们发展得挺快，但这个地方太小了，要尽快规划一个大的地方发展物流产业。"赵鹏书记视察后，还安排了一名处级党政干部挂钩服务重点企业。赵鹏书记也说到做到，当潘书柏后来通过挂钩干部反映神龙公司希望能拿到悦达物流的一手订单时，赵鹏书记两次亲笔签批，神龙物流最终拿到了 3% 的一手订单。份额看似很小，但神龙物流却具备了与悦达九大运输商同坐在一张桌子上的资格。

市委书记的签批只是拿到了悦达物流一级承运商的入场券，真正要走进去，还得先过"安检门"。经过一年多时间的严格条件审核和多轮质询答询，终于在 2011 年 8 月通过悦达物流的"安检门"。这年 8 月 9 日 8 时 28 分，两辆满载东风悦达起亚商品车的大型轿运车，在鞭炮声中驶出神龙。

这标志着，神龙物流正式成为悦达物流一级承运商，他们从二手订单直接获取到一手订单。

经过多年的发展，江苏神龙控股集团现已拥有员工1500余人，各类营运车600余辆，其中大型轿运车180余辆，具有年20万辆商品车运输能力，物流网络覆盖全国大中城市，

神龙物流成为东风悦达起亚一级承运商发车仪式

成为盐城整车物流、零担物流运输业中一艘出类拔萃的"航母"。据2015年统计，盐城16家物流公司中，神龙物流的货运量所占比重为25%；另15家公司占有75%，平均每家所占比例仅为5%，只相当于神龙物流的五分之一。而且，神龙物流已成为江苏省商品车整车物流产业的"领头羊"。

一分耕耘，一分收获，春华秋实，硕果累累。2012年，神

公司所获得的部分奖牌

龙物流公司荣获"江苏省道路货物运输 10 佳质量信誉站场"荣誉称号；2013 年度荣获"江苏省道路货物运输 50 佳质量信誉企业"荣誉称号；2014 年 3 月，公司通过了 ISO 国际质量管理体系认证，当年 10 月被评为"全国先进物流企业"，12 月获得"江苏省服务业名牌产品"称号，被认定为"江苏省重点物流企业"。

2016 年 3 月，神龙物流公司再传捷报：在由中国物流与采购联合会主办的全国"A 级物流企业授牌大会"暨物流业创新发展专题论坛上，公司再获"全国 4A 级物流企业"称号，标志着该企业已成功跻身于全国物流业一流企业行列。

一波三折

> 企业发展到一定的阶段，就会受到环境、形势等多方面的"天花板"制约，唯有以勇气冲破"天花板"，才能谋得新发展。

十年磨一剑，锋芒谁与争。由于城市规划建设南移，促进了盐城城西南部经济的快速发展，物流商户如雨后春笋不断涌现，但是分散经营，形不成规模。企业如果只做商海中一只小舢板，永远抗不了市场的大风大浪。只有打造颇具规模的船只，才能抗过风浪，冲出"红海拼杀"，实现"蓝海扬帆"。

由于神龙原先的地方只有 30 多亩地，客运、物流把停车场塞得满满的，甚至还要停到公司圈地之外。很显然，这已经远远不能满足神龙快速发展的需要，这时的神龙迫切需要有一个更为广阔的发展天地。

企业发展到一定的阶段，进行规模扩张是经济领域中常态化

神龙公司旧址全貌。旧址上，云集了神龙运输公司、神龙出租公司、神龙物流公司、神龙客运站、神龙宾馆等神龙控股集团所辖产业的子公司

的现象。但是规模扩张也有其两面性：把握得好，企业会乘风而上、加速发展；如果把握不好，企业很可能陷入扩张过快、资金链断裂的险境。后一种现象，在市场经济发展中并不鲜见。很多企业往往是大楼建起来之日，就是企业行将关门之时。

神龙因为发展需要，亟须进行固定资产的规模扩张。潘书柏早年行船养成的谨慎习惯在这个决策过程中起到了决定性的作用。他在广泛而深入调研的基础上，在盐城市政府、盐都区政府的支持下，拟采取征、租结合的办法，在盐城市城西南区域紧邻新204国道处，争取100多亩发展用地。

其时，恰逢盐城市政府规划在城西南大力发展物流产业，并且将商业用地和物流用地进行挂牌拍卖。

一切似乎顺风顺势。

但是，2010年下半年，国家陡然收紧土地市场调控政策，而盐城其时正处于产业的急速扩张期，数十家单位竞争有限的土地资源，明显处于"僧多粥少"的状态。

潘书柏是个确定了目标就不轻言放弃的人。为了争取企业更大的发展空间，他多次跑市国土局、省国土厅，以及相关部门沟通对接，阐述企业发展主张，前后历经几个月时间的磨合，终于获得了用地计划的审批。

紧接着，潘书柏斥资5000余万元，顺利拿到了省国土厅对100多亩土地计划的批复。而且，盐城市政府为保证城西南物流项目的顺利实施，牵头召集了经信委、规划、国土、工商、交通等多个部门，为这些项目的实施开启了"绿色通道"。

可以说，这是神龙发展史上又一次难得的机遇。这也是一个牵涉两亿多元的投资决策，堪称神龙这些年投资最大的决策。

潘书柏有个理念，那就是这个项目绝不能下成"死棋"，一定要下成一盘"活棋"。潘书柏下"活棋"的高招早在决策时就已计划于心。在征地时，潘书柏结合企业的发展实际和未来发展规划，制订了神龙公路港项目的六大子项目，即综合大楼、信息中心、配送中心、盐城客运西站、加油加汽站、汽修厂。所征的100多亩土地中，有30多亩是商业用地。这块商业用地就是潘书柏所下的"活棋"。

在开发该项目时，潘书柏创立了拥有国家二级资质的神龙置业公司，神龙置业就是下这盘"活棋"的妙手。妙就妙在潘书柏一方面在征租地上按计划推进神龙公路港六大子项目，另一方面通过神龙置业公司开发商业用房。

"神龙大厦建起来两年多时间，商业用房就实现销售几千万元。如果附属用房全部销售掉，就可抵冲神龙大厦的建设成本。"潘书柏说，通过附属用房销售的变现，就使整个神龙公路港项目具备了"自我造血、自我循环"的功能。

换句话说就是，神龙公路港项目所投入的资金，不是光烧钱的基础项目，而是自身就能生钱的投资项目，商业价值的变现，可使价值上亿元的神龙大厦收回投资。

"1+1"，在数值理论体系中只能等于"2"，然而在经济学理论体系是却可以排列为"11"。神龙公路港项目与附属商业楼的开发，等同于"1+1"，潘书柏给出的答案，无疑是经济学理论体系中的"11"！

精明的商人"用钱生钱"，更精明的商业"无钱生钱"。潘书柏下活的这盘棋，无疑正明了他是一个比精明更为精明的商人。这项决策的最终实现，至少将神龙集团的发展往前快推了

10年！

然而，好事多磨。2011年10月，神龙公路港项目先期启动的16层综合大楼顺利施工。仅用不到一年时间，综合大楼主体封顶，盐城客运西站等其他项目也在主楼施工打桩时，全部打下了桩基。就在潘书柏一心一意绘制神龙控股集团的未来发展宏图时，一个意想不到的事情发生了——

盐城客运西站项目在主体施工前，省交通厅规划处组织人员前来勘探。但勘探人员到盐城后，却突然接到市某部门的通告：这个项目市里报省厅有误！

这突如其来的袭击让潘书柏手足无措，明明得到了市规划委的批准，且在市政府牵头的多次会议中进行了会办，时任盐城市委书记、市人大常委会主任赵鹏还深入城西南现代物流园区调研项目建设推进等有关情况，并得到了赵鹏的充分肯定。可为何在桩基都打下后，客运西站却成了没有手续的"地下项目"？

由于市某部门的否认，省厅勘探人员只得无功而返。

就这一个项目，不仅已经投入了拿地、打桩的上千万元资金，而且也是神龙公路港项目的重中之重，如果客运西站项目不能顺利建成，对整个盐城市民出行都有影响！

潘书柏心急如焚，究竟是什么原因而"卡壳"呢？经过多方打听，潘书柏得到了信息：由于客运西站属于惠民交通工程，按规定省交通运输厅会在项目建成后，给予八九百万元的补助。而问题恰恰出在这笔巨额补助上。有一位熟知内情的朋友告诉潘书柏："你们是民营公司，有领导认为这笔巨额补助发给你们这样的公司不合适。"

潘书柏一听这话，立马焦躁万分：党中央一直鼓励和大力扶持发展民营公司，并且把民营经济归结为公有制经济的重要组成部分。在这种大气候下，为何还有人戴着"有色眼镜"看待民营公司？

客运西站项目的停顿，不仅严重干扰着整个集团的发展，甚至能将整个集团给拖垮。情急之中，潘书柏先后两次找到盐都区分管工业的副区长和分管服务业的副区长。对盐都区而言，神龙公路港项目是区里重点扶持的大项目，区里领导自然不希望出现"卡壳"现象，因此，两位区领导先后带着潘书柏到市某部门沟通，但沟通无果，该部门领导就是不承认这个项目已经获得他们审批。

两位领着潘书柏去沟通的副区长无奈地对他说："也许我们的职务低，发挥的沟通能量有限。"这句话带有明显的自嘲意味，不过倒是激醒了潘书柏。为了使这个项目尽快获批，潘书柏又托请某位市领导帮忙沟通。刚开始，那位市领导热情地一口应允，这让潘书柏看到了希望。

谁知，当天下午，正眼巴巴地等着好消息的潘书柏，却接到了一个令他沮丧的电话，那位市领导委婉地说："老潘，有人对你的反映不太好。"至于反映的是什么问题，潘书柏也没好问那位热心帮忙的市领导。直到几天后，他才从一位朋友处得知，原来，因为整合客运车辆遗留下来的矛盾，发生了多次上访事件和内部斗殴事件，潘书柏竟然被人戴上了"黑社会老大"的帽子。

日月昭昭，乾坤朗朗。潘书柏头上突然多了顶"黑社会老大"的帽子，而且几乎影响着神龙的未来发展。潘书柏内心痛苦万分，那种痛苦，来自被误解和被歧视。假使我真的是"黑社会老大"，公正的法律为什么不将我绳之以法？难道艰辛的创业者遇到矛盾就绕着走，不应该直接面对？他的头脑中有许多辩解，可是他知道，在人心浮躁的当下，能有多少人听他申辩？

据潘书柏自己推测，这顶被一些人扣上的"黑老大"帽子，可能与一件他被无奈卷入且曾轰动一时的"捷豹事件"有关。

"捷豹"是神龙运输公司下设的一个分公司。当年，经过艰难的、旷日持久的个体客运车辆整合后，神龙运输公司根据区域划分了 5 家分公司，即滨海分公司、阜宁分公司、射阳分公司、响水分公司、捷豹分公司。其中，捷豹分公司设在盐城市区，分公司就设在神龙车站内，主要经营盐城至上海的客运班线。

捷豹分公司组建之初，挂靠的个体客运车辆较多，按照省交通厅的文件精神，这些个体客运车辆要逐步收归到公司经营。当时，潘书柏因资金所限，全面收购一时有心无力。恰在当时，一位交通行业的老朋友给潘书柏牵线了上海的李平（化名，下同），称李平可出资收购，收购后分公司由李平承包经营。

潘书柏觉得这个方案挺不错，也符合交通部门的规定，于是就与李平接触。按照测算，上海班线收购下来要 1000 万元资金。李平当即表示没问题，信誓旦旦地承诺马上打 1000 万元到神龙运输公司，委托潘书柏代为收购。双方签订协议后，李平就打来了 600 万元，潘书柏也随即兑现承诺开始收购，可是在收购了部分个体客运车辆后，李平的后续资金却无法到账。

经过潘书柏追问，李平才道出实情，他自己根本没有这个经济实力，当时夸下海口，那 600 万元还是东挪西借来的。

听到这话，潘书柏心凉了半截，可是部分客运车辆已经谈妥了收购价格，如果中途毁约，一来有损信誉，二来"半拉子工程"今后再来收拾就很难。想到这里，潘书柏就自筹了几百万元资金，投入后续的收购。

收购工作告一段落，李平也走马上任，担任了分公司经理。但客运行业错综复杂的关系，注定了李平当不了"太平官"。由于盐阜公路集团二汽公司有部分挂靠的上海班线车辆与捷豹公司争抢客源，双方产生矛盾，并且不断激化。对方的客运车主认为李平是上海人，在盐城势单力薄好欺负，这些人就纠集在一起，对捷豹分公司的车辆进行阻拦、打砸，多名随车人员被打伤。

李平无奈之下，向潘书柏求助。其时，潘书柏因公司的多种事务自顾不暇，且分公司已承包给李平经营，他不好过问。在发生斗殴事件时，李平没有留下证据，公安机关也难以立案。在此情况下，李平铤而走险，从上海召集了一帮"打手"，会集到盐城，准备实施"全面反攻"。可是，对方车主见李平搬来"救兵"，他们不敢硬碰硬，而是精明地"示弱"，成了被打者。结果李平纠集社会人员来盐城斗殴上报公安机关后，公安机关依法抓捕了全部涉事人员。李平以组织斗殴罪被法院判了三年有期徒刑。

李平被判了刑（监外执行），分公司如何经营下去？这时，业务主管部门的一位朋友又给潘书柏牵了个头，介绍了陈胜（化名，下同）来接盘。经过几次协调，陈胜与李平签订了承包合作协议，分公司负责人由陈胜担任，李平的先期出资作为股份，到时享受股份分红。

合作协议签得好好的，在执行中却又横生枝节。在李平出狱后，他向潘书柏诉苦："陈胜负责经营后，不光没分一次红。我要一次钱，他就跟我又吼又打。"其实,潘书柏自己也有"委屈账"，他也投了几百万元，也没从中得到一分钱的分红！

那时，潘书柏还听人报告，陈胜拿着分公司的印章四处借债，所借的债务高达上千万元，分公司管理一盘散沙……

得知这些情况后，潘书柏心里十分着急，但由于自己手头事情多，他想把分公司直接管起来也力不从心。因此，他只能找机会适当提醒陈胜，但其根本听不进去。

潘书柏要管理的业务多，收入来源渠道也广泛。而李平则不一样，他只能靠着这个分公司挣点钱养家糊口，此外更要还债。分不到红，李平一无所得，他急得像热锅上的蚂蚁，上门讨要，又对付不过陈胜。无奈之下，李平踏上了漫漫上访之路，最终陈胜被判处有期徒刑六年。

陈胜服刑后，许多债主拿着他当初以分公司名义打出去的借条，到神龙公司找潘书柏要账。为了还账，潘书柏经与李平、陈胜沟通后，由李平的侄子、陈胜的弟弟代表他们两位分公司的股东承包经营分公司。潘书柏将收取的承包费用于偿还此前的欠债。"捷豹事件"前后持续了好几年，不仅让潘书柏蒙受了巨大的经济损失，还被一些不明真相或者别有用心的人认为，李平与陈胜之间的个人矛盾，潘书柏在背后进行了指使。

同时，捷豹分公司是神龙运输公司的子公司，李平与陈胜之间的恩怨也被社会上的不少人以讹传讹，直接就以为"神龙公司有打斗矛盾"或者是"潘书柏主导了打斗"。人言可畏，潘书柏被不明不白地扣上了"黑老大"的帽子，他备感委屈。

"捷豹事件"已过去多年，但在潘书柏脑海中却恍如眼前。潘书柏想到，就是这件事，带给他的冲击波久久未平，就如当前的棘手事——时间一天天过去，打下桩基的客运西站依然没有拿到合法的"身份证"！

那段时间，潘书柏每天都会到工地上去看看，看着工地上已经长出的荒草，在时光的轮转中，绿了又黄，黄了又绿，他的心里就是一阵刺痛。他觉睡不好，饭吃不下，整天为客运站操心。而且，这时，各种谣言四起，有的说潘书柏建设项目没资金了，有的说潘书柏所有的项目都没有得到审批。在此情况下，神龙的员工也出现了情绪波动……所有的一切，都如六山般压得潘书柏喘不过气来。

时隔一年又一年，潘书柏每天都在煎熬中度过。在这期间，潘书柏该找的人都找过了，该想的办法都想过了。实在无计可施，只有正面去面对了。他想的是，如果自己主动去找这位领导，哪怕让他训骂几句，他都会忍着。他只想领导训骂后也许因为气出了，能够对他发点善心。于是，他多次到该领导办公楼，看到领导忙他不敢打扰，看到领导出门他还得在那儿等。一直等了好几天，总算看到这位领导暂时不忙了，办公室也没别人，他才大着胆子敲门而入，没想到，他刚做完自我介绍，那位领导竟然连珠炮似的把潘书柏一顿数落。自长这么大，潘书柏还从没有像个乖孙子似的站在那儿不敢吱声，就听着数落。即使他的父亲与他争吵时，潘书柏还会争辩几句；为了项目，潘书柏只好忍着不吱声，可是他委屈的眼泪却不争气地直往下流。男儿有泪不轻弹，只是未到伤心处，当着别人的面眼泪哗哗地流，足见潘书柏已经伤心到了极致……

可是，潘书柏再能忍耐，项目还是得不到通过。翻开日历，这个项目从2011年开始上马，转眼间已经到了2014年，前后已经过去了3年多时间。这么长时间，倒不至于让潘书柏绝望，让他绝望的是这么无休无止地拖下去，公司得不到丝毫进展，他恍如跌进了一个看不到底的黑暗的深渊，那种心情简直无法言表。

2014年5月21日晚上七点三十分，潘书柏坐在办公室发呆，别的员工都下班了，跑这个项目的所有历程在他头脑中像放电影似的不停地交织、纠缠，再加上一夜无眠，心情低落，头脑处于混沌状态，他竟然鬼使神差地给那位领导发了一条奇怪的短信，短信内容只有"……"，一字没有！

发出这条短信后，潘书柏自己也忘记了。直到次日，他接到一位朋友的电话，问他给领导发省略号是啥意思。被这么一提醒，潘书柏打开手机，这才发现了昨天所发的奇怪的短信，他如实解释：我的项目批不下来，有很多话想跟领导说，但千言万语涌上心头，却不知从何说起，最后在浑浑噩噩中发出了这条短信。

也许，这个省略号的短信起到了神奇的作用，事隔两个月，客运西站的项目历经曲折再次获批！

此后，神龙又一次时来运转。时任盐城市委书记朱克江专程视察了神龙港公路港项目，对该项目给予了积极肯定，这让潘书柏吃了一颗"定心丸"。

2014年10月，神龙公路港基地项目基本建成，成为集客货集散交易、电子商务、信息服务、仓储、配送、转运、汽修、加油加汽、餐饮、住宿、娱乐休闲为一体的现代服务业基地。11月1日，神龙控股集团举行神龙公路港基地喜迁新址、公路港开业暨新增60辆出租车首发仪式。

经过深秋雨水的洗礼，湛蓝的天空下，神龙大厦巍峨耸立。

浅灰色的大理石墙砖和明净的玻璃幕墙构成了公路港建筑群简洁、明快的主色调，楼顶上的龙形商标、"神龙大厦"黄色大字和"格林豪泰酒店"绿色大字交相辉映，门庭LED跑马灯闪烁不停。大厦广场上，国旗、司旗在高耸的旗杆上迎风飘扬，"格林豪泰酒店"路标与"盐城市城西南现代物流园区"路标显目耀眼、遥相呼应。

迁址当日，还举行了新增60辆出租车发车仪式。随着潘书柏朗声宣布："发车！"顿时，音乐响起，鞭炮齐鸣，新增的出租车缓缓驶出，道路两侧挤满了欢乐的人群，鼓掌声、欢笑声、音乐声、鞭炮声久久回荡在公路港上空。

矗立的神龙大厦

盐城客运西站

目标是人生的指南针，一个人在最初给自己定下高目标，并倾尽全力时，即便他最终没能达到目标，收获的也一定比只看到眼前的人多。有很

神龙公路港基地启用仪式

多人，他们每天辛苦工作，却只能糊口。有些人不安分守己，人生起起落落，看起来生活过得不踏实，却因为内心藏着坚定的目标，而最终走得更高更远。

潘书柏就是这走得更高更远的人！

站上智慧云端

> 先发制人，后发制于人。商场也是如此，在竞争激烈的市场环境下，谁能抢先占领市场，谁就能掌握主动权、制高点。

"驾驶员请注意，驾驶员请注意。你行驶的前方位置有堵车现象，请减速安全行驶。"

"收到，我已减速行驶。"

走进神龙智能交通控制中心，迎墙而立的数十个 LED 大屏，随着画面的切换，与神龙控股集团旗下北斗科技公司签约服务的各类出租车、货车、客运车辆，以及校车、公务用车的位置定位、行驶信息等一目了然。控制中心的工作人员通过即时通信系统，对交通运输进行全程的实时监控和管理。"这个项目是盐城交通运输行业的智能大脑。"潘书柏说，"投资这个项目花了几百万元，这是我们神龙集团植入互联网思维，运用'互联网 + 交通运输'行动战略的基础性布局。"

2011 年，交通运输部下发了《重点运输过程监控管理服务示范系统工程实施方案》的"514 号"文件，提出用我国自行研发的北斗卫星监控系统取代原先在交通运输行业"唱主角"的美国 GPS 车辆定位监控系统，在全国交运行业推广并进行示范。这个文件当时在地市级交运行业层面中并未引起足够的重视，然而对国家政策特别敏感的潘书柏却体察到,"514号"文件必将掀起我国交运行业的一场重大的技术性变革。

慧眼寻道,明智于心。潘书柏看完文件后,立即与集团副总经理陈连山商量,准备积极响应"514号"文件精神,在盐城交运行业首开信息化、智能化服务的先河。做出这个决策,潘书柏基于三个方面的考虑:其一是该决策符合国家鼓励政策,顺应改革创新发展的大趋势;其二是神龙自身拥有的各类车辆需要信息化、智能化服务;其三是该项服务可以从神龙集团延伸至社会,为社会各类车辆提供必要的智能服务。

什么是智能交通控制系统?潘书柏在项目上马前紧急给自己"补了一课"。智能交通控制系统是一个基于现代电子信息技术面向交通运输、车辆控制的服务系统。它的突出特点是以信息的收集、处理、发布、交换、分析、利用为主线,为交通参与者提供多样性的服务。用通俗的话说就是利用高科技使传统的交通模式变得更加智能化,更加安全、节能、高效率。借助于这个智能系统,管理人员对道路、车辆运行的轨迹,甚至连车速、油耗等情况都能掌握得一清二楚。

创办北斗科技公司,可谓潘书柏的先发制人之举。对于在市场中大展拳脚的人来说,培养先发制人的竞争意识很重要。如果没有这种意识,等到竞争对手打到家门口,才反应过来要去还击,那就太晚了。在没有硝烟的商战中,抢占先机的人才能抢占市场。在这一方面,潘书柏可以说为企业家们做了一个很好的表率。潘书柏认为进攻是最好的防守,用他的话说就是"进攻者,永远都有机会"。在竞争激烈的市场环境下,谁能抢先占领市场,谁就能掌握主动权、制高点。

但先发制人，面临的却是没有先例可鉴，没有现成的经验可套取。潘书柏与陈连山经过商量，认为苏南经济发达，也许有现成的企业能让他们学习取经。可是，他们请了市运管处副主任孙根山、信息化科科长杨东等人一起走访了苏州、无锡、常州等地，发现在这三个发达的城市开发该项目的企业为零。反倒打听到在经济较苏南欠发达的苏北地区连云港，有一家名为天泽的科技公司涉足了该项目，已经申报了国家交通运输部的"部检"。

得知这一消息后，潘书柏与陈连山又请了孙根山副主任带队转道连云港，到天泽公司考察学习。当这个智能项目平台真实地展现在潘书柏面前时，他才感受到实地考察远比他原先从纸上认识的智能项目更加精彩。各类大数据的瞬时采集、全视角的视频监控、后台的信息抓取和精准剖析，这些智能让潘书柏大开眼界。也使他意识到，这个项目必将是交通运输行业智能升级的推进器，有了这个智能平台，神龙集团才能真正踏上"智慧云"，在新的时代谱写新的篇章。

其时，中央关于供给侧改革的精神尚在酝酿之中，以微信为龙头的移动互联网时代刚刚进入黎明阶段，然而潘书柏作为一个"早起人"，已经清醒地意识到以智能化来引领传统交通运输行业的转型升级、脱胎换骨，可谓难能可贵！

这个项目，从起步阶段来看，就如坐井观天，以为只是"烧钱项目"而看不到广阔的蓝天；但是随着时间推移，智能化肯定会跳出"井底"，也肯定会看到高远的蓝天。就如马云在 20 世纪 90 年代后期创办"阿里巴巴"一样，很少有人会想到，十年过后，马云会成为中国电商行业的引领者，电商平台会颠覆一切传统的商业模式！

创办这个项目，潘书柏就如马云当年创办"阿里巴巴"一样，带着前瞻性思维果断决策，事实上后来的发展也充分证实了这将是推动神龙集团可持续发展的重要项目之一。

2013年上半年，神龙控股集团投资创办的北斗科技公司完成工商注册，陈连山兼任总经理。其时，神龙大厦刚刚竣工，但为保证智能交通控制中心能够有充裕的工作场地，潘书柏在已经建好的楼层上，将二楼地面打通，为此增加了几十万元的工程投入而在所不惜。

随后，潘书柏又紧锣密鼓地投入数百万元，新上了道路运输车辆卫星定位系统服务平台，招聘了10多名专业技术人才进行系统开发和维护升级。经过几个月的筹备，神龙的道路运输车辆卫星定位系统服务平台项目，通过了江苏金盾检测技术有限公司的检测，获得"系统平台计算机信息系统等级保护三级证书"。

在此基础上，潘书柏将该项目提请中国交通信息中心检测。那段时间，潘书柏白天还在盐城处理集团的日常事务，晚上就坐上火车奔往北京，第二天在北京办好事后，又连夜乘火车赶回盐城。在多次去北京办事的过程中，潘书柏从未开过宾馆休息。

2013年10月，该项目通过了部颁标准JT/T796-2011《道路运输车辆卫星定位系统平台技术要求》的"功能完备性检测""模拟工具检测""实际运行检测"及"压力与异常测试"五项检测，该服务平台建设起点之高，容量之大，功能之强，在盐城是独一无二的。在全市交通运输行业第一家通过了国家交通运输部技术检测和符合性审查。2014年，该服务平台项目，成为江苏省首家接入全国道路货运车辆公共监管与服务平台的项目。

神龙公路港物流基地物联网及运输车辆监控平台项目建成

后，可通过各类信息自动采集设备，进行车、货、人等要素的信息交接和通信，真正实现了定位、跟踪、监控和管理的全程可视化、透明化、智能化，可为驾驶员和业户提供准确及时的车、货信息。这也是神龙集团打造智能交通运输的一大杰作。

利器在手，站上了智慧云端的神龙控股集团厚积薄发、顺势而为。在初始市场的开发中，北斗公司重点瞄准"班车客运""旅游客运""危险品运输车"的"两客一危"客户提供服务。从2014年起，随着系统的不断研发升级，又扩展至校车服务。2015年的公车改革后，北斗科技公司再度进行系统开发和升级，研发了"公务用车管理系统"，将服务触角伸向了公务用车。

在市场拓展过程中，潘书柏利用集团从事交通运输行业起步早、客运企业资源多这一优势，紧抓客运车辆的市场占有率，先后与盐阜公路运输集团大丰公司、盐城汽车客运公司、响水县汽车运输有限公司等运输企业建立合作关系，了解他们的需求和意见，制订相适应的合作方案，帮助他们完成从原GPS到北斗/GPS

神龙交通运输智能平台

双模终端的更换，取得了客运车辆的监控安装业务，客运车辆市场平台占有率稳居全市前列。

特别是与盐阜公路运输集团大丰公司的合作，彰显了神龙的强大影响力，该公司经过系统服务的比较后，果断中止了与另一家公司的合约，转而与神龙北斗进行合作。

北斗公司立足本地交通运输市场，取得盐都区校车的安装任务，组织技术人员加班加点，奔赴盐都区大纵湖、鞍湖、北龙港、义丰、学富、中兴、龙冈、秦南、楼王、大冈、郭猛、冈中、马沟、尚庄、葛武、北蒋以及城南新区等镇（区）、街道，为区内校车统一安装北斗 3G 视频监控。对车辆的行驶位置精确定位、对学生上下车以及驾驶员在车辆行驶过程中的操作规程实时监控，为学生上下学途中的交通安全提供了有力的科技保障，并为校车服务中心的管理提供了行之有效的技术支撑。同时，随着公车的改革，盐都区、城南新区、响水县、滨海县的公务用车也全部进入了神龙北斗平台管理，共拓展安装北斗车载终端近 5000 辆。

与此同时，一批中小型企业的商务车辆也主动融入该智能平台进行智能化服务。一位外地来盐城开发市场的经销商坦言，他原先向有关商场超市送货时，既担心货运交通安全，又担心白酒在运输过程中被驾驶员偷换为假酒；而进入该智能平台后，货运全程视频一览无余，各类运行数据精确推送，他每年只花几百元，就化解了一个大难题。

"见一叶知深秋，窥一斑见全豹"。如果把交通运行的安全系数、运行时间和油耗、车辆维护保养等要素折算成货币，那么神龙的这个智能平台，每年创下的社会价值超出亿元是不在话下的。

第十一章　投之以诚，报之以义

　　创业是一项只有起点线，没有终点线的征程。潘书柏深知，创业既要持之以恒，更要与时俱进。

　　随着神龙的发展壮大，潘书柏不断拓展与运输业关联度高的新兴产业，形成规模化、多元化、多业态的经营格局。并区分不同功能，将产业链划分为三大板块，即物流公司、北斗公司、酒店为第一板块，着力加大市场开发力度；出租公司、客运公司为第二板块，着力提升管理水平；公路港为第三板块，着力加快相关功能设施配套到位。

　　同时，潘书柏秉持"以人为本"的经营理念，大力实施人才兴企战略。他经常说："公司的经营成败，人的因素最大，属于人的经验、管理、智慧、品行、观念等无形资源，比有形资源更为重要。"在多年的经营过程中，潘书柏不断地寻找人才、发现人才、重用人才、培养人才，使他们迅速在实践中成长为神龙的中流砥柱。

创业的共利逻辑

> 企业经营的目的、意义与核心价值观,决定了企业的发展方向。唯有在坚持正确价值观的基础上,不断致力于发展前景规则的创业者,才能看到未来的辉煌。

2015年3月23日。奔腾的黄海春潮激荡,美丽的盐城百花绽放,温暖的阳光穿过洁净的玻璃窗,洒落进盐城市行政中心中庭会议室。室内,嘉宾满座,气氛热烈。

时任盐城市委书记、市人大常委会主任朱克江主持召开座谈会,听取全市部分企业的发展情况汇报和意见建议,就稳定企业运行、促进经济稳健增长进行调研。

会议期间,一个中年精干汉子的发言引起了朱克江书记的关注。他条分缕析、侃侃而谈,分别从物流市场形势分析及企业运行情况、发展中存在的问题与建议三个方面详细地向朱书记做了汇报。朱书记侧耳细听,不时认真地做着笔录。

这个发言的中年汉子,就是江苏神龙控股集团董事长潘书柏,他是应邀参会的全市物流行业中的唯一企业家代表。

朱克江书记听完汇报后,接过潘书柏的话题说:"去年5月23日,我和绍泉同志专门去你们集团调研过,得知你们是省内大型整车物流运输企业,物联网和北斗道路运输车辆监控平台也搞得不错。你们要在此基础上发挥自身车辆多的优势,把平台做大做强。"

市委书记的殷殷叮嘱和深切希望,如汨汨清

2015年,时任盐城市委书记朱克江主持召开座谈会,图中左一为潘书柏

泉流淌在潘书柏的心田。除此而外,朱克江书记还主动帮着神龙物流"拉客户",他一边向潘书柏询问神龙公司在东风悦达起亚商品车运输中所占的份额,一边向前来参会的悦达集团董事局主席王连春了解东风悦达起亚商品车承运情况,要求该集团在优质优价的情况下多考虑本土的商品车运输企业。

市委书记情系民营企业,这是民营企业的幸运,同时也是对潘书柏"共利逻辑"的高度认可。通常,生意要成功,必须顾及多方的利益。这个多方,指的是包括客户、员工在内的关联人员,也包括关联产业、财政税收、社会大众等多个受益群体。在企业的经营中,潘书柏始终坚持着"成人达己"的共利逻辑。

在共利逻辑的观念下,潘书柏将公司视为"共享平台",即希望每个人都能在这个平台上挣钱,分享成功的喜悦。比如神龙物流公司,就聚集了十多位年毛收入数百万元的"车老板":唐坚原先是给潘书柏开小车的驾驶员,在潘书柏的资助下,他已在神龙物流挂靠了 25 辆轿运车,按平均每辆车年盈利 25 万元计,一年的毛收入就在 600 万元以上。还有孙林,当时只带着 30 万元进神龙物流,买一辆车的钱都不够,同样是在潘书柏的资助下,他从2008年时的一辆车起步，到2016年，已拥有14辆轿运车。与孙林相似的徐保忠，短短几年间，挂靠在神龙物流的轿运车就达到16辆。除此而外，从神龙物流走出去自创公司的陈长锁、董立波、刘成兵、于金山、黄华等人，无一不得到过潘书柏的帮助。因此，有人还将神龙物流戏称为"盐城物流业的黄埔军校"。

在商界拼搏，潘书柏时刻不敢懈怠，忙碌起来是墨突不黔、席不暇暖。潘书柏认为，人生要有目标，才能生活，才有方向，而且要完成一个目标或接近完成时，更要及时制订出新的目标。只有一生追求新目标，人生活得才有价值，人生活得才有意义！因此，在出租车、客运车、物流上积聚了一定的资本后，潘书柏一直没有停步，他围绕陆路交通运输主业，频施大手笔，神龙宾馆、神龙旅行社、北斗公司、加油加气站……一个个配套产业异军突起，并让这些配套产业不断拉升延长交通运输产业链，以产生集群效应。

在多元化发展的历程中，神龙上上下下难免会有一些"杂音"，但潘书柏却不为"杂音"所困。有人说潘书柏有点儿固执，但固执并不完全是坏事，特别是在一些原则性问题上的"固执"，坚持自己的想法，显得尤为重要。潘书柏一直固执地往前走，他的固执不是一成不变，而是在执行中灵活地调整，以更轻巧更务实地靠近目标、实现目标。

潘书柏选择的多元化发展并不是乱铺摊头，而是围绕一根主线即陆路交通运输行业往前推进。潘书柏清醒地意识到，许多企业做多元化发展，不是因为这些企业在所涉领域有专长，而是因为所涉领域有钱赚。而这种钱是短暂的"热钱"，不能持续长久。

纵观潘书柏的多元化的发展战略布局，有一个明显的逻辑：

所涉领域必须与交通运输行业密切相关，用专业化诠释多元化，以相通促相融，这才是产业的自然延伸。"不管进入哪个领域，技术要领先，管理模式要跟上，还有一个重要因素就是，你专心做这一件事，才能体现责任和担当，才能收获更丰硕的成果。"潘书柏将所涉多元的领域比喻成一颗颗散落的"珍珠"，他用陆路交通运输行业这根主线将这些散落的"珍珠"串起了起来，这使得神龙成了一条光彩夺目、价值不菲的"珍珠项链"。

经过多元化战略布局，2010年，神龙控股集团宣告成立。至此，神龙形成了以整车物流为主，零担、客运、出租、旅游、站场经营、房产开发及驾培修理、宾馆酒店等一体化的综合性企业。

屈指算来，从1987年起，潘书柏走上自主创业之路。经过20多年的努力，一个小企业终于发展成为集"现代物流、城市出租、道路客运、旅游驾培、宾馆酒店"为一体的多元化产业集团。

筚路蓝缕，以启山林。一路征尘一路风霜，一路汗水一路凯歌。潘书柏的"共利"之道，既体现在经营中，更体现在管理中。

对于生意，潘书柏总是有着猎狗一样的嗅觉力，猎豹一样的行动力。社会瞬息万变，竞争日趋激烈。一个人如果总是习惯于循规蹈矩，那么他将不会有任何进步，并最终被社会所淘汰；而那些有勇气、有创新精神的人，才能紧跟时代的脚步，创造不凡的业绩。

在神龙控股集团，有一个铁律：那就是潘书柏的指令必须不折不扣地去执行。神龙的员工很清楚，董事长下令是"1"，执行到最下面还是一个"1"，不是人为缩水的"0.9"，也不是人为扩大的"1.1"，这是神龙的管理铁律。

当然，在下达指令前，潘书柏绝不是企业的独裁者，他运用的是"共利"管理模式：每一项重大决策，潘书柏从不搞"一言堂"，他充分尊重别人的建言。他说："决定大事的时候，我就算有百分之一百的把握，我也一样召集一些人，汇合各人的建议。因为只有集思广益，才能排除百密一疏的可能。"员工若有道理，只要是对的，他会按照他们的意思去做。如果指令在执行中出现偏差，潘书柏必然会开会讨论，但指令一下，犹如军令，执行必须严格，绝不许打任何折扣。

用无情的制度进行考核，用有情的方法去管理，这两者结合，才能使企业管理出成效。潘书柏深谙此道。

正如大海是汇集了所有的河川才成就了自己的伟大一样，想要成就大事，获得成功，就一定要虚心采纳别人的意见，融合众人的才智。"海纳百川，有容乃大"，无数的事实证明，那些善于集众人智慧于一身的人，更易于成就大事。

潘书柏在公司内大兴民主之风，允许员工参与公司重大事情的决策，让员工了解企业的发展愿景。他说："归属感是与参与感联系在一起的，只有当员工有机会参与各种重大问题的讨论，发表自己的见解，员工才会感到自己是企业的主人，才能激起更大的工作热情。"他认为，企业要想快速发展，就必须规划好经营理念和发展目标，并把企业的发展目标转化为员工的工作。如果企业能不断提供给员工与工作有关的重大信息，他们就会对公司拥有归属感，企业的向心力也就越大。

这就是在"不变"与"求变"中寻求平衡的潘书柏。这就是个性独特、有滋有味的潘书柏。一个管理者的行为，就是无声的号令，就是对团队释放的正能量！

在热播的电视剧《换了人间》中有句台词："国民党的命令多，咱们共产党的会议多。"这句话，看似平常，且带有调侃之意，却折射出成功的一大法则，即从谏如流者善，善谋善断者赢。走进市场经济时代，我们会发现一个规律，越是管理规范的公司，会议越是多。在神龙，大会小会从不间断。潘书柏说："我自己是驾驶员出身，开车中的孤独寂寞体会很深，经常把大家聚在一起开开会，一来可进一步规范管理，二来可增加员工之间的交流，三来还可让驾驶员谈谈感受体会，为公司的决策收集第一手信息。"

潘书柏开会发言，从不让人感觉到乏味，他讲起话来有两个鲜明的特点：一个特点是直截了当，就事说事，绝不说虚话、套话；另一个特点是他的话非常"接地气"，几乎不用生晦难懂的词汇。他经常能够以身边的事物做通俗易懂的比喻。公司的员工都说："听潘总开会讲话发言，一点也不打瞌睡，相反都像喝了提神的咖啡，一场会开下来，总是精神抖擞，激情高涨。"

用人的黄金法则

> 人力资源是企业文化的标志，也是企业最宝贵的财富。创业最大的突破和挑战在于用人，而用人最大的突破在于信任人。

人力资源是企业最宝贵的财富。人才对于企业的重要性，身为老板比谁都清楚。但选用何人、何时用人、用人何干，却有水平高低、技巧粗劣之分。潘书柏的用人艺术，最大的突破在于充分信任人。这是潘书柏任人用人的信条。

在用人方面。唐太宗有一句名言："驱驾英才，推心待士。"这句话的意思是：如想要"驱驾英才"，就必须对下属推心置腹。同样，在现代社会，大胆用人，并能做到"用人不疑"，是一个领导者成就一番事业的重要前提。

潘书柏作为神龙控股集团的掌门人，他用人的方式就是要成为集体智慧的开发者，让每一个有才能的人实现价值的最大化。他深知，不仅要在企业发展的不同阶段大胆起用不同才能的人，而且要在企业发展的同一阶段，注重发挥人才特长，恰当、合理地运用不同才能的人。这也是神龙用人之道的"黄金法则"。

如今，神龙经过数年发展，员工人数从当初的几人发展到现在的1500多人，这些人力资源被潘书柏视为公司的第一资源。潘书柏充分重视优秀人才、核心人才，给他们一定的决策权、必要的工作经费、灵活的工作时间等；也充分尊重普通员工，尊重他们的劳动果实。

他向员工分派工作时给予充分的信任，授予一定的权力，并且一旦授权就不再干预。这样一方面可以使之集中精力进行经营决策，确保企业的总体发展方向；另一方面有利于充分调动员工的工作积极性、独立性、主动性，发挥聪明才智，提高工作效率。

作为一个优秀的企业家，潘书柏在选人、用人、管理人、评鉴人上都能掌握到人心的本质，他秉持"品德为先"的用人理念，不把学历作为评判人才的唯一标准，扬长避短，用人不疑，尊重人才的个性，倡导沟通合作，团结互助。

物以类聚，人以群分。潘书柏自身是一个低调内敛、保持着纯朴情怀的人，因此，他的品格就是一把用人的量尺。与潘书柏一起共事的人，通常是性格朴实、做事认真的人。

潘书柏的自身实践也说明了这一点。他的第一学历不高，但他的学习力却是惊人的。他凡事都喜欢亲身参与，毕竟，经由双手扎扎实实学到的东西，体验中所得到的知识，永远都不会忘记。

潘书柏秉承着自小养成的好奇习惯，每用一物、每到一地，他都注意观察、潜心求教，直到弄清弄懂为止。比如建筑，他不光能看图、识图，还能与建筑设计师一起讨论设计的细节，对建筑的术语无师自通。

有人曾好奇地问潘书柏："你没有系统学过的专业知识，为何什么都会？有没有一套训练的方法？"

潘书柏笑言："我是无师自通。"事实上，这是潘书柏的调侃而已，他广博的知识面来自平时如饥似渴地学习，行业内、上级主管部门举办的峰会、论坛、培训班，他都积极参加；平时也很爱看书学习,办公室、家里常放一些书籍,一有空闲就翻阅。而且,他还保持着注意每一件事情以及观察细节的好奇心。好奇心加上求知欲,就像船的引擎与方向舵,有前进的动力,也有学习的方向。"不懂的事,一定要向别人请教,宁可让人笑一时,也不能让别人笑一辈子。在这个世界上,没有一个人能真正改变你,重要的是,你能从每个人身上找到各种机会,不断学习,从而反过来影响别人。"这是潘书柏的求知心得。

在选择和使用人才方面,潘书柏有一套"组合拳"。

一是引进。

在公司发展中,潘书柏将人才的引进作为公司提速发展的第一要素,每年都招聘"新鲜血液",用人才来促进公司的"良性循环"。尤其对原国有改制企业分流出的人才,潘书柏更是"高看一眼,厚爱一层"。用他的话说就是:"狂风吹尽始见金,这些人在原企业因为机制体制等多方面的原因,不能大展身手,或者展示才华的舞台很小,但他们毕竟有多年的行业从业经历和从业经验,是引进来就能委以重任的人才。"

随着神龙集团的不断发展壮大,原国有企业分流出来的人才纷纷会聚而来。

陈远勇,高级经济师,原是盐城联孚石化有限公司车队队长,在国有企业积累了一定的车辆管理经验,进入神龙公司经过适应后,参与公司管理,就任神龙控股集团党总支副书记、神龙出租公司总经理。在经历市二次出租汽车经营权投标中,都名列第一;出租公司的内部管理流程化、制度化,历年皆是行业的排头兵,保持市区出租行业的领头作用。他还积极为集团的发展献计献策,协助潘书柏建设了加油加气站、客运西站等工程项目。

陈连山，原盐城市纺织厂安保处长，安全工程师。在纺织厂工作的几十年里，他多次被评为优秀员工、优秀共产党员、安全标兵，还被盐城市人民政府记集体三等功一次，并当选为盐城市安全专家组成员，在盐城市的安全生产监督管理系统小有名气。神龙集团成立伊始，亟须引进安全生产方面的成熟型人才，经人推荐，潘书柏把他挖了过来，聘其为神龙控股集团副总经理，负责集团的安全工作。

2012年10月，神龙控股集团工会成立，陈连山以高票当选为工会主席，在他的治理下，神龙运输安全工作井井有条，颇受同行和社会各界称道。2013年4月，北斗科技公司成立，潘书柏又让他兼任了北斗科技公司的总经理，北斗公司在他的携领下，绩效蒸蒸日上。

徐佩生，高级会计师，原盐城市农机厂财务科长兼总账会计，后担任盐城市农机厂破产清算组财务负责人。2005年1月，徐佩生走进神龙后担任神龙旗下出租车公司、旅行社、物流公司等单位的财务负责人，组建集团后担任集团分管财务的副总经理。他积极筹划公司发展所需要的资金，保证公司战略发展的资金需求，尤其在新建神龙公路港基地时，徐佩生对这项投资近2亿、建设期历时3年的重大项目，与多家银行洽谈争取支持，并积极向政府寻求资金补贴。保证了该项目的顺利完成，实现了企业资金链的良性循环。在神龙集团发展过程中，徐佩生作为企业核心管理层成员，参与了公司所有的重大经营活动的决策和方案制订工作，并协助董事长潘书柏处理大量的日常财务管理活动及突发事件。他还认真研究国家的各项财税法规、政策，为企业的发展出谋划策并加强增值税条件下风险防范意识，使集团旗下各企业顺利平稳过渡。此外，他还加强会计人员的培训与考核，神龙集团旗下各企业共有财会人员近30人。徐佩生平时除召开财务例会外，还创建了"神龙财务会计群"，平时经常开会或在群里进行国家法规政策及业务知识的培训辅导，从而带出了一支素质硬、效率高的神龙财务会计团队。

王蒙，原在市运管处工作十多年，从原单位离职后，进入神龙控股集团，经过适应参与公司管理，被潘书柏委以神龙客运公司总经理的重任。

徐兵，原国有建筑公司工程师，进入神龙控股集团后，潘书柏量才使用，让他担任了神龙置业公司总经理。2016年他当选为盐都区政协委员。

类似于这些来自原"国字号"企业的骨干人才，在神龙还有很多很多，他们汇聚在神龙旗下，神龙给他们展示才华的大舞台，他们也尽展才华，各施所长，全力辅佐潘书柏，成为推动神龙快速发展的"生力军"。

二是培养。

潘书柏每年都从集团外招聘多名新员工到指定岗位进行培养，让他们学习专业管理知识，尽快成为集团有用之才。神龙建立健全了一整套员工职培体系。员工定时根据其岗位要求进行"再学习"是神龙的一大亮点。公司聘请多名物流领域教授、讲师、在读物流研究生和社会物流专家，为员工提供专业物流咨询和进行高级物流人才培训，不仅强化和提高了公司团队的内在素质，而且能给广大物流客户提供物流系统规划、设计服务，促进了物流事业的发展。

潘书柏的二弟潘书荣，高级经济师、高级物流师，原在盐城市纺织厂担任储运处处长,企业改制后,他也被下岗分流。潘书柏没有因为他是自己的弟弟而给他安排一个只拿工资不做事的"闲事",而是通过"帮扶带",使潘书荣成为企业管理的行家里手,在企业赢得了良好的声誉。他被潘书柏培养为神龙控股集团总经理,在神龙控股集团组建党总支部后,他被选举为党总支部书记,集团的党务工作,在他的带动下,做得有声有色,2014年,他当选为盐都区政协委员。

徐锋,高级经济师、高级物流师,就是前文中提到的组建物流公司之初,签了被骗合同的潘书柏的表弟。在潘书柏的精心培养下,他很快成为物流业的业务骨干,不仅担任了神龙物流公司的总经理,还被推举为神龙控股集团的副总经理。

潘书柏不仅培养"业务干部",还着力孵化"神龙创客"。例如从部队退伍后的唐坚,起初在神龙物流公司做驾驶员。潘书柏发现这小伙子为人诚实能干,就有意识地加以栽培,帮助他从自购一台物流车挂靠物流公司起步,而今他已拥有了20多台物流车,成为不折不扣的"神龙创客"。在神龙物流公司,类似唐坚这样的"创客"多达十几个。

董文超,神龙旅行社有限公司总经理。他在潘书柏的影响下,不断学习进取,先后取得了国家旅游局颁发的导游资格证书、职业经理人等资格证书。

徐爱萍,神龙客运公司党支部书记、财务经理。曾在盐城市多家大型企业担任财务重要岗位,从2004年进入神龙公司开始,一直兢兢业业,任劳任怨,在公司培养和自我努力提升的双向作用下,各方面能力出色,业绩显著,逐渐成为集团女职工的榜样。

这里还要交代一笔的是,潘书柏不仅对神龙集团内部的人才加以培养重用,还是一个重情重义的汉子,对找上门来的亲戚,他同样给予力所能及的帮助。他的三弟潘书清,就是潘书柏将其带到盐城工作,经过自己多年的奋斗,而今担任了凤凰印刷厂中层干部。潘书柏的大姐潘书春早年在盐都区北龙港交管站工作,进城后找不到新工作,得到潘书柏的帮助后,进入盐城市锅炉厂,一直干到退休。

三是选拔。

神龙控股集团新进的员工,都要经过多个岗位的磨炼,让每个员工好像进了"神龙大学"般,不断学习成长,再分配到适合的部门工作。对那些文化程度高、业务精,对企业忠诚度高的员工,潘书柏把他们放在管理岗位上先担任副职,让领导带,促他们自己学,不断变换"学习路道",使之早日成为有用之材。在此基础上,潘书柏打破职务终身制,做到职务上能上能下,工资待遇上能升能降,诸如客运站站长凌兆安,物流公司副总经理张华东、张国建,物流公司车队队长钱军、钱长青,副队长顾靖,总经理助理刘建华,集团办公室主任严汉祥、副主任何效荣、徐兆兵,出租公司总经理助理侍斌、孙治国,出租公司办公室主任萱盛,北斗公司副总经理王成,北斗公司总经理助理张顺,格林豪泰神龙店店长高化龙,加油站站长陈军等都是在神龙培养出来后,找到了实现自身价值的坐标点。

与此同时,潘书柏利用《神龙报》、神龙网站、演讲活动、征文比赛等途

制作精美、内容丰富的《神龙报》集锦

径，宣传先进管理人员的事迹，倡导积极向上的用人氛围，用先进的企业文化凝聚人、留住人。此外，集团还从提高员工待遇入手留住人才，连续多年大幅度提升职工薪资标准，改善员工待遇，让人才的付出，能够得到相对应的物质回报，进一步激发了发展的动力，催生了企业的发展活力。

集团管理人员集体照片

经过多年的努力，神龙打造了一支优秀的工作团队。公司还致力为员工提供愉快的、富有挑战性的工作环境，让每位员工都感觉到家的温馨与和谐，让神龙人有了对事业更新的追求和展示自我价值的空间。

生动的企业文化

> 没有笑脸的公司是痛苦的。判断一个人是不是优秀,不要看他多高的学历,而是看他干活时,是不是经常露出微笑。

作为企业核心价值观的载体和反映,使命是企业生存与发展的理由。

使命回答了企业"要做什么""为什么这么做"的问题,使命还体现了员工的内心共识,是鼓励和激发全体员工持之以恒、持续不断实现新目标而努力的力量源泉。

纵观那些世界知名的企业,其领导都十分重视向员工灌输企业的使命感,并在关键时刻将使命感落到实处,用使命感将企业和员工紧紧地凝聚在一处。随着现代科技的发展和网络时代的兴起,人与人之间面对面的交流越来越少。而缺乏沟通,不能及时掌握员工的心理诉求,调动不了员工的工作积极性,这也是导致员工工作效率不高、流动频繁的重要原因。因此,对企业来说,构建上下左右良好的沟通系统,及时与员工交流是非常重要的。有鉴于此,潘书柏多年来保持着一个良好的习惯:工作再忙,他也留出与员工沟通交流的时间。

"交流时能及时掌握员工们的所思、所想、所感、所悟,对发现员工的长处、寻找公司的管理缺陷、制订公司长期的发展规划大有裨益。"为了实现良性沟通,潘书柏采取了不少灵活的方式。建立职工活动室和图书馆,周末组织集体活动,各种文娱、体育活动或郊游等。这样做既丰富了员工的业余生活,也增加了相互之间的交流机会。

做企业就是要尽量考虑员工的利益,尤其要注意员工人性化方面的需要。潘书柏积极创造良好的工作氛围。良好的工作氛围既包括为员工创造一个安全、整洁、舒适的工作环境,也包括促进员工亲如一家、和睦相处。满足员工人性化方面的需要,一方面能提高工作效率,另一方面有利于维护员工的身心健康。

潘书柏还十分关注员工的工作状态,对此他有自己的心得:"没有笑脸的员工是痛苦的。判断一个人是不是优秀,不要看他是不是清华毕业,是不是北大毕业,而是要看他干活时,是不是经常露出

集团职工代表大会现场

行政与工会协商工资改革方案

潘书柏被表彰为
"重视支持工会工作的党政领导干部"

集团工会女职工委员会开展活动

微笑,这对于我们这个交通运输服务行业来说至关重要!"

潘书柏致力打造的"微笑公司",可以通过下述神龙员工和员工亲属的心声加以佐证。

矗立在盐都新区新都西路189号的神龙大厦是我们的新家,16层大厦宏伟气派,内设中央空调、电梯等现代化的办公设施,与以前相比我们的工作环境发生了翻天覆地的变化;工会成为独立的部门,建立了图书阅览室、员工活动室,"三八"节活动由室内走向了室外;经济模式发生了变化,由年年工资一个样转变为绩效考核工资,鼓励员工发挥自己的聪明才智;人性化管理转变为制度化管理模式,不断引进先进人才,岗位优胜劣汰,促进企业走向新的发展时代。

正如一支乐队,需要全体成员的齐心协力,否则难以呈现余音绕梁的华章;一座桥梁,需要桥墩的坚韧支撑,否则难以承载车水马龙的碾压;而一个企业的蓬勃发展,同样需要每一名员工的脚踏实地、默默奉献。每个人都有追求成功、追求荣誉的天性,都希望最大限度地实现自己的人生价值。神龙给了我们这个平台!我们要极尽所能的发挥自己的优势,为企业贡献出自己的那一分光、那一分热。

上文是神龙员工徐兰芳写给《神龙报》的一篇文章。她的文章,代表了1500名神龙员工的心声。

神龙是我老爸单位的名号,只知道他是几年前调过去的。当时觉得他挺惨的,从国企一下子混到了民企。一晃当兵都快三年了，其间我很少和老爸联系，自然，对神龙也没多大兴趣。然而，从确定探家的那一刻起，神龙就一下子闯进了我的生活。

首先是神龙物流驻福州办事处的领导打电话给我，说他和老爸是同事，国庆期间有员工回盐度假，问我要不要搭便车或捎带行李。我很意外，谢了，我说坐动车回家，也没什么行李，不麻烦了。

接着就是在动车上，快到上海的时候，我又接到了神龙盐沪专线驻上海办事处领导的电话，告诉我下动车后，走什么路、坐什么车回盐城。这正中我下怀，因为，我出校门就入军营，三年兵当得我从未离开部队单独行动过，在上海真可谓是人生地不熟。接到电话，我悬着的心一下子就放下了。

上海办事处的这位领导，我称他"葛叔叔"，见面后才知道，他其实年轻得很。身材不高，非常干练；言语不多，却显文雅；不十分俊俏，却难抑几分英豪之气。他工作非常繁忙，不时接受旅客的问询，不时接听突然响起的电话，但在忙碌之余，问我多大岁数、当几年兵，让我向老爸带好，有困难打电话给他，并亲自把我送上客车。

谢过葛叔叔，我被眼前这辆设计新颖、美观大方的节能燃气大巴深深地吸引住了。车辆周身深黄的主色调把红色的神龙图标和蓝色的"神龙盐沪快客"几个大字衬托得鲜艳夺目。坐在宽敞、明亮、洁净、舒适的车厢里，心中顿生一种家的感觉。

路上，不例外地遭遇了国庆"黄金周"堵车。为打发时间，也出于好奇，我掏出手机，百度了一下"江苏神龙"，"江苏神龙控股集团"的字眼一下子就跳了出来。不看不知道，一看吓一跳，我爸当年这槽可算跳对了！原来，这是一个集道路物流货运、长途客运、旅游客运、城市出租客运、站场经营、北斗信息技术、房产开发及驾培修理、宾馆酒店等服务业为一体的综合性、多元化产业集团。

堵车原本是件让人焦急烦心的事儿，但一路上乘务员不时地告知乘客沿途交通情况，让大家放心，神龙客运一定会让大家平平安安抵达盐城。所以，大家都很理解、没有一句怨言。

下车出得神龙车站，手一挥，一辆出租车戛然停在我面前。一位中年"的哥"从车窗探出头来，"你好，欢迎乘坐神龙出租。"我朝车顶上一看，不禁扑哧一笑，可不是吗！顶灯上"神龙"两个字在夜色中显得格外光彩夺目，真是有缘哪！

路上，师傅听我口音南腔北调以为是外地人，热情地给我介绍盐城的城市概况、名胜古迹、风土人情，谈笑风生地，把我长途跋涉的疲乏一扫而光，不觉中就到家门口了。

别过神龙"的哥"，我一下子扑进老爸——一个神龙人的怀中……

上文是一位神龙员工子女所写的文章，名为"走进神龙"，神龙服务的全程温暖呵护与神龙文化春风化雨般溢向员工家庭、溢向社会并且得到回响的真挚情感，扑面而至，让人如沐春风！

毋庸置疑，文化是企业的根和灵魂，熔铸在企业的竞争力、生产力、创造力和凝聚力之中。企业管理的实质是文化的管理，文化先于技术，观念先于行动，精神先于才智，只有对人的心智模式、行为方式进行有效的管理，才能达到管理的最高境界。

企业文化建设的直接目的就是让全体员工做到同心同德、言行一致。这是对人心的经营，是对人的价值观的经营，这是一个循序渐进、潜移默化的过程。

对企业来讲，企业文化决定了一个企业的奋斗目标、奋斗精神、奋斗作风、奋斗结果。如果说人跟人的最大差异是思想，那么企业跟企业最大的差异就是价值观，即企业文化。在神龙，企业文化始终贴近着每一位神龙员工，潘书柏把职工看作神龙真正的主人，始终坚持把企业文化作为加强企业管理、规范生产经营、构建和谐企业的大事来抓。

《神龙报》通讯员培训班现场

集团举办的安全专题讲座现场

神龙职工春节联欢晚会

集团组织职工外出旅游

在神龙，企业文化遍地生根，遍地开花——

知识讲座惠及员工。每年，神龙集团都要邀请医卫专家来给职工开设健康知识讲座，每年组织职工体检。同时，潘书柏还经常邀请各类企业管理专家来企业指导，与管理层面对面交流，积极提升企业的管理水平。

神龙春晚自娱自乐。每年春节来临，神龙都要举办一场丰富多彩的春节联欢晚会。集团各单位各部门均要表演节目，员工们亲自上阵，演身边的人，颂身边的事，说企业和本身的变化，讲集团自身的故事，寓教于乐、寓教于己。

专项比赛精彩纷呈。集团经常举办别开生面的"掼蛋"比赛。通过各单位各部门的层层预赛，决出二十对选手逐对拼杀。他们不问年纪大小，不问职务高低，都铆足了一股拼劲，发挥了最好的水平。

红色旅游陶冶情操。在"七一"期间，集团工会和集团党总支一道，组织入党积极分子和党员到孟良崮战役遗址、嘉兴南湖革命基地、台儿庄战役遗址、微山湖景区、莱芜战役纪念馆等红色景区、革命教育基地，开展"不忘初心，牢记使命"的主题教育活动，使党员及入党积极分子接受精神洗礼，接受党性教育。

集团工会把企务公开、维护职工的合法权益当作工作重中之重来抓，定期签订集体合同、开展工资集体协商、建立长效帮扶机制、及时解决职工的热点问题，坚持和完善以职代会为基本形式的民主管理制度，在维护职工合法权益中真正发挥了工会的支柱作用。

例如，2014年1月14日下午，神龙控股集团在三楼会议室召开2014年度工资集体协商会。为了把协商会议开好，达到企业职工双满意的目的，会前行政方和职工方都分别做了相关调研准备工作，行政方主要从集团的经营实际出发调研出当年适宜调增的标准方案，职工方首先召开会议推选出与行政方协商的代表，在此基础上了解职工对当年调增工资的实际期望值和侧重点。经过集体协商，达到了双赢的效果，也彰显了企业和谐发展的一面。

自2011年起，神龙控股集团建立了工资调增和协商机制，每年都要召开工资集体协商会，基本建立健全了一套完善劳动人事制度和工资管理制度，做到员工"干有所值、老有所养、病有所医、难有所帮"，造就了拴心留人的和谐环境。近几年来，集团员工工资平均增长幅度达20%以上。

多年来，神龙始终把改善员工待遇作为凝聚人心、增强合力、推动企业发展的原动力。在神龙，员工的劳动合同签订率100%，养老保险、医疗保险参保率100%，并为员工附加缴纳了意外伤害商业保险。公司还为员工提供免费午餐，发放交通、通信补贴，中秋、春节派发福利，困难职工享有特别补助，特殊人群享有特别捐助。

神龙年年举办隆重的总结表彰大会、新年联欢酒会、春运动员大会；每逢五四青年节、三八妇女节、国庆节，都举行座谈会或纪念会；每年一期的以安全为主题的演讲（征文）比赛已成为集团安全文化的一大特色；每年春秋季都至少组织一次员工外出旅游等活动。这进一步增强了员工热爱神龙、建设神龙的信念，提高了企业的凝聚力，使每一个神龙人感受到亲如一家人的温暖。

第十二章　海纳百川，有容乃大

　　一个企业家，在单位里是老板，是董事长，是指挥者。同时，他们与许多人一样，在不同的社会环境中也有着不同的身份：在家庭中，他是儿子，是丈夫，也是父亲；在社会上，他是企业法人，是员工代表，更是一个承担着更大责任的社会公民。

　　一个人可以有着不同的身份，但一个人的情怀却不能随着环境与身份的转换而改变。"方寸之心，如海之纳百川也。"潘书柏作为一个优秀的创业者和一个成功的企业家，他拥有着大海般能容纳无数江河水的宽广胸襟，并以容纳和融合来呈现着他的超常大气。

　　潘书柏的赤子情怀体现在铁意志与柔心肠上，他既有敢于亮剑的铁意志，并凭着这份铁意志征战商海、成就事业；他又有甘于奉献的柔心肠，并凭着这份心肠容德聚智、彰显真情……

亲情的胸怀：父爱如山

> 温室里长不出大树，院子里跑不出骏马。一个不经风雨，不见世面的人，即使聪明绝顶、满腹经纶，也很难适应当今社会。

在潘书柏的家人眼中，神龙是潘书柏的创业家园、精神家园。他们默默地甘当这个家园的支持者和建设者。

潘书柏是一个成功商人，也是一个成功的父亲。与众多溺爱孩子的家长不同的是，潘书柏极少把对孩子的疼爱表现于形。在两女一子的幼年阶段，他就试着培养他们的自立精神。

潘书柏认为：温室里长不出大树，院子里跑不出骏马。一个不经风雨，不见世面人，即使聪明绝顶、满腹经纶，也很难适应当今社会。因此，潘书柏特别注重培养孩子们的吃苦精神、自立意识，以及与人交往的能力。

潘爱华是潘书柏的长女。从出生到成长，一路也走得颇为"坎坷"：她出生那天，潘书柏正与父亲潘金诗因差点发生的"上冈事故"而闹得不可开交；出生不久，她就被潘书柏带到船上生活，此后在船上又经历了三次"落水"，一次是在盐城的串场河、一次是在龙冈的蟒蛇河，最危险的一次要算是在安徽芜湖，潘爱华随着父亲的船前往安徽芜湖"淘沙"，"扑通"一下掉进水里，要不是潘书柏解救及时，就会被湍急的河水冲走，后果不堪设想……

即使上学后，潘爱华也遭遇过几次挫折：小升初时，离盐城中学录取分数线差2分，是潘书柏花钱让她成了集资生；初升高时，又离盐城中学高中录取分数线差1分，同样是潘书柏花钱集资，得以进入盐城最好的高中读书。潘书柏拿女儿调侃："你是不是算好父亲有几个钱啊？"不过，这句父女间的调侃倒成了潘爱华读书上进的动力。历经磨难始见光，在高考时，潘爱华发挥出色，一举考进了南京航空航天大学信息化专业，读的是"2+2"国际班。即在国内读两年，然后再到该校的联办学校英国伦敦城市大学攻读两年。

伦敦城市大学始建于 1848 年，是英国伦敦地区最大的综合性重点大学，也是全英最大的大学之一。经过160多年历史的洗礼，伦敦城市大学在许多学科领域享有极高的声誉。

潘爱华受父亲勤劳节俭的薰陶，她不因为自己是"富二代"

潘爱华毕业时与系主任合影

潘爱华与南航教授在伦敦城市大学前留影

而骄气，相反，她学到了父亲的自立精神。2004年，她到英国读书后的第二年，就跟父亲提出自己要到当地的餐馆洗盘子。潘书柏对她说："洗盘子就不要去了，可以去帮人家卖卖服装。在帮别人做生意中，才知道钱来得不容易。"

潘爱华听从了父亲的建议，利用课余时间，到了当地的一家服装店打工挣学费和生活费。可是，在老外开的服装店干了没几个月，她就跟父亲诉苦："这老板太欺负人了，啥事都叫我做，我又苦又累。"女儿撒点儿娇，本想得到父亲的同情和安慰，没想到潘书柏却正色地告诫女儿："你受雇于老板，拿着老板给的工资，你就得服从老板的管理。"说完这句话后，潘书柏也觉得有点不近人情了，他话锋一转，换了一种口气劝慰女儿，"老板也很难做的，你要体谅到老板的难处。即使打工，你也要学会换位思考。将来你做了老板，你就会体味到个中的艰辛了。"

在潘书柏的心理疏导下，潘爱华对老板的抱怨渐渐少了。2005年年初，潘爱华考上了伦敦城市大学的硕士研究生，消息传来，潘书柏特别开心，这是他们潘家走出的第一个硕士生。

潘爱华读研后，提出了一个想法，即她在服装店打工七八个月，对当地服装行业了然于心，她想自己开个店。潘书柏从大女儿身上看到了自己当年的影子，他特别支持，开店所需资金全由潘书柏提供，并安排在国内读书的二女儿潘誉文负责从国内给姐姐组织服装货源。

一切谈妥后，潘书柏不忘问了女儿一句："你辞职开店的事跟你原来的老板说过没有？"

潘爱华没好气地说："我开我的店，跟她说干吗？"

潘书柏立即正色道："你一定要跟你以前的老板去打声招呼。

一来，她至少是你进入这个行业的引路人；二来，做生意讲究的是和气生财，特别是你在异国他乡，更要多交朋友，广结善缘，将来对你的帮助会很大。"

潘爱华觉得父亲言之有理，她不再反驳父亲，随后带着礼物与原来的老板打了招呼。那位老外老板高兴地说："中国不愧是礼仪之邦，做生意都这么温文有礼。"

潘爱华一边读研，一边经营服装店。第一年，生意并不好，一下子亏了10多万。潘爱华很着急，潘书柏安慰女儿道："中国有句老话：入行三年穷。第一年亏点未必不是好事，塞翁失马，焉知非福，你可以从中摸索出亏损的原因，吸取教训，对今后做生意大有裨益。"

果然，到了第二年，服装店止住了亏损。到了第三年，开始转为盈利。而且，随着生意的逐步做大，潘爱华的服装店从一个店面扩展到了两个店面，之后又扩展到三家门店。店里雇用了七八名工人，生意越做越红火。那段时期，潘爱华每天都要与潘书柏通电话，遇有管理、市场方面的问题时逐一向父亲请教。刚开始时，她觉得员工不好管理，存在"偷懒"现象，在电话中，潘书柏语重心长地对她说："你打工时，也觉得老板不近人情，如今你自己做了老板，你就更应该换位思考，管理中最大的诀窍就是抓住人心比抓考勤、抓考核更重要。"

潘书柏的建议让潘爱华茅塞顿开，在管理中，她以诚心换诚心，管理逐步走上了正规。

2007年，潘爱华硕士毕业。对于大女儿毕业后的去向，潘书柏早就有了较为完善的考虑，他想让女儿回国工作，甚至已联系好盐城的相关单位来接收"海归"女儿。

带着这个想法，潘书柏飞赴伦敦。那是在女儿到英国读书5年后，他第一次去英国看望女儿。与女儿同来接机的还有一个名叫王宏权的小伙子。潘书柏一看，心里明白了，这小伙子就是潘爱华在电话中告诉过他所谈的男朋友。小王与潘爱华是大学同学。起先，潘书柏出于女儿工作的考虑，对这门亲事并不看好。当天晚上，他与女儿商量道:"爱华，国内的工作我已经帮你联系好了，我这次来就是帮你把店面盘掉，一起打道回国的。"

潘爱华素来对父亲的话言听计从，她也没表示反对:"盘掉就盘掉吧!"

潘书柏沉思一阵后又说:"如果盘掉回国，你和小王未必能谈下去了。"

"这是为啥?"潘爱华吃惊地问。

"你的工作我已经帮你联系好了，是个很多人想进的好单位;小王的父母未必给他联系到好工作。你们回去后，身份上的差异自然就显露出来了，到时门不当户不对，怎么继续谈恋爱?"

潘书柏的话引起了潘爱华的深思，她想了一阵后说:"爸，我听你的。"

在儿女的亲事上，潘书柏带有中国人的传统思维，自然是希望女儿能找个门当户对的对象。但凭着他的精明和特有的嗅觉，不用女儿明说，他就知道女儿开的几家门店，肯定离不开小王的帮忙，他不忍心硬生生地拆散女儿的姻缘。想到这儿，他果断冲破了传统的思维，用开明的眼光来对女儿的前途重新作规划。他说:"看得出来，你们俩感情很深，小伙子人也不错，既然这样，店就不盘了，你也不用回国，你们俩就留在英国发展。"

这个决定，让潘爱华欣喜若狂。潘书柏说到做到，女儿在英国所投的几十万本金,原先都记在潘书柏的名下;同意了女儿的婚事后,潘书柏果断地将所有资产都转至女儿的名下。潘书柏的大度与开明,给了女儿一个打开幸福之门的密码:硕士毕业后,潘爱华继续打理三家门店,王宏权则进入英国电信公司工作,成为公司的青年才俊。2009年,潘爱华与王宏权结婚成家,相继生下一儿一女。2013年,小两口拿到了英国的"绿卡",小家庭在英国过上了舒适安闲的幸福生活。

潘书柏的二女儿潘誉文比大女儿小5岁,与生性老实的姐姐潘爱华相比,她的脾气比较倔,颇有父亲为人处世的风格。她没有吃过潘爱华童年时期吃过的苦,生性要强的她从小学一直考进大学,在学业上几乎没要潘书柏操过多少心。

潘誉文毕业于上海思源学院室内设计专业,毕业后,她要求留在上海做生意,潘书柏本来不同意,大女儿在国外,二女儿再留在上海,子女一个个高飞远方,他当然有点怅然若失。但想到自己就是一个生意人,家族中的商业基因一代代地往下传承也未尝不是一件好事。几经权衡后,他转而支持潘誉文在上海创业。

潘誉文和刘鑫的婚纱照

但天不遂人愿,潘誉文在上海开了服装店后,生意一直做不上去,两年时间就将潘书柏投入的几十万元亏掉了。

潘誉文觉得愧对父亲,因为在子女教育方面上,潘书柏制定了一个特殊的家规,那就是无论哪个孩子,从他这儿拿钱都得打借条。每一笔钱的去向都得向潘书柏报告。

潘誉文将本钱亏掉了,自觉无法向父亲交代。但通情达理的潘书柏没有责怪她,而是对她说:"生意你想做我也支持你做了,你也体会到生意不好做,同时你也可能不是一个做生意的材料。你已经撞过南墙,该回头了。这样吧,你还是回盐城上班吧!"

这其实也是潘书柏家教的迂回之术,因为他知道二女儿脾气倔犟,不撞到南墙绝不回头。如果一开始就劝说大学刚毕业的二女儿回盐城工作,她肯定不愿意。如今,"南墙"也撞过了,女儿知道回头了,尽管花去了几十万元的成本,但潘书柏认为这笔钱没有白花,至少让二女儿知道在人生的紧要处"拐弯",就如同他当年弃船上岸一样。

潘誉文回到盐城后,经过招考,进入浦发银行盐城分行工作。让潘书柏开心的是,在上海一直姻缘不通的潘誉文,回到盐城不久,就觅到人生的真爱,与在盐都区公安局做警察的刘鑫一见钟情,喜结连理。

潘书柏最小的孩子就是他唯一的儿子潘源,这个 1994 年出生的"90 后",身上寄托了潘书柏的无限期望。在潘源小的时候,潘书柏就给儿子灌输"智商"与"情商"并重发展的理念,他告诉潘源:"一个人具不具有领袖气质,将来能不能成器,在小时候就会显露出来。"他回忆自己小时候能做上"孩子王",不少孩子主动追着他玩,这就说明他身上具有领导别人的潜质,因此他寄希望于儿子:当你从小就追着别人玩时,你长大了一定是个被领导的角色;如果有孩子追着你玩,那就说明你具有领导别人的潜能。

为提高潘源的情商,潘书柏对他"约法三章",一是要善于团结别人,凡事要多动脑子,勤动身子,不要四处欠人情,欠下的人情要及时归还。比如,几个孩子出去玩,你要抢在前面去买单等。二是凡事要有计划,有目标。花出去的钱要记账,要定期扎账、交账。三是善待他人,要时时、处处、事事与人为善,广结善缘,能不与人交恶的尽量不与人交恶。

在潘书柏的精心教育下,潘源成长为一个心态阳光、积极上进且彬彬有礼的小伙子。

"在人生的紧要处,要扶一把,还要送一程。"这也是潘书柏的家教心得。潘源的高中是在盐城市第一中学念的,17岁那年,他正上高二,因为英语成绩不是太好,潘书柏便开始给儿子"策划",因为他定下的目标就是把潘源送到国外去留学,而一个高中毕业的小伙子,英语鲜有能达到六级以上的,肯定通过不了托福或雅思考试。怎么办?潘书柏打听到,只要孩子未满18周岁出国念书,可以不通过托福或雅思考试。

潘书柏不放过这一机会,在潘源念高三前,潘书柏果断把他送到澳大利亚墨尔本的一所学校读高中。当时潘源还小,再加上所学的英语原先只局限在课本上,到了澳大利亚后,与房东老太太根本无法进行言语沟通,有一次,他甚至因为听不懂英语坐在路边上哭。

2012年1月30日在澳大利亚学校留影

潘书柏送潘源上学,在菲律宾转机前的留影

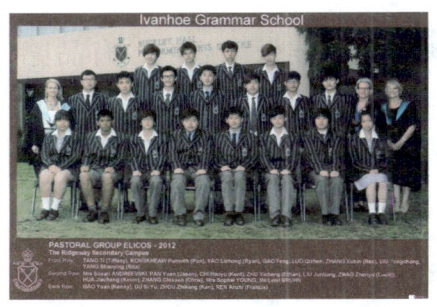

潘源(第二排左二)在澳大利亚学习时与同学合照

尽管这样,潘书柏并没有因儿子一哭就把他接回国,而是继续硬逼着儿子练习英语口语。不到一年时间,潘源的英语口语能力就得到了飞跃式的提升,与当地居民沟通毫无问题。

从墨尔本高中毕业后,潘源考入了英国纽卡斯尔大学,这是一所位于英格兰东北部泰恩河畔的一流研究型大学,创建于1834年。纽卡斯尔大学也是英国著名的罗素大学集团的成员,长久以来被认为是英国最好的二十所大学之一,以拥有欧洲最顶尖的医学院著称。该校无论在医学、科学及人文等方面皆相当著名,同时,该校也是英国拥有最多的欧盟研究文件的学校之一。

到英国读书后,潘书柏本想让潘源与他姐姐住在一块,姐弟俩也好有个照顾。潘源却拒绝道:"我不跟姐姐住,我现在就要学会自立。"

潘源在英国就读的大学

儿子稚嫩的话语透出一股锐不可挡的自信和刚毅,让潘书柏听后十分舒心。有这样想法的儿子,何愁将来不一飞冲天,开创出一番人生的恢宏伟业!

父爱如山。潘书柏这座"山",既以其雄伟挺拔,给孩子们以坚强的依靠;也以其大爱无言的付出,用无私的亲情温暖着孩子们。

在平常对子女的教育中,潘书柏的话虽然听似平常,却饱含着丰富的人生道理,有如山林间奔流的小溪,缓缓流淌进子女的心灵深处。

这些平常的话,有循循善诱的深情,比如——

"我们是礼仪之邦,要懂得尊重别人和被别人尊重。"

"人有时候吃点亏没关系,这边失去的,在其他地方终会补偿给你。"

"想到了,就勇敢地去做,不迈开双脚往前走,永远都停留在原点。"

"做人要堂堂正正,做事要有规有矩,要做守底线、有品德、受人尊重的人。"

"无论自己扮演什么样的角色,都要懂得换位思考,以诚换诚。"

这些平常的话,有谆谆告诫的诤言,比如——

"低调做人,是为了更好地生存。"

"低调做人，你会一次比一次稳健；高调做事，你会一次比一次优秀！"

"天下小便宜有很多，不要随便去占，占了小便宜，你会失去很多。"

"学会了多看、多听、多问、多做、多想、多吃苦，你们才会长大。"

"一个人的能力有限，要学会借别人的脑袋，去完善自己的思维。"

这些平常的话，还有宏钟大吕的鞭策，比如——

"失败了不要找理由，要找成功的方法。"

"一个真正优秀的人肯定是能够自己做主的人，凡事要有主见，深思熟虑后再表达。"

"要做善良的人，要有勇敢的心，努力去团结和影响你身边的人。"

"自身强大了，别人才会主动帮你。"

"饮水思源，力所能及的情况下，要多奉献家乡，多反哺社会，多关心帮助身边的人。"

……

这些话语，伴着子女们的成长、成才历程，让他们在现实社会中更加游刃有余；这些话语，也逐渐成为子女们为人处世的人生准则，并且被不断地复制、传承，培养和教育着潘氏大家庭中更为年轻的一代人，让优秀的家风薪火相传、代代沿承。

大度的胸怀：直面过往

> 冤冤相报，必没有好的结局；以德报怨，才能拥有常赢的人生。一个人带着什么样的心态做人与做事，就会得到什么样的回报。

所有熟知潘书柏的人都知道，他对父母，真是至孝之心。

潘书柏认为：孝是中华传统文化，不孝之人必然没有成功的事业！无论是在打拼阶段，还是在事业有成后，他对父母的孝心从未改变。尽管年幼时经常因父亲的脾气暴躁而产生摩擦，但从来没有影响潘书柏对父亲的一片孝心。

潘书柏在城里的生活条件有所好转后，他就将年迈的父母接到盐城生活。刚开始，父亲不同意，潘书柏就花钱改善老家的居住条件，让两位老人住得更为舒心。后来，随着父母年事的增长，他们耐不住潘书柏的一再劝说，这才同意进城与潘书柏一起生活。潘书柏接来老人后，专门雇请了一位保姆照顾二位老人。2015年年底，潘书柏80岁高龄的父亲因高血压生病住院，住院期间，潘书柏工作再忙，每天都要抽出时间到病床前陪伴老人。

每逢老人生日，潘书柏必张罗一桌丰盛的饭菜，叫上二弟、三弟一家人给老人祝寿。2016年的元宵节，潘书柏还专门陪同父母出门看灯展，并用手机拍下了许多父母的照片。

2016年春节过后，潘金诗的健康每况愈下。潘书柏忧心如焚，

2016年农历正月十五,潘书柏带着父亲逛灯展时,亲手给父母拍下的合影　　2016年农历正月,全家人在老家聚餐

他请最好的医生、用最好的药,以期延续父亲的生命。然而,人在面对病魔的袭击时,总显出对抗力量的弱小。经过医院的全力救治,潘金诗的健康状况并没有好转,甚至出现了恶化。从2月份起,他就不能正常饮食,每天都要靠输送大量的营养液维生。六个月后,病情不见好转的潘金诗要回老家西万庄。潘书柏知道,父亲可能已经觉察到时日无多,他想叶落归根。他含着眼泪给父

潘书柏与家人给父亲做八十岁大寿

亲办理了出院手续。父亲在家期间，潘书柏与二弟、三弟商量轮流替换照顾，确保父亲的床头任何时候都有儿子在照料服侍。虽然弟兄三人做出了分工，但由于二弟潘书荣和三弟潘书清工作繁杂，尤其是潘书清在国企上班，请假不便，再加上潘书柏对父亲放心不下，即使轮不上他在父亲床头值班，他也一有空就驱车几十千米回老家服侍父亲。

有时，他忙完一天的工作，晚间就在父亲的病床前打个盹。父亲由于脑血管堵塞，经常处于昏迷状态，即使醒来也认不清面前是哪个儿子。看着含辛茹苦一辈子的父亲，看着曾经很要强的父亲在自己面前如此脆弱，潘书柏眼眶里常饱含着泪水……

2016年8月19日，潘金诗走完了辛劳的一生。他离去时并不痛苦，因为他得到了儿女们最有孝心的照顾，他已经心满意足。但这种生离死别的痛苦随着老人的安然离去而转嫁到潘书柏等儿女们身上，作为家中长子，潘书柏忍着悲痛，妥善处理了父亲的后事。

在父亲辞世时，二弟潘书荣提出是不是要通知上海的表姐沙招弟。一提起表姐，潘书柏就想起那个写"举报信"让他们一家未办成"农转非"的表姐夫李荣森，他的心头之恨还未散去！但考虑到父亲已然辞世，再加上30多年过去了，他们这辈人都逐渐老去，"冤家宜解不宜结"，抱着这样的想法，潘书柏给表姐沙招弟打去了电话。接到潘书柏打来的电话时，沙招弟一是惊喜二是悲戚。惊喜的是，30多年来一直没有往来的表弟潘书柏终于跟她联系了；悲戚的是，怎料这30多年来的第一次联系得到的却是她大舅去世的噩耗。

得到通知后，沙招弟随后就独自一人从上海赶回盐城吊唁。

吊唁中，她泪水横流，可见她对大舅的感情之浓之深。其间，她瞅着潘书柏好不容易有个闲空聊了几句，自然问到潘书柏，这么多年为什么没有和她联系。从表姐真诚的表情来判断，潘书柏直觉表姐可能对其丈夫所写的"举报信"尚不知情。由于当时他正忙着，于是跟表姐说："等忙完父亲的后事，我专程到上海去和你们聊聊。"

借着这个机会，潘书柏也确实要打开这个心结。2016 年 10 月 13 日，潘书柏抽出时间专程奔赴上海。到了上海，住到表姐家附近的酒店，然后打电话给表姐，表姐随即赶到酒店。两人几十年都未交过心，这次相见，两人都很感慨。表姐讲述了从盐城到上海读书住在亲戚家的一段经历，体会到没有父母在身边的辛酸和艰难，又谈到招工进入上海钢铁一厂，又认识了在上海一家食品厂做中层干部的李荣森。婚后，由于食品厂不景气，李荣森下了岗，后来他先后开过两个企业，都未成功。潘书柏不胜唏嘘。

两人叙了会儿亲情，潘书柏问："表姐夫呢？我想约他晚上吃顿饭，我有事情要跟他说。"

"你们之间有什么事啊？"表姐从潘书柏的表情上判断出，他与她一家人断了三十多年来往，一定是有什么委屈。在她的追问下，潘书柏只得和盘托出表姐夫当年写下的那封"举报信"。表姐听后，十分震惊，当场就急出了眼泪："他怎么是这样的人，真把我气死了。我知道你们一家跟我们不来往，都不好意思回娘家……"

潘书柏反过来劝说表姐不要着急，他让表姐给李荣森打电话，约他吃晚饭好好聊一聊。"是要跟他好好说说，一定要把话说清楚。他做这件事真是气死我了。"表姐余怒未消地说。随后，沙招弟拨通了李荣森的电话，因表姐还处于情绪激动之中，潘书柏主动拿过电话接了起来。当得知与他通话的是潘书柏，李荣森明显一怔，不太自然地说："好吧，我们晚上一块吃饭，我正好也有事要和你说。"

当晚，李荣森来到酒店。一见面，李荣森就发出感慨："我们有三十多年没见面了！"潘书柏心中也是五味杂陈，时隔三十多年，已经 68 岁的李荣森经过岁月的煎熬，老态明显。他似做了亏心事，不敢正对潘书柏直视的目光。当丰盛的菜肴摆到他们面前时，两个男人心事重重，谁都没有大快朵颐的心情。

"表姐夫，我有件事要跟你了解一下。"潘书柏是个急性子，他先开门见山地抛出了话题。李荣森不自然地瞟了一眼沙招弟后说："现在不方便说，先喝酒。"

"有什么不方便说的，今天晚上一定说出来！"表姐很是着急。考虑周全的潘书柏朝表姐使了眼色，她犹豫了一下，而后心领神会地出去"接电话"了。包厢内只剩下潘书柏与李荣森二人。

但李荣森还是不想主动提起当年写"举报信"的那件事，潘书柏追问他，他就装着没听见，与潘书柏碰杯喝酒。不知不觉中，一瓶酒见了底。

在洞悉人的心思方面，潘书柏有着过人的天赋。见李荣森闷头喝酒不开腔，他就故意发起了感慨："我们中国人拜菩萨时，大多是求菩萨多多赐予发财的机会。而信教的外国人，却是到教堂里忏悔自己的过错。姐夫，你对这个现象怎么看？"

潘书柏的言下之意已经接近于直白，他期待李荣森主动忏悔过错。李荣森一震，他知道再不开腔就说不过去了，那个"举报信"的事他自以为做得很隐秘，但潘书柏却早就知晓了，今天这个话题肯定是绕不过去了。当潘书柏再借着酒劲单刀直入地问："当年，我们真是巴心巴肺地把你当作自家人，可我就搞不懂，你为什么要写那封举报信，今天咱们当面把这件事说清楚。"

李荣森放下酒杯，他点燃了一支香烟，思忖了一会儿说："这件事我对不起你们，当时我就是出于嫉妒的心理，你们的户口'农转非'了，我小舅子（笔者注：潘书柏的表弟）的户口还在农村啊！出于这种嫉妒，我才一时冲动写下了那封信……"

听到这话，潘书柏血气上涌，他的拳头握得紧紧的。就因为这嫉妒，却改变了一个家庭的走向啊！要是能"农转非"，他得少走多少弯路！但潘书柏的拳头又松了下来，毕竟事情已过去了三十多年，他来上海不就是寻求答案的吗？想到这儿，潘书柏坦率地告诉李荣森，当年他曾多次想把他暴打一通，以解心头之恨，但每次都强忍住了。

李荣森脸上露出惊讶并带有惶恐的神色，随后说了一句意味深长的话："如果你当年把我打了，你也不可能创下如今的这番事业！"

潘书柏与表姐一家人聚餐场景

这番话,倒是很有道理。性格决定命运,一个人的度量有多大,他成就的事业才会有多大。

两个人正说着话,表姐走进来了。潘书柏看到表姐眼眶红红的,知道她又伤心地哭过。当表姐责怪丈夫时,潘书柏从旁劝道:"事情已经过去了这么多年,如今听了表姐夫的解释,我也知道了他当年写举报信的原因,我的心结也算打开了,这事就到此为止吧!"

大度的潘书柏宽宥了李荣森的糊涂。临从上海返回盐城时,他还对表姐说:"这件事说开了,我的心结也打开了,咱们还是一家人,没事多回家乡走走。"而李荣森则沉默不语,似还沉浸在忏悔之中。从上海回来后,表姐还通过微信,不断跟潘书柏道歉,在她心中,这似乎是她永远都无法原谅的过错……

豪气的胸怀：敢于亮剑

> 危急关头，如果一味防守，也许不是最佳的办法；如果迎难而上，敢于迎接挑战，也许，进攻就是最好的防守。

　　潘书柏天生就是一副侠义心肠，从小就爱管闲事，喜欢为朋友两肋插刀。耿直的潘书柏一直都是这样的脾性，不过也为此而饱受委屈。谁能想到，在企业家光鲜的背后，都有着超出常人付的血汗和不为人知的委屈的泪水。2004年，潘书柏的创业历程中就经历了一件大事——

　　这年3月，他举债购买了盐城市盐都区潘黄镇闲置的农经楼和一个已经废弃的厂房。经过规划、国土、住建部门审批，同意将土地出让给神龙公司。

　　这处地方位于市区西环路西侧，占地30多亩。潘书柏携领神龙进驻后，神龙公司也结束了租房办公的历史，真正拥有了自己的"大本营"。俗话说"安居而后乐业"，有了这个"大本营"，神龙踏上了快速发展的快车。"大本营"内建起了神龙客运站、办公楼、停车场、神龙宾馆等项目，一个初具规模的神龙呼之欲出。

　　次年，潘书柏打算推倒老厂房，重建新的办公楼。没想到，这一消息传出后，立即引来周边百姓的不满。本来，新的办公楼也就建四层而已，并不算高，而且离附近的农田较远，但周边的一些居民却故意给潘书柏出难题，他们认为这新楼要是盖起来，会对他们的农田产生影响，坚决不让潘书柏盖楼。

潘书柏跟他们讲道理："新楼是在旧楼的基础上盖起来的，

神龙客运站

离最靠近的农田也有10多米远，对农田没有一丝一毫的影响。"

但居民就是不答应："我们不管，你要盖楼就是不行！"

"既然你们说楼房会遮阳，那我就给你们补偿行不行？"潘书柏先还之以礼，希望能打动这帮胡搅蛮缠的居民。可居民一点也不买账："不行，就是不能盖！"

"那你们说说怎么补偿，我才能盖楼？"潘书柏想试试对方的底牌。

"我们什么补偿也不要，就是不能盖楼！"居民们毫不让步，就这样在手续齐全的情况下，办公楼6个月未能开工。

当时打桩的情景

这倒怪了。潘书柏与居民们讲不通道理，只得向政府部门的有关领导汇报，领导回复："集镇居民比不上农村居民好讲话，集镇周边民风就是比较彪悍，你跟他们讲道理根本讲不通，你干脆不要理他们，直接建筑。"

能说的理也说了，能打的招呼也打了，居民们软硬不吃，潘书柏也索性不理他们，他推倒了旧楼，按设计图纸，准备打桩。谁料，打桩机刚进驻到工地上，居民们一看神龙没经他们"同意"，就贸然要盖楼，他们一呼十、十呼百，上百个居民涌上了工地，死活不让打桩。

桩打不下去，潘书柏急得不行，他亲自到工地上，好话说了一箩筐，居民们却谁也不给他面子，就是不让打桩。潘书柏选择了报警，警方说："居民围着不让打桩，没有发生冲突，我们不好出警。"

警方的这句话，点醒了潘书柏，他计划设计"冲突"，因为防守无效，又不能撤退，那就只有进攻了！

曾经热播的电视剧《亮剑》中，主人公李云龙所率八路军独立团被日军重重围剿时，如果一味后退，根据地越来越小，说不定最后会被日军"包饺子"。在危机面前，李云龙发动部队展开进攻，最后保存了有生力量。

潘书柏被逼得到了无路可退的时候，他也跟李云龙一样，要展开反攻了。

为了使桩基顺利打下去，潘书柏从大丰约了一些人帮助到现场维持秩序。那伙人一接受邀请，就开始操家伙，你扛一根铁棍，他拿一把砍刀，气势汹汹地就要奔向工地。潘书柏一看阵势不对，赶紧打住："兄弟，我请你们是去现场维持秩序，不是去打人，家伙谁也不能带。"

为首的"大哥"笑道:"潘总,兄弟们带家伙上阵这是规矩,要是没武器,还怎么震慑居民啊?"

潘书柏苦笑一声道:"虽然他们拦着不让打桩,但毕竟将来还是邻居。你们一带武器,反而会引起群情激愤,这架到时就非打不可了。"

为首的"大哥"认真看着潘书柏说:"潘总,来找我摆平事情的人多了去了,有些老板还让我们往重里打,像你这样仁慈的还是第一次见到。"

最终,那伙人还是听从了潘书柏的建议,20多个人分乘几辆车赶到工地现场,谁也没有操家伙。有了这伙人的撑场面,潘书柏一声令下:"开始打桩!"

打桩机一动,周边的居民似乎早就掌握了情报似的,这边机器刚有动静,那边就有百十个居民赶到了现场。

不过,这回居民们赶到现场时,看到气氛有点不对劲。工地上多了一些彪形大汉。居民们先是胆怯,相互看看没有言语。但也就僵持了几十秒钟,居民中不知谁带头喊了一声:"潘书柏竟然敢喊人来与我们对着干,我们不怕!"

这一呼惊醒了那些发懵的居民,于是几十个居民冲上前来阻拦打桩。潘书柏一见对方先动手,他还没有发出防守的信号,被请来的那伙人个个身经百战,谁也不是吃素的,他们在工地上与居民干上了。

群斗中,一名闹得特别凶的妇女被两个彪形大汉甩到了刚上了水的水稻田里,摔了个满嘴泥。还在动手的居民一看,立即起哄:"潘书柏打伤人了,潘书柏打伤人了!"

请他们来是维持秩序的,哪想到这些人动了手,为避免事态扩大，潘书柏高声喊道："这是一个法治的社会，既然有人伤了，我们一是赶快报警，二是赶快把伤者送到医院。"

说罢，他也不待居民反应过来，一边打电话报警，一边安排人把那个掉进水稻田一身泥污的妇女架上车，往医院送。

不一会儿，接到报警的派出所民警立即赶到了现场，以聚众闹事为由，把双方参与干仗的一些人带到了派出所。见派出所出面处理，现场聚集的居民一哄而散。

人群散去，打桩的阻力也就没有了，桩基顺利地打了下去。

那位闹得凶的中年妇女被送到医院后，潘书柏叮嘱医生给她细细检查了一番，除了满嘴泥，啥伤情也没有。经过谈判，潘书柏补偿了一些钱。

事后，那位被请来维持秩序的"大哥"对潘书柏佩服得五体投地，他说："潘总，我明白了，你这是故意让居民们先动手，然后好报警请警察来清场啊！这一招真的高明，看来蛮斗永远赶不上智斗。"

事隔数年，如今的神龙已搬离了老"大本营"，搬到了神龙物流公路港，新的"大本营"比老"大本营"大了好几倍，但潘书柏仍然对这处地方情有独钟。这地方，寄托了他的情怀。

工作之余，潘书柏还会经常走到老"大本营"，四处看看。触摸起的往事，也如风一样嵌在他的记忆深处，不断激励他奋力前行。

每次到老"大本营"，总有另一桩事令潘书柏耿耿于怀。那是2006年3月，神龙运输公司阜宁分公司的一辆大客车在上海与一辆宝马车追尾，需要赔偿一万多元。按交通事故赔偿的相关法律规定和惯例，对方车主在起诉时应连带起诉保险公司，可是对方车主就是没有起诉保险公司，单独起诉神龙运输公司，并且申请上海法院的执行人员帮助执行。

当上海法院委托盐都法院执行局到神龙公司执行时，潘书柏当即表态同意付款赔偿，并带其到安全科抓紧落实，随后阜宁分公司先打了5000元给上海的车主。法官当时也没说什么，就回去了。时过不久，潘书柏接到盐都法院追要欠款的电话，潘书柏因为将此事已经交代下去了，他表示将督促尽快履行到位。

可是意想不到的事情发生了：那天，潘书柏正组织公司班子成员在会议室开会，盐都法院执行局来了一批人，他们直冲会议室，领头的人指着潘书柏说："你跟我走一趟。"潘书柏莫名其妙，以为发生了啥大事件。看法院呼啦啦来了十多人，如此兴师动众，让潘书柏摸不着头脑，问他们究竟是啥事，但来人就是不说，而是粗鲁地说："跟我们走了就知道！"

直到上了警车，来人才道明带走潘书柏的缘由：是因为上海的车祸赔偿款还有5000多元没有到位。潘书柏异常气愤，这件普通的民事纠纷，他已经落实下去了，很快就会赔偿到位，但这些人却"小题大做"，直接把一个重点企业的负责人在众目睽睽之下带上了警车，这对好面子的潘书柏而言，简直是奇耻大辱！

弄清原委后，潘书柏要打电话向有关领导反映，并且与他们据理力争。那位领头者气势汹汹地说："再说，就把你关起来！"好汉不吃眼前亏，潘书柏放下心头的委屈，他当即安排财务人员代阜宁分公司付清了尾款。潘书柏当时也被"放"了回来。回来后，潘书柏一个人坐在办公室抽闷烟，心里非常不痛快。他被法院来人带走时，正好遇到黄海农商银行的一个副行长，前文已经交代过，潘书柏是该行的理事，这位副行长就是来找潘书柏商量银行理事会事情的，看着潘书柏被法院的人带走，他还以为出了多大的事情呢！而且，对于一个企业家来说，会严重影响企业的形象，带来不可估量的损失。

委屈在心，潘书柏越想越气，为了挽回影响，缓过神来后的他开始了"进攻"：第二天，他就将此事向一位领导汇报，该领导感到吃惊："就为这点钱抓人，简直是胡闹。"随后，潘书柏又将此事写成材料呈给市委书记。市委书记拍案而起，在材料上签字批复，要求彻查。客观上讲，那时盐城的投资环境不是太好，存在部门服务差、乱作为等不良现象。市领导也想借此事来整顿优化投资环境。在市领导指示后，刚刚组建的盐城市优化办奉命彻查此事，但在调查时，法院来人却否认开着警车到神龙公司"抓人"。幸亏神龙公司装了监控摄像头，法院一行人的行踪全部被拍下来，潘书柏将录像光盘送交给优化办，成为重要的证据。

证据在手，无可抵赖。涉事人四处找人求情。原来，当天中午，法院的这行人前往马沟处理一个事件，没取得预期效果，他们心里窝了一肚子的火。当他们回程经过神龙公司时，有人提出神龙还有一笔款没有执行到位，负责人意气用事，他一声令下，执法车鱼贯驶入神龙公司,潘书柏由此成为他们的一个"出气筒"。

没想到这个"气"没出成，还给负责人带来了大麻烦。当盐都法院多位领导出面向潘书柏道歉时，潘书柏也想将此事撤掉。可由于此事已经引起了市委的高度重视，并被列入盐城市优化办查处的十大事件之一，不光已开会公布，还印制下发了材料。影响已经造成，覆水难收了。最终，那位涉事人被撤职。

而通过这件事，法院的工作作风得到了进一步优化，神龙公司也成为他们的重点服务企业。

妥善处理这两件事，显示出的是潘书柏豪气干云的胸怀！

做人的胸怀：大道至诚

> 要想做一个优秀的企业家，不可缺少最为根本的品德，那就是诚信。诚信是个基石，谁做好了诚信，谁的路就可以走得更长、更远。

风飘絮，浪淘沙。唯有兼德者内可修其身，外可治天下。

何为德？中国古代哲学家老子认为，能达到"上德"之人不表现为外在的有德，而"下德"之人却表现为有心作为。

诚信，是德的一种表现。用老子的思想解读就是，真正诚信者，是自内而外、表里如一的，而假诚信者，只会将诚信表达在口头上。对此，潘书柏深有感悟，他追求的就是那种表里如一的诚信。他在自己积极当好诚信表率的同时，引导所有的神龙人共塑诚信。

也许有人会说，现在市场竞争这么激烈、这么残酷，讲诚信怎么能赚到钱，根本不可能致富。潘书柏不以为意，笑着说："你要想做一个优秀的企业家，必须有同一种品德，那就是诚信。诚信是个基石，谁做好了这个，谁的路就可以走得更长、更远！"

大道至诚，是一个道德范畴，也是神龙人的立身处世之本。潘书柏鼓励员工，想要争取更高的社会地位，获取更多的财富，就要提高自己的诚信度。言而有信，一诺千金，才能使自己的事业基础稳固。所以，一个有诚信的神龙人，不论现实怎样的变幻，都要守得住自己内心的那份诚信,以一个主人翁的姿态融入这个社会里去,把为人赞扬的高尚美德广为传唱,这才是新时代神龙人的精神内涵和精神风貌。

大道至诚,锤炼了潘书柏,也成就了潘书柏。

在这个充满诱惑的时代,人人都渴望成功,希望一觉醒来就成为富翁,能够不为金钱发愁。当物质提升成为一个人的主要动

潘书柏工作照片

潘书柏每天坚持跑步健身

力时,灵魂便往往跟不上前行的脚步。而潘书柏能够在浮躁的社会中,明白做人的哲理。回想创业之初,他如新芽刚刚萌动破土,稚弱灵秀;岁月流转之下,他如嫩枝摇曳舞动晴空,坚韧轻柔;多年的风霜雪雨,他仍在期待冲刷涤荡,多年的石磨火淬,他更需要百炼锤成!他的创业实践表明,成功路上坎坷繁多,没有哪一次成功是白白得来的!

大道至诚,是潘书柏视之如命的做人准则。他从中悟出人生在世要先会做人,而后才是做事。因此,潘书柏一直强调,无论是办企业,还是做其他事业,做人都应该摆在第一位。

潘书柏自身就是一个做人很成功的表率,他不会为个人的得失而愤愤不平,也不会对一些人情世故上的小事斤斤计较。在潘书柏创业初期,也曾被朋友欺骗,后来还曾遭遇了这样那样的阻

拦，但云淡风轻后，潘书柏很释然地说："虽然有过被出卖和利用的伤痛，但我相信有一颗善良宽容的心，总会天道酬善。"

带着这样的胸怀，潘书柏不仅成为一位成功的企业家，还成为一名优秀的共产党员，一名积极参政议政的区政协委员、市人大代表。他将"关注民生，为民代言，为政府献策"看作自己的神圣职责。

在盐城市第七届人代会第一次会议盐都区代表团讨论会上，潘书柏就"如何进一步加快发展盐城物流产业"做了精彩发言，并就道路和学校建设提出了两点建议。

一是迅速开始西环路西东进路的延伸和开创路的启动工程；二是杨坝作为市政府规划的新居住集中区，境内已有外来住户近三万人，亟须启动"8轨72班"的配套学校。他的建议引起了代表们的热议和共鸣。

潘书柏在盐城市第七届人民代表大会第四次会议上留影

潘书柏觉得作为盐都区民营企业的代表之一，能参加全市人代会，既是人民对他的信任和支持，同时也是他履职尽责的最大动力。

带着这样的胸怀，潘书柏才一直得以保持着宽容平和的心态，能沉住气做好每一天的工作，不但能做好，而且乐享其中，在枯燥的工作中发现乐趣。这些年,他的作息时间表也从当初的紊乱回归到了极有规律,每天晨起散步,然后神清气爽地到办公室处理工作,开启一天的阳光……

带着这样的胸怀,潘书柏才能在商海的潮起潮落中,一直不断向前,他不会因为失败而放弃,也不会因为成功而迷失。对于潘书柏来说,成功不过是外界对自己的一种评价,而他自认为离成功很远,自己要做的事情太多,只要自己努力过、做到了,不管在外人看来算不算得上成功,他认为这样的人生都是圆满的人生、幸福的人生。

赤子的胸怀：兼济天下

> 很多人在创业初期过着简朴的生活，事业成功后便开始挥金如土的奢侈生活。也有很多人虽然拥有很多财富，但依旧保持节俭的作风。后者与前者相比，精神境界明显高出了几个档次。

尽社会责任，做优秀企业公民。这是潘书柏矢志不渝的公益追求。

潘书柏自己对金钱的态度则是：对别人花钱很大方，对自己花钱很节省。

由俭入奢易，由奢入俭难。潘书柏说："很多人在创业初期过着简朴的生活，但事业成功后，便开始挥金如土的奢侈生活。也有很多人虽然拥有很多财富，但依旧保持节俭的作风，他们的金钱观是朴素无华的。后者与前者相比，精神境界明显高出了几个档次。"

在潘书柏筹钱、公司缺钱的那段日子里，为了压缩公司的运营成本，本来就要求节俭的潘书柏对公司的成本开支更是用"抠门"来形容，比如打印纸必须打印正反面，不能无端地浪费纸张。这虽然只是一个细节，但更多类似这样的细节，构成了神龙节俭办公的主流风尚。

潘书柏的身体力行，使这种节俭成为传统，一直在神龙集团延续下来。

潘书柏对自己要求节俭,但他对于需要帮助的外人,反而十分慷慨。多年来,潘书柏坚持勇担社会责任,帮扶弱势群体,以实际行动回报社会,积极带头并发动员工向灾区捐款、捐物,救助病残职工,为交通不便的农村捐资修路建桥。每年春节,他除了向集团困难职工发放慰问金外,还回到家乡,为困难群众、五保老人送上慰问金。

每年春节、中秋节前,潘书柏都会到盐都区龙冈镇兴福村村委会,慰问和看望困难群众和五保老人。这已成为他的惯例。慰问中,潘书柏不仅向多位乡亲发放慰问金,还细致了解他们的生产、生活情

潘书柏捐建的神龙桥

神龙集团向青海玉树地震灾区捐献爱心款

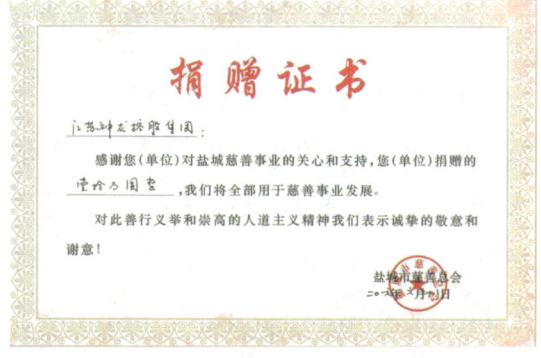

神龙集团向阜宁、射阳龙卷风灾区捐款10万元

况，对于他们所遇到的各种难题，潘书柏总是想方设法地予以解决。

西万庄修桥建路，潘书柏积极捐款；耿伙村及兴福村修路建桥，潘书柏同样捐款。如今，兴福村有一条"西万大道"，有一座桥命名为"神龙桥"。乡亲们用这一别致的方式，感恩着潘书柏对家乡的赤子情深。

玉树、汶川地震救灾中，潘书柏不仅自己捐款救灾，他还积极组织员工踊跃捐款。他说："我不能去前线给受灾的亲人们递一杯水、一碗饭，但我可以尽微薄之力。"

2016年6月23日，一个黑色的日子。就在这一天，盐城阜宁、射阳遭遇到了特别重大冰雹龙卷风灾害，灾情发生后，潘书柏第一时间发动神龙员工捐款，在集团召开的紧急动员会上，潘书柏动情地说："我们作为盐城的本土企业，越是这个时候越要有爱心、有责任，希望我们的爱心捐献能为灾区人民战胜困难、恢复生产、重建家园尽上绵薄之力。"

一方有难，八方相助。在爱心捐赠上，潘书柏带头捐款，神龙控股集团1500名员人人慷慨解囊，一共收到10万元捐款驰援灾区。

在交通运输服务中，潘书柏对民工和学生总是给予特别优待。每年中、高考时，神龙出租车总是积极参与爱心助考，为盐城广大考生提供免费、义务的爱送活动。

当我们点一盏灯时，那盏灯本身也率先被照亮了。善念也是如此，内心中有了善念，内心里就点亮了一盏灯，虽然这片光明可能辐射范围有限，但至少它已经让人们的内心明亮、开阔起来。

神龙人这份"达则兼济天下"的精神，是在一个又一个实际行动中流传下来的,随着神龙企业的做大做强,神龙的美誉亦开始传播四海。

——2014年5月20日,潘书柏接待了以会长郑会友为团长的香港现代物流协会考察团,他们此次来神龙公路港考察,先后察看了集团的神龙物联网和北斗道路运输车辆监控平台系统,对公路港的硬件设施和软件系统表示欣赏。

——2014年9月4日,神龙公路港迎来了来自欧洲德国茨威考市的经济代表团,潘书柏向德国客人详细地介绍了平台的规模、监控原理及人员分工、岗位职责和考核办法,并现场调取不同类型车辆运营情况,让他们观看了大客车、大货车和出租车的实时监控情况。德国客人频频点头称赞:"神龙集团能够高度重视运用网络等新媒体,建好管好信息平台,抓好监控工作,为物流行业提供了样板和经验!"

——2015年11月,全国政协常委、全国政协社会和法制委员会副主任王旭东前往神龙控股集团指导工作;全国政协委员、海

2015年11月,潘书柏接待全国政协常委王旭东

潘存云少将来神龙视察并与潘书柏合影

军原政委、振兴盐城北京咨询委员会顾问王兆海也来到神龙控股集团指导工作。

……

2014年7月,时任盐城市委书记朱克江,市委常委、常务副市长戴元湖,副市长周绍泉,盐都区委书记羊维达等市区领导在神龙公路港调研

省交通运管局局长鲍学训来集团调研　　省经信委交通与物流处处长吴强、东南大学教授毛海军等一行来集团考察

2015年1月,盐都区委书记羊维达带领区四套班子成员及相关单位负责人到神龙公路港调研　　德国茨威考市经济代表团来神龙集团考察调研

潘书柏接待新疆察布查尔县考察团　　盐城市城南新区党政代表团来神龙集团考察

岁月如歌，记录下神龙人的茁壮成长；大地无语，见证了神龙人艰辛的创业历程。以潘书柏为首的神龙人是一个蓬勃向上的团队，点缀着黄海之滨的风景：曾经沧海难为水，难变的是神龙人的孜孜以求；除却巫山不是云，不改的是神龙人的一腔豪情。神龙人正当意气风发，植根于黄海之滨的盐城沃土，心怀天下千山万仞。

意气风发的神龙人，满怀希望、力量与必胜的信心，满怀求知、渴望与战斗的志向，肩负沉甸甸的嘱托，憧憬更加美好的未来，抒写隽永的诗篇，奏响继续奋进的乐章。

我们坚信，在潘书柏携领下的神龙集团，明天会更加美好！

后　记

　　立德、立功、立言，是我国伦理思想史上被誉为"三不朽"的哲学命题。

　　"立德"，即树立道德；"立功"，即为国为民建立功绩；"立言"，即提出具有真知灼见的言论。此三者虽久不废、百世流芳。

　　小企业做事，中企业做人，大企业做文化。美国学者通过对三十多年经济增长的研究发现，物化资本和技术对经济增长的贡献率占到三分之一，其余的三分之二归功于商业文化的建设。结论是工业时代的企业家关注经济效益，信息时代的企业家关注文化建设。

　　盖因如斯，企业家出传记已成为当下热门的社会风潮。这是企业家在"立德""立功"后，纷纷向"立言"挺进的一大文化现象。对一个企业家而言，通过数年的打拼，创造了知名品牌，其经历本身就是智慧和文化的彰昱。记录成功企业家的成长故事，通过对自身实践的总结、提炼、反思，再回到实践中去，有利于企业经营者更加清醒，时时温故而知新，不断提升企业发展层次，以指导现在及后来者的商业实践。

　　而且，企业家通过传记的形式，把自身坎坷的创业经历告诉后人，无疑是给子孙后代留下了一笔宝贵的精神财富。

成功企业家在创造社会财富的同时，也因自身的不凡经历而成为公众心目中的"神话"，其快速崛起的历程、经营成败的得失，以及商业文化层面的剖析，充分满足了社会广大公众对企业家、企业成功之道的管窥需求。

　　伟大的商业时代，一定会诞生伟大的商业作品。在全球化竞争的当下，一个企业生存和发展，不仅需要产品和品牌，更需要企业文化品牌甚至是企业家的个人品牌。在经济高速发展的当代中国，涌现出众多的优秀企业家，他们的故事需要解读，他们也值得解读。在社会大转折的宏阔背景下，他们的经历是社会发展的缩影，这些经历不仅是企业自身的财富，也是社会的宝贵财富。

　　在此背景下，我欣然领命《从海平面到地平线》书稿的采访和创作。在领受这项创作任务之前，我对神龙控股集团只闻其名，未见其"庐山真面目"，对潘书柏本人更是一无所知。

　　随着采访的深入，我得以走近神龙，走近潘书柏，听他讲述过往的那些创业故事。多次深度接触中，我被潘书柏这位两眼不时放出炯炯神采、说话果断干练、走路快如风速的汉子的人格魅力所吸引，尤其他那坚守商道至诚的商德、守望梦想的情怀和坚持"有所为有所不为"的信念深深打动了我。

　　如果说潘书柏跌宕起伏的创业故事是如此引人入胜，那么，他身上所挥洒出的果敢、有为气质则更为扣人心弦。精彩的故事叠加鲜明的个性，使他具有了强大的气场，这气场，让我与他对坐之时，如沐十里春风之中。

　　这本书，之所以把着墨点定义在"写真"上，缘于潘书柏对书稿提出的要求："不要把我写成高大上的人物，要精准传神地写出真实的我。"秉承他的要求，因此，在本书的创作中，我采用的多是鲜有文学技巧辅助的白描手法。只有这样，才能还原出一个真实的潘书柏；只有这样，才能符合潘书柏不作秀、不图虚名的真实个性。

在此书采访创作中，得到了潘书柏董事长年逾八旬的母亲徐秀英老太太的大力支持，徐老太太对流逝岁月的精确回忆，使本书的资料更为真实丰满；本书还得到了潘书柏董事长的二弟潘书荣、三弟潘书清以及潘书柏董事长儿女们的全力支持，使得本书的采访创作不囿于一家之言，更为翔实全面。

此外，盐城市盐都区发改委原副主任单永贵、江苏神龙控股集团原副总经理胡为中，以及江苏神龙控股集团法律顾问黄清律师、江苏神龙控股集团办公室主任严汉祥、办公室副主任兼《神龙报》主编何效荣、办公室副主任徐兆兵等人，在本书的采访创作中，给予了积极的配合和特别支持，笔者在此一并向他们致以真诚的谢意！

《从海平面到地平线》讲述了潘书柏在2016年12月底之前的创业故事，而今，潘书柏的人生正当壮年，未来的精彩仍在不断延续，因此，本书只能算作潘书柏传记的第一部，经年后，有关潘书柏的最新传记第二部、第三部、第四部……将陆续推出。我坚信，他的传记，必将会一部更比一部精彩！

在本书定稿时，适逢党的十九大胜利召开。十九大报告中提出："文化兴国运兴，文化强民族强，没有高度的文化自信，没有文化的繁荣兴盛，就没有中华民族的伟大复兴。"进入新时代的中国，正在向世界敲响洪钟大吕。

笔者作为一名作家，坚定文化自信是安身立命之本。同样，潘书柏作为一名创业者，他身上所焕发出的文化自信，亦是企业不断发展前行的动力。我们有理由相信,走进新时代、贯注新思想、踏上新征程,潘书柏写给未来的创业故事,一定是更加美好的新篇章!

最后,衷心地希望,这本书能给那些孜孜不倦的创业者,那些致力于提升企业管理成效、谋求持续不断发展的企业经营者和管理者带来启迪和帮助。

由于作者才疏学浅,在撰写这部书稿时难免有压光抑辉、遗珠漏玉之憾,恳请读者朋友们不吝批评指正。

是为后记!

徐向林
2018 年 9 月 10 日

江苏神龙控股集团荣誉榜（部分）

2005 年	国家标准评估 3A 物流企业
2005 年	国家标准评估 4A 物流企业
2006 年	中国物流最具成长力企业 100 强
2006 年	江苏省道路货物运输 50 佳质量信誉企业
2006 年	企业资信等级 3A 级企业
2007 年	江苏物流企业 50 强
2007 年	先进道路货物运输 50 佳质量信誉企业
2007 年	江苏省重点物流企业
2008 年	江苏省道路货物运输 50 佳质量信誉企业
2008 年	盐城经济技术开发区五好企业党组织
2009 年	江苏道路货物运输 50 佳质量信誉企业
2009 年	当选中国交通企业管理协会物流管理协会理事单位
2010 年	江苏省道路货物运输 50 佳质量信誉企业
2011 年	江苏省道路货物运输 50 佳质量信誉企业
2012 年	江苏省交通企业文化建设先进单位
2012 年	江苏省道路货物运输 10 佳质量信誉站场
2012 年	全国先进物流企业
2012 年	全国交通运输业诚信建设先进单位

2012年　江苏省安康杯竞赛优胜企业
2013年　全国"安康杯"优胜班组
2014年　江苏省交通运输行业春运农民平安返乡安全优质服务竞赛先进集体
2014年　全国先进物流企业
2014年　盐城市模范职工之家
2014年　盐城市春运工作安全先进单位
2014年　获盐城市名牌产品证书
2015年　江苏省服务业名牌
2015年　江苏省重点物流企业
2015年　盐城市重点工程劳动竞赛先进集体
2015年　全国"安康杯"竞赛先进单位
2015年　盐城市五一劳动奖状
2015年　盐城市优秀企业
2016年　国家标准评估4A物流企业
2016年　江苏省厂务公开民主管理先进单位
2016年　江苏省模范职工之家
2016年　盐城市市长质量奖

备注：以上荣誉记录截至2016年12月底

潘书柏个人荣誉
（部分）

2009 年	2008 年度十佳经济建设模范
2009 年	盐城市优秀管理工作者
2010—2013 年	连续三年当选盐都区创业之星
2012 年	盐都区优秀政协委员
2012 年	2011 年度十佳经济建设模范
2013 年	盐城市优秀企业家
2013 年	被盐城市公安局聘为警风警纪监督员
2013 年	盐都区优秀企业家
2013 年	盐都区支持工会工作优秀企业家
2014 年	盐都区优秀企业家
2014 年	获盐城市五一劳动奖章
2015 年	盐城市支持工会工作党政领导干部
2016 年	苏北领军人才
2016 年	《创业路上不停歇——记江苏神龙控股集团董事长潘书柏》入编中共中央党校出版社的《中国领导干部论坛》（2016 卷）

备注：以上荣誉记录截至 2016 年 12 月底